生活因阅读而精彩

生活因阅读而精彩

你一定爱读的

历史悬案

中国卷

上官彦◎编著

中国华侨出版社

图书在版编目(CIP)数据

你一定爱读的历史悬案. 中国卷 / 上官彦编著.—北京：中国华侨出版社,2014.1

ISBN 978-7-5113-4410-6

Ⅰ. ①你… Ⅱ. ①上… Ⅲ. ①中国历史–通俗读物 Ⅳ. ①K109

中国版本图书馆 CIP 数据核字(2014)第024674号

你一定爱读的历史悬案（中国卷）

编　　著 / 上官彦

责任编辑 / 宋　玉

责任校对 / 志　刚

经　　销 / 新华书店

开　　本 / 787 毫米×1092 毫米　1/16　印张/22　字数/300 千字

印　　刷 / 北京军迪印刷有限责任公司

版　　次 / 2014 年 4 月第 1 版　2020 年 5 月第 2 次印刷

书　　号 / ISBN 978-7-5113-4410-6

定　　价 / 68.00 元

中国华侨出版社　北京市朝阳区静安里 26 号通成达大厦 3 层　邮编：100028

法律顾问：陈鹰律师事务所

编辑部：(010)64443056　　64443979

发行部：(010)64443051　　传真：(010)64439708

网址：www.oveaschin.com

E-mail：oveaschin@sina.com

 前 言
PREFACE

在有些人眼里，历史是一门高深的学问；在有些人眼里，历史是一个个动人心魄的故事。历史的魅力究竟在哪里？在于真相，在于一个个已知和未知真相。事实上，这正是历史的迷人之处，作为已经发生且不可更改的历史事件，它们的结局却偏偏有着无数种可能性。从神秘的埃及金字塔到古罗马的庞贝名城，从刻满蝌蚪文的禹王碑到雄奇壮丽的秦始皇陵兵马俑，越是令人不解的神秘越会吸引着人们不断去探索去破解。

本丛书分为中国卷和世界卷，内容涵盖了历史上流传最广、争议最多的数百个历史未解之谜，从朝堂到民间，从帝王将相到文化名人，从朝堂内幕到节庆习俗，从上古文物到名人墓葬，无所不包，无奇不有。

在编写过程中，作者多角度、全方位地逐层透析这些历史悬案背后的疑点，详细展示悬案的来龙去脉，更重要的是，编者并未以一家之言诉诸于读者，而是在参考了大量文献资料、考古发现的基础上，结合最新的研究成果，将多种经过专家学者分析论证的观点一并提出，力求使观点更加多元，细节更加翔实，答案更加真实。

目 录
CONTENTS

第一章　帝王轶事

第二章 文臣武将（一）

第三章 文臣武将（二）

第四章　古代文化

第五章　地底秘密

第六章　文化名人

第一章 帝王轶事

没有皇后的帝王

秦始皇为什么不立皇后

秦始皇统一天下以后，明确规定了后宫嫔妃的等级制度，皇帝的正妻就是皇后，母亲就是皇太后。但是，秦始皇在自己长达三十七年的统治期间，却始终没有册立皇后，这也成为一桩难以破解的千古之谜。经过后世众多学者的分析总结，秦始皇不肯册立皇后可能有以下几个原因。

第一，因受母亲赵姬的影响。秦始皇一生中，有一件事对他的影响非常深。根据《史记·吕不韦列传》中记载，在秦始皇长大成人之后，太后赵姬还和一个名叫嫪毐的人生下了两个私生子。这一事件使得秦始皇无地自容，因而心理上受到压抑，最终导致他的性格变得极为扭曲复杂，变成了一位内向、多疑、专制残暴、冷酷无情、失去理性的君主。秦始皇还下令杀死自己两个私生子弟弟。这件事很可能就是导致秦始皇不肯立后的根本原因。

第二，忙于朝政和巡游。从客观上来说，秦始皇是一位勤于政务的人，白天的时候他会审理案子，晚上的时候批阅公文。不仅如此，他还给自己定下了巨大的工作量，每天必须批阅完一石公文才可以休息，当然是竹简。当时的一石相当于现在的 60 斤。每天都要批阅这么一大堆的公文，可以说是公务繁重。到了秦始皇统治的后期，他更是把大部分的时间都花在了出外巡游上，所以就更加没有时间去关注后宫中的事情。

第三，自命不凡，觉得天下没有女子能够配得上他。秦始皇统一了天下，安抚四方，建立起一个强大的帝国，这些功勋都让他自命不凡，心高气傲，甚至认为自己的功德已经远远超过了古代的三皇五帝，所以他自称"始皇帝"。这样一个极度骄傲的人，对皇后的要求必然非常高。百般挑选以后，仍然觉得世上没有一个女子可以配得上自己。

第四，追求长生不老。众所周知，秦始皇一生都在追求长生不老，对炼丹术更是非常痴迷。秦始皇曾经 4 次巡视六国故地，其中有 3 次都会见了徐福等方士寻求长生不老之药，甚至还派徐福率领 3000 童男童女赴东海神山求药。正是这种对长生不老的痴迷，在一定程度上导致了秦始皇迟迟不肯立后。

随着历史的推移，秦始皇的那个年代距离我们越来越久远。究竟哪一种说法才是秦始皇不肯册立皇后的真正原因，很可能会成为一桩难以破解的千古之谜。

公主琵琶幽怨多

王昭君出塞之谜

王昭君是我国古代四大美女之一，昭君出塞也是我国家喻户晓的故事。但是，王昭君为什么会代替汉朝的公主远赴塞外和亲，却成了众多史学家们争议的焦点。

汉元帝竟宁元年三月，匈奴呼韩邪单于，入朝拜见。在觐见了汉元帝之后，他请求汉元帝让公主下嫁自己进行和亲。汉元帝原本就担心边疆会发生战乱，希望通过和亲的办法牵制住匈奴，这样一来便不用劳民伤财、征战沙场了。如今听到呼韩邪的请求，他立刻就答应了。

这个时候，汉元帝宠爱的冯昭仪对他说："陛下后宫的女子有上千人之多，很多都没有见过陛下一面。陛下平时想要召幸这些女子，都是根据画像来选择的，看见画像中哪个女子美丽，就挑选哪个女子来服侍。既然这样，为什么不选择一个容貌平常的女子来代替公主出嫁呢？"

原来，汉元帝在登基以后，嫌弃宫中很多女子年老色衰，就下令挑选天下美女入宫，并且让宫中的画师给这些女子一一画像，以便自己每晚能够根据画像来挑选美貌的女子服侍自己。随后，汉元帝便命人把后宫美人图都取到了面前，但是由于画中的女子太多，汉元帝也没有时间逐一细看，便随便选了一个画中容貌较为平庸名叫王嫱的女子封为公主，并下令宫中为她置办嫁妆。

第二天，汉元帝特意在朝堂上设宴款待呼韩邪。酒宴到了一半的时候，汉元帝便下令召见公主，以便公主和呼韩邪一同前往驿馆举行婚礼。这时，只见一群宫女拥出一位风姿绰约的美人，她来到了汉元帝的面前向汉元帝和单于见礼。汉元帝一见不禁目瞪口呆，原来这个女子的容貌倾国倾城，是一位不可多得的绝代佳人。

汉元帝不禁纳闷，这位佳人如此漂亮，为什么自己从来没有见过呢？现如今要把这么一位绝世佳人嫁入匈奴，心里真是舍不得，所以就想把王嫱留下来，另换一个人赐给呼韩邪。随即转身一看呼韩邪，只见他把全副的目光都聚集在王嫱身上，不肯移动。见如此，汉元帝担心会失信于匈奴，无奈之下，只好将王嫱嫁给呼韩邪。

汉元帝回到后宫，派人将这位佳人传来，汉元帝问道："你原名叫什么？什么时候入宫的？"只听这位佳人回道："小女名叫王嫱，小字昭君，入宫已经有三年了。"王昭君走后，汉元帝心中仍有诸多不舍，于是命令把后宫美人图取来细看。只见王嫱的画像只是形似本人的两三分，还是草草地描绘而成，紧接着再看其他已经被召幸过的女子画像，一个个精描细画，比本人要美上许多。如此一来，汉元帝才明白是宫中画师作弊。

随即，汉元帝命人把画王嫱画像的画师捉拿审讯。经过排查，此人就是毛延寿。毛延寿天生贪婪，曾多次向宫女们索要贿赂，宫女们又都希望能够被皇上召幸，所以很多人都会倾尽所有去贿赂毛延寿，毛延寿也会就此将原本长相平庸的女子画得容貌秀美，风姿绰约。而那些没有钱去贿赂他的宫女，他就会故意把她们画得丑陋不堪。王昭君原本就家境贫寒，无力行贿，再加上天性孤傲，不肯贿赂毛延寿，因此毛延寿就故意将王昭君画得平庸无奇。所以，几年过去了，她仍然只是一个等待皇帝召见的宫女。如今，事情已经查明，毛延寿欺君罔上，当即被斩首示众，可怜王昭君只能带着她的琵琶，随着呼韩邪远赴匈奴塞外。

朝廷所派出的和亲护送队伍，在经过长安街头的时候，人们都争相一睹王昭君的风采。人们看着如此倾国倾城的绝代佳人，将要离开京城远赴匈奴，无不为之叹息。在远赴塞外的路上，王昭君伤心不已，可是又无人诉说，只得在马上抱着琵琶，弹了一首《出塞曲》，借此来抒发心中的幽怨。琵琶声中蕴含了浓重的乡愁和对未来的茫然无措，令人肝肠寸断。传说中，当时就连天上飞过的大雁，看见她的美貌和听见她凄凉的琴声都纷纷地掉落在地上。这便是"沉鱼落雁"中"落雁"的典故出处。

自从王昭君远嫁塞外以后，汉元帝就依照她的意思，把她的父母兄弟一同接到了长安城，赏赐了宅院和田地，进行了妥善的安置。而呼韩邪自从得到王昭君这位绝代佳人以后，也是满心欢喜，整日饮酒作乐，还派使者送来了大量珍贵的礼物，以报答汉元帝的赐妻之恩。

王昭君到达匈奴以后，呼韩邪对她很好，封她为宁胡阏氏。之后，王昭君生下一子，名叫伊屠牙斯。后来呼韩邪病死，长子雕陶莫皋继位，号为若鞮单于。若鞮单于见王昭君依然容貌美艳，便把她娶为妻室。

王昭君到了匈奴也有不少时日，知道根据当地的习俗，父亲死后继子是可以迎娶继母的。若鞮随即册封王昭君为阏氏，一切待遇，和老单于在世时一样。后来，王昭君又生下了两个女儿，大女儿为须卜居次，小女儿为当于居次。又过了十余年，王昭君因病去世。葬在大黑河南岸，墓地至今尚在，据说每当入秋以后塞外的草色都是一片枯黄，只有王昭君墓上面的草色一年四季都是绿色，所以后世都称之为青冢。因为她远离家乡，只身赴塞外，后世的人们还特地为她制作了一首曲子，谱入乐府，名叫《昭君怨》。有人说是昭君出塞的时候在马上自弹琵琶，谱成这首词曲的。

关于王昭君出塞的动机，历史上的争议很多。关于这件事的来龙去脉，历代的文人墨客给出了众多不同的版本，上面所述也只是流传最广的一个版本。

除此之外，有人认为王昭君出塞是自愿前往并非被迫。王昭君之所以自愿出塞，是因为入宫多年没有得到皇上的召幸，心中难免存有怨愤，于是就利用出塞的机会，主动要求离开汉宫而前往匈奴，也借机摆脱了老死汉宫这一悲惨命运。

还有一种观点认为王昭君在入宫以后，因为自恃貌美，性格孤傲，再加上没有贿赂画师毛延寿，所以被丑化了。汉元帝根据画像来选择宫女，自然而然就没有机会召幸王昭君，王昭君也因此无法得到皇上的宠幸。再加上她久居宫中寂寞无聊，所以在听说匈奴入朝请求和亲的时候，便主动请求前往匈奴。在得到汉元帝的同意之后，就远赴塞外和亲去了。

更有人说，王昭君之所以出塞，是因为毛延寿所设下的救国之策。据传，王昭君在被选入宫中以后，宫廷画师毛延寿见她美貌非凡，就担心已经沉迷美色的汉元帝更加不能自已从而误国，所以在为王昭君画像的时候，故意把她丑化。汉元帝一开始并没有察觉，直到呼韩邪入朝请求和亲的时候，汉元帝根据图像选取宫中丑女，于是就选中了王昭君。后来在看到王昭君的真面目的时候，就想反悔，但是无奈金口玉言，圣旨已下，只好让王昭君出塞和亲。历史上的一些文人还因此赞誉毛延寿的高明之举。汉元帝贪恋女色，如果不把王昭君送走，那么，她日后得宠，说不定会误国误民，后患无穷。

根据我国的正史文献记载，王昭君出塞和亲，对我国汉代边疆的安宁起到了积极的作用。王莽当政的时候，曾经命令王昭君的大女儿须卜居次来侍奉。从这些记载中可以看出，王昭君出塞和亲，在呼韩邪父子当政期间，汉朝和匈奴的关系和睦，这也说明这桩政治联姻的正面效果。

但是也有人认为，汉代的谋臣和良将众多，却用一个女子来寻求和平，实在是有伤国体。后世就有诗文说道，"当年遗恨叹昭君，玉貌冰肤染胡尘。边塞未安嫔侮虏，朝廷何事拜功臣……"。汉朝的时候外戚宦官专权，王昭君为了能够救天下的黎民百姓于水火之中而选择了出塞和亲，这是一名普通的女子对国家和人民最大的奉献了。

王昭君是我国古代著名的"四大美女"之一。有关她的故事，在《汉书》、《后汉书》等正史文献中都有着大量的记载。然而，在长达六十余年的汉朝和匈奴之间和亲的时间里，众多肩负"和亲"重任的汉室公主们没有一个在历史上留下丝毫的记载，唯独是身份不如宗室公主尊贵的王昭君的事迹在众多的历史文献中有着大量的记载，并且还衍生了各种版本的故事。

究其原因，还是因为王昭君的身份更能引起大众们的同情和关注，再加上各种民间故事、戏曲、野史小说的广泛传播，众多的文人墨客也对她进行各种赞美、感叹、描述，这就更让王昭君的事迹人尽皆知了。所以关于王昭君离奇的人生遭遇，就更加引得后人们的争相探究了。

皇位上的大臣

曹操为什么不称帝

三国论英雄，才华横溢、雄才伟略的曹操当之无愧。在波澜壮阔的历史长河中，有几个王侯将相、英雄豪杰能做到像曹操一般"挟天子以令诸侯"？当时，曹操已经拥有至高无上的权力，但是在那个动乱的时代中，他却到死都没有称帝，这是什么原因呢？

曹操是一代风流人物，可他的一生也有点身不由己。在建安元年八月的时候，曹操挟天子以令诸侯，从此他开始了三国争逐的漫漫长路。曹操亲自去了洛阳拜见汉献帝，随即他挟持汉献帝迁都到许昌。他将汉献帝变为手中的一个傀儡和筹码，控制汉献帝达到自己的政治目的。汉献帝任命曹操为大将军，并封"武平侯"。之后，惹来权臣袁绍的不满，曹操便将大将军的职位让给了袁绍，自己则任职司空兼车骑将军，从此主持朝政。曹操在朝廷的势力越来越大，而汉献帝则完全成了一个没有权力的木偶。

表面上，曹操的地位只是从"武平侯"升为了"魏王"。曹操虽然没有做皇帝，但是他的待遇和皇帝没有区别，他把持着朝政，大小事务都必须经过他的手才能操办。或许"皇帝"对曹操来说只是一个称号,做不做皇帝都不影响他在朝堂上的主导地位。曹操到死都没有取汉献帝而代之,而是将登基大典留给自己的儿子,他这么做是何缘故呢?

学者们根据历史文献,给出了以下几个解释。

第一,不想被人利用。

在曹操当政的时候,东吴的孙权就曾经劝说曹操登基,但是这也只是出于自己的利益。孙权为了从刘备手中夺回荆州,在襄樊战役中从背后袭击了关羽,这无疑是帮了曹操的大忙,却得罪了刘备。此后,两家长达十年的联盟破裂,为了防止刘备的进攻,他便想借着劝曹操称帝的机会转移矛盾。若是曹操真的做了皇帝,那么拥护汉皇室的刘备自然会把进攻的矛头重新转回到他的身上,这样一来就得不偿失了。

第二,三国形势逼迫。

从当时的形势来看,如果曹操称帝,无疑会成为千古罪人,那些拥护汉皇室的人们定会大肆反对,让曹操陷入漩涡之中。纵观曹操的一生,每次被册封时都会引起政治上的动乱。如果将汉献帝赶下台,国家内部肯定会引起更大的动荡。另外,曹操的两个主要对手孙权和刘备也一直紧盯着他,稍有差池,酿成的危害将不可估量。

第三,曹操"自明本志"。

在公元 210 年的时候,曹操就对外宣称,他说自己没有取代汉献帝的野心,他的说辞极为恳切,坚持了几十年都没有改变。如果在后期的时候曹操突然称帝,那么无疑是在自毁声誉。

第四,曹操追求实际。

曹操当时已经控制了整个汉朝廷,他的权力和威严完全凌驾于汉献帝之上,皇位对他来讲只是一个可有可无的头衔。况且,那时曹操已经 65 岁了,皇位对他而言还有什么意义呢？再说，自己的势力已经完全掌控了朝廷上下，就算自己不登基，皇位早晚也是自己儿子的。

虽然学者们的看法不尽相同，但是能够达成共识的是，曹操的确是一个有勇有谋的人。他的壮志雄心，他的军事谋略，他的文学造诣，无不令人钦佩。只是，历史的尘埃里卷起的谜团，时至今日我们也只能推测各种原因和解释了，哪种才是曹操不称帝的真实想法，恐怕只有他自己知道了。

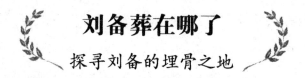

刘备葬在哪了

探寻刘备的埋骨之地

三国时期的刘备是历史上鼎鼎大名的人物，他为人谦逊，志向远大，知人善用，素以仁德为世人称颂，是著名的政治家。公元 221 年，刘备在诸葛亮、关羽等贤臣良将的大力辅助下，在成都建立了蜀汉政权，成为三国时期蜀汉的开国皇帝。公元 223 年，刘备病重，托孤于诸葛亮。后来，刘备死于重庆奉节的白帝城，享年 63 岁，谥号昭烈帝，史家习惯称其为先主。

刘备病逝于奉节，那他的墓冢是否就位于此地呢？还是被安葬在了别处？近年来，对于刘备墓的争论声也是一浪高过一浪，真可谓是众说纷纭。

西晋著名历史学家、原蜀国旧吏陈寿在《三国志》中写道，公元 223 年，昭烈帝（即刘备）的遗体被人从奉节运回了成都，葬在了惠陵。北宋熙宁年间的《太平寰宇记》也曾记载说，惠陵就是蜀汉先主刘备的陵墓。由于陈寿曾经从事过档案管理工作，想必他不是凭空猜测、空穴来风，所以后人很重视他的说法。

但是仔细推敲一下，其中又有不通之理。因此又有人提出刘备葬在奉节，原因如下：

第一，帝王的坟墓自古以来就是盗墓者最大的目标，帝王墓冢被盗之事时有发生，可是从历史记载来看，惠陵从未有被盗的迹象。为什么刘备之墓会躲过此劫呢？最有可能的原因就是，刘备的遗体根本就没有葬于此地，惠陵只是一个衣冠冢而已。

第二，刘备病逝时正值四月，下葬时间在八月。而奉节这段时间正是气候炎热之时，尸体一定很难保存。况且奉节距离成都有千里之遥，按当时的交通条件计算的话，浩浩荡荡的护送大军扶灵前行，至少也要走一个月才能到达成都。这期间，又是怎样对尸体做防腐工作的呢？根据当时的科学水平，在炎热的夏季，要想做到让尸体一个月不腐烂，几乎是不可能的。因此刘备的遗体很可能是就地埋葬了，也就是埋在了奉节。

1985 年，奉节县县志办一个叫作陈剑的人曾发表过一篇名为《刘备葬在哪里》的文章，他明确支持刘备墓在奉节的观点。其原因主要有三条：第一，奉节四月份后天气炎热，要想将尸体运到成都且保持其不腐烂发臭，实属不易；第二，据《三国志》记载，刘备是与甘皇后（刘备的妻子）合葬的，而一些史料记载说甘皇后没有葬在惠陵，而是葬于奉节，可见刘备也是葬在奉节的；第三，近年来，在奉节城里发现了多处人工隧道口，经初步辨认是墓道，而且这些隧道还引向了原府署。经文物探测队用超声波勘测，发现大院地底下埋藏有两个建筑物，一个长 18 米，另一个长 15 米，高度都为 5 米。有专家认为这很可能就是刘备和甘皇后的真正合葬墓。

当然，支持惠陵说的人也毫不示弱，他们又对奉节说提出了反对意见。

三国史专家谭良啸等人坚持认为刘备葬于惠陵，他们对陈剑的说法作出了反驳。一是惠陵之说有足够的史志记载，刘备虽然死于奉节白帝城，但确实是被运回了成都安葬。记载此事的陈寿生长在蜀地，曾经是蜀国的史官，刘备去世 10 年后陈寿就出生了，他记事时想必当年埋葬刘备的人还有活着的，他的老师谯周也是蜀汉的史学家，因此怎么可能会记错本朝君主的墓地呢？二是我国在很早之前就掌握了尸体防腐的技术，在炎热的夏季保持尸体几个月不腐烂是完全有可能的；三是在《三国志·先主甘皇后传》中有记载，甘夫人死后葬在了南郡 (湖北江陵)，刘备于公元 222 年，才追谥她为皇后，并且将其墓葬迁于成都，刘备死后便与她一起葬在了惠陵。

这时，支持陈剑观点的人又找到了新的证据。在《刘氏族谱与刘备》一文中，一共有 16 种《刘氏族谱》及初步研究情况，其中 10 种族谱都记载说，刘备葬在了夔府城内府衙门的后花园中。

在支持惠陵说和支持奉节说这两派"唇枪舌剑"之时，又有一个新的观点引起了考古学者的注意。在世纪之交，成都、新津和彭山等地流传了一句民间谚语：要看刘备墓，西出新津三十五。这又是怎么回事呢？原来，据说有人在新津的莲花坝发现一座墓冢，当地人称之为"皇坟山"。人们说"皇坟山"就是刘备之墓，并且还有许多离奇的故事。

这几处不知真伪的刘备墓可真令考古学者伤透了脑筋。为此，武侯祠博物馆便召集了省内一些考古专家，举行了一个关于刘备墓的研讨会。此会在细致的研究和讨论后，否定了刘备葬于奉节和新津的说法。但是，也没有人敢肯定刘备就一定葬在成都的武侯祠。

真正的刘备墓到底在哪里，至今仍然是个谜，也许他是在故意给我们出难题吧，因为他希望死后能永远安息，不被人打扰。

傻子当皇帝

晋武帝离奇传位悬案

晋武帝司马炎（236~290），字安世，河内温（今河南温县）人。晋朝的开国君主，谥号武皇帝，公元265年至290年在位。曹魏末年，朝中政权相继由司马炎的祖父司马懿、伯父司马师、父亲司马昭所控制。公元265年，司马炎继承司马昭的晋王之位，数月后逼迫魏元帝曹奂禅位，他自己当了皇帝，改国号为大晋，建都洛阳。公元279年，他开始讨伐吴国，公元280年灭吴，统一了全国，结束了汉末以来近百年的分裂局面。司马炎在位的太康年间，大力发展经济，社会出现了一片繁荣景象，史称"太康之治"。

可惜好景不长，在司马炎死后仅仅二十五年，也就是公元316年，西晋最后一个皇帝晋愍帝司马邺被匈奴人擒杀了，西晋正式宣告灭亡。我们不禁疑窦丛生，如此强大的西晋王朝怎么这么快就分崩瓦解了呢？是什么原因导致了西晋的迅速灭亡呢？这还要从晋武帝所选定的继承人说起。

司马炎将国家社稷交给了一个傻儿子来继承，西晋王朝内忧外患、昏暗动荡，在短时间内走向了衰落。司马炎登基的第二年，立妻子杨艳为皇后，一年之后，立九岁的司马衷为太子。司马衷原有一个兄长，名叫司马轨，可惜很早就夭折了。就这样，司马衷顺理成章地成了皇位继承人。在他被立为太子时期，史书上没有任何有争议性的记载。大概是因为司马衷年幼，也没有过多地和朝中大臣有所接触，所以朝中大臣们并没有注意到他智商有问题。随着时间推移，朝野上下皆知司马衷其实是一个弱智之人。

有一次，司马衷在御花园听闻蛤蟆叫，便问身边的随从，蛤蟆叫是为了官家叫，还是为了私家叫。司马衷从小深受儒家文化的熏陶，他的老师就是当时的名臣李憙，所以才会提出这种让人啼笑皆非的问题。尽管他的脑子愚钝，但对于这种大是大非的问题他还是非常在意。随从们也不敢随意回答，只是告诉司马衷，如果是在官地里叫那就是为官，如果在私地里叫那就是为私。

既然司马衷如此痴愚，司马炎为什么还要传位给他呢？其实，问题的关键在于司马衷有个聪慧的儿子。

有一次宫中失火，司马炎站到楼上观看，忽然感觉有人在拉他的衣服，低头一看，原来是自己的孙子司马遹。司马炎就很奇怪地问他为什么拉自己的衣服。年仅五岁的司马遹机警地回答说："夜间发生突然事故，皇爷爷应该小心点，赶紧回屋，以免让火光照见您。"司马炎听后既惊又喜，没想到司马遹小小年纪竟然有如此见识。虽然儿子呆傻可是孙子却聪明机警，江山社稷后继有人。或许正是因为司马遹异常聪慧，才使得司马炎下决心把皇位传给司马衷的。然而，司马炎的心里还是有一些不安。于是他在临终之前替司马衷挑选了两个顾命大臣。除此之外，司马炎认为有分封到各地的藩王作屏障，江山就可以稳固，结果事与愿违，还是埋下了祸根。

公元290年，司马炎病逝，终年55岁，葬于峻阳阮，庙号世祖，被谥为武帝。司马炎驾崩当日，时年32岁的司马衷就登基为帝，史称晋惠帝。做了皇帝以后，司马衷还是和从前一样，整日吃喝玩乐，把国家的治理大权交由他人。司马衷没有治理天下的见识和才能，于是皇后贾南风就独揽朝中大权。为了争权夺利，贾南风拉拢各地亲王，极力打击她的政敌——皇太后杨氏的娘家势力。结果造成天下大乱，征战不断，最终酿成了持续十六年（291~307）的"八王之乱"，给天下百姓带去了无尽的苦难。

"八王之乱"平息之后，司马衷回到洛阳的宫中，可此时朝中的大权已经掌握在东海王司马越的手里了。公元306年，司马越觉得司马衷这个傀儡皇帝已经毫无用处，就暗中派人在食物中下毒，送往显阳宫给司马衷。司马衷吃后中毒身亡，结束了他极其悲惨的一生。

唐太宗是不是胡人

唐太宗李世民的身世之谜

提起唐太宗李世民，大家肯定都不陌生，他是唐朝的第二位皇帝，也是一位杰出的军事家、政治家、战略家。唐朝建立初期，他被封为秦王，立下了赫赫战功。登基为帝后，他积极听取朝中众臣的意见，以文治天下，主动消灭各地割据势力，虚心纳谏，在国内厉行节约，使百姓休养生息，社会出现了国泰民安的繁荣局面，开创了历史上著名的"贞观之治"。然而，就是这样一位历史名人，却因为身世之谜引起了后人对他的猜测和争议。有考古学家推测，根据《步辇图》留下来的唐太宗李世民的最早画像显示，唐太宗李世民很可能是胡人。这到底是不是真的呢？

很久以前，王、卢、崔、李、郑这五大姓氏是山东太行山地区五大名门望族的姓氏，其中李姓是鲜卑族的一大姓氏。有人认为，李氏是鲜卑族大野部的姓氏，还有人据此判断李氏一族是没落的贵族。那么，李世民的祖先究竟是哪个民族呢？这还要从他的家世祖籍和先辈们的情况说起。

李世民的祖籍是如今河北省赵县，父亲李渊生于关陇，并自称祖居关陇，因此，民间流传他们就是西凉王李皓的后裔。那么，事实果真如此吗？还是李渊为了自抬身价才说自己是西凉王李皓的后代呢？李世民到底有没有胡人的血统呢？

我国历史上就有过少数民族统治的时期，历代朝臣里也有很多是少数民族。这其中的原因无非是两点：第一，因为文化状况不同从而承担各民族交融纽带的作用，只要是对文化发展有利，不管是哪个少数民族，都会采取接纳的态度；第二，南北朝时期，本身就是民族大融合的时代。

根据对上述两个原因的分析得出，汉族和少数民族之间没有清晰的界限划分，北方各民族大融合的现象在此之前就已经广泛存在。唐朝作为我国历史上文化繁荣和国力鼎盛的巅峰时期，民族之间的融合现象就更为普遍了。而唐太宗李世民又是我国历史上众人称颂的明君楷模，因而人们不会出现种族歧视现象，也不会对李世民的身世产生疑虑，更不会去探究李世民究竟是汉人还是胡人这个问题。

唐太宗李世民的祖母、李渊的母亲独孤氏和隋文帝的皇后是姐妹，她们是鲜卑贵族。李世民的母亲窦氏也是鲜卑族人，李渊也没有足够的证据证明他并非汉人，由此得出一个较为确切的说法就是："李世民是深受胡人影响的汉人。"这种说法相对来说比较中立，原因在于魏晋时期很多人都长期同胡人往来，所以深受胡风影响。另外，从唐朝女子的服装以及当时骑马打猎的行为来看，当时女子的行动是非常自由的。

同时，李世民还是一个好战的人。贞观年间，李世民平定了东突厥，俘虏了颉利可汗，解除了北部边疆的威胁，五年后，平定吐谷浑；贞观十四年，又平定高昌氏。到了晚年，还亲征高句丽。一生都过着戎马生涯。这些是不是也间接证明了李世民的血统呢？

后世考古学家针对李世民的身世之谜，曾对昭陵做过详细考证，从中找到新的证据。昭陵是李世民的墓穴，分为内外两城。外城现已无法考证，内城有当年所建筑的献殿，存放着李世民生前所用物品。北门曰玄武门，又称司马门，原有十四个"蕃酋"的石雕像和驰名中外的"昭陵六骏"等浮雕。在我国所有的帝王陵墓中，仅李世民的昭陵里有战马石刻。难道这些也只是巧合吗？

　　不管怎样，几百年后，我们已无从得知那十四个不知去向的"蕃酋"石雕的具体来历。但是闻名中外的"昭陵六骏"浮雕至今还依然保存在西安碑林博物馆里。众人皆知，马作为突厥人形影相随的伴侣，有着极为重要的作用，而李世民一生都非常爱马，把马视作生命中不可或缺的部分。此外，在突厥人的丧葬习俗中，就有把马作为随葬品的习俗。这些是否可以成为我们考证李世民身世之谜的一些参考呢？

　　至今，我们都无法断定李世民究竟是不是纯粹的胡人。后世的史学家们也对此争论多年，每一个说法似乎都言之成理，因此难以推断谁才是正确的，因此这也就成了一桩悬案。

盛世牡丹

长孙皇后是不是唐太宗的政治顾问

唐太宗李世民的皇后长孙氏，先祖原本是北魏时期的皇族拓跋氏，因号为"长孙氏"，所以就以此为姓氏。长孙家族是当地的名门望族，祖父长孙兕曾经是北周时期的将军，父亲长孙晟也是隋文帝和隋炀帝时期的名将。长孙皇后的生母高氏，是隋朝洮州 (今甘肃临潭县) 刺史高励的女儿，治礼郎高士廉的妹妹。

大业五年 (609) 长孙晟因病去世，高氏和子女就遭到长孙晟年长的儿子的欺凌，高士廉便将妹妹高氏和外甥、外甥女接到了自己的家中，这个男孩就是唐朝初期有名的将领长孙无忌，女孩就是我国著名的贤后——长孙皇后。

长孙氏自幼聪慧，饱读诗书，知书达理。隋朝大业九年，高士廉认识了唐国公李渊的二儿子李世民，高士廉见李世民才识过人，就把自己十三岁的外甥女长孙氏许配给了十六岁的李世民，从此长孙氏就开始了她不同寻常的人生道路，最终成为了我国唐朝的第一位皇后。(李渊的窦皇后是死后追封的。) 后来，唐太宗李世民治政开创了"贞观之治"。有人说，这其中长孙皇后功不可没，她对李世民治政起到了极为重要的作用，甚至可以称得上"政治顾问"。那么，事实真是如此吗？

武德元年（618），李世民的父亲李渊在长安登基，李世民被封为秦王，长孙氏也被封为了秦王妃。由于在消灭隋朝建立唐朝的过程中，李世民立下了汗马功劳，军功赫赫，威望极高，这也就让他逐渐萌生了想当皇太子的欲望，这引起了太子李建成的猜忌，太子李建成非常担心李世民会夺去他的储君地位，所以就暗中勾结齐王李元吉不断加害李世民，于是兄弟三人之间的关系更加紧张，长孙氏在这种情况下，处理起各种问题的时候也是更加的小心谨慎。

长孙氏不仅对唐高祖李渊极为孝顺，对唐高祖李渊的嫔妃们也是谦恭有礼，因为长孙氏为人贤良淑德，所以博得了宫中众人对她的好感。不仅如此，他们也对李世民另眼相看，正是由于长孙氏的努力，才使得李世民兄弟之间的矛盾在很长一段时间里都没有公开明朗化，这为李世民暗中夺权赢得了时间。

武德九年（626）六月初四，李世民发动了著名的玄武门之变，当李世民带着一众将领们正要冲进宫中的时候，长孙氏骑着快马赶来，并亲自激励众位将士，为他们斟酒壮行。这让李世民和众将领们都非常感动，也使得士气大振。玄武门之变成功以后，李世民对长孙氏的这个举动也是心存感激。

玄武门之变后第三天，李世民被册封为皇太子，负责处理国家的一切政务。同年八月，唐高祖李渊退位，自称太上皇，李世民正式登基为帝，成为了历史上一代明君唐太宗，长孙氏也被册封为皇后，她的父亲长孙晟也被追封为司空、齐献公。长孙氏成为皇后之后，生活依然十分简朴，从不崇尚奢华享受，对待身边的人也非常宽容大度，这让李世民对长孙皇后更为敬爱。

长孙皇后的哥哥长孙无忌和李世民在晋阳起兵的时候就是很好的朋友，在后来的玄武门政变中又立下了大功，因此很受唐太宗李世民的信任。所以就想再封赏已经位高权重的长孙无忌。对于哥哥长孙无忌所受到的这种特殊待遇，长孙皇后非常忧虑，她先后多次向唐太宗李世民表明心迹说："我已经贵为皇后，得到了尊贵的地位，实在不愿意看到自己的兄弟和其他的亲人在朝中担任重要的职务，皇上难道忘了汉代吕后和外戚夺权的教训吗？皇上应该以此为戒，不要让我的兄弟在朝中掌握大权。"

唐太宗李世民并没有听取长孙皇后的这番意见，依然委长孙无忌以要职。对此，长孙皇后非常焦虑，连忙命人召长孙无忌进宫，将自己的想法告诉了哥哥，并且希望哥哥能够理解自己的一番苦心。长孙无忌深觉这番话有理，便答应了妹妹的要求。

由于唐太宗的格外信任，长孙无忌便被特许可以自由出入寝殿之内。因此在第二天早朝之前，他就来到了唐太宗李世民的寝殿，诚恳地说明了自己不想再担任要职的原委，并希望唐太宗不要在上朝的时候颁布这道任命。唐太宗见无法说服他，只好同意了他的请求。

长孙皇后有个同父异母的哥哥叫长孙安业，是一个无赖。长孙晟死的时候，长孙皇后和哥哥长孙无忌的年龄尚小，长孙安业就对他们兄妹二人百般刻薄刁难，但长孙皇后不计前嫌，多次恳求唐太宗李世民对长孙安业加以照顾，最终让他做到了负责守卫城门的将军一职。

但是，长孙安业并没有因此改变自己的恶劣行径，不但不知道感恩戴德，反而恩将仇报。贞观元年末年，刘德裕等人起兵造反，长孙安业竟然也参与其中。事发之后，唐太宗非常愤怒，想要杀掉长孙安业。长孙皇后在得知此事以后苦苦为长孙安业求情，她泪流满面地对唐太宗说："安业的罪恶行径就是万死也难辞其咎。但是安业在我小的时候就对我非常不好，这是天下皆知的事情，要是皇上把他杀了，那些不了解内情的人，肯定会说皇上是因为宠爱我，才会杀了安业。这样做岂不是败坏了皇上和国家的声誉吗？"

唐太宗听完以后，觉得长孙皇后的这番话很有道理，于是就免去了长孙安业的死罪。

唐朝的皇室有规定，皇帝的姑母称大长公主，皇帝的姐妹称长公主，皇帝的女儿称公主。唐太宗李世民一共有九个女儿，他最喜欢的就是长孙皇后所生的长乐公主。在长乐公主将要出嫁的时候，唐太宗就下令宫中置办嫁妆是当年长公主的一倍。朝中大臣魏征在听闻此事以后，就提出了异议，他直言劝谏唐太宗说："长公主是公主的长辈，虽然她们和皇上的关系不一样，皇上对她们的感情也会有所差别，可是在道理本身上是没有任何差别的。如果皇上给公主的嫁妆超过了长公主，这种做法是不合情理的。如此一来，也只会让外人认为皇上在感情方面有亲疏之分，还希望皇上三思再作决定吧。"

唐太宗听完以后，内心十分不高兴。回到后宫以后，就把魏征的一番话告诉了长孙皇后，长孙皇后听完以后非但没有生气，反而一脸喜悦地说："我过去就曾经听说皇上不太看重魏征，但是不清楚是什么原因，今天听了他规劝皇上的这番话，才明白他是用道理来说服皇上不要感情用事，魏征是一位对国家社稷有用的大臣啊。"

过了一会儿，长孙皇后又说："我和皇上是结发夫妻，彼此恩爱，情深义重，即便是这样，皇上是一国之君，我也要时常察言观色，不敢轻易地去触动皇上的威严，而魏征只是一个臣子，和皇上有着君臣之别。他能如此直言劝谏真正是忠言逆耳利于行啊！"

之后，长孙皇后特意派人去魏征府中赏赐了绢四百匹，钱四十万，作为奖励。

自此以后，魏征就更是没有顾忌，只要皇帝有什么过失，他就会直言劝谏，甚至有的时候言辞非常的激烈。有一次，唐太宗下朝以后十分气愤地回到后宫，见了长孙皇后说道："迟早有一天，朕要杀了这个'乡巴佬'。"

长孙皇后听后非常惊讶地问："这个乡巴佬是谁啊？皇上为什么会发这么大的火啊？"唐太宗答道："还能有谁，就是魏征，他自恃是个负责谏言的诤臣，一天到晚在我面前说个不停，今天居然还当着文武百官的面羞辱朕，所以朕非杀了他不可。这样才能解了朕的心头之恨。"

长孙皇后听完以后，并没有说话，而是退回到内室，换上了举行大典时候穿的皇后朝服，走到了唐太宗的面前行礼朝拜。唐太宗见此非常的不解，只听长孙皇后说道："臣妾听说皇上英明，魏征才敢如此直言劝谏，我朝能够有魏征这样的忠臣，全靠皇上英明仁厚，既然如此，臣妾又怎么能不向皇上道贺呢？"

唐太宗听完长孙皇后的话恍然大悟，转怒为喜，感到自己对魏征态度的错误，他十分感激地对长孙皇后说："多亏有皇后及时提醒，明天早朝的时候，朕一定会向魏征道歉，并当众给予他奖励，让朝中众臣明白，君主应该以礼对待臣子，臣子应该忠心为君主办事的道理。"

长孙皇后不仅贤良淑德，而且对后宫众多妃嫔们所生的子女，也是视如己出。但是对自己的三个亲生儿子——太子李承乾、魏王李泰和晋王李治都非常严厉，并且常常教导他们，应该谦虚礼让，太子李承乾的乳母遂安夫人曾经多次向长孙皇后禀明太子宫中所用的器具缺少，希望能向皇上奏请多给予一些，但是长孙皇后却拒绝了她的建议，并说："作为太子，首先应该考虑的是树立品德，怎么能够总是想着器具不够使用而忘了国家呢？"

贞观八年 (634) 秋天，长孙皇后伴随唐太宗李世民到九成宫游玩，因为旅途劳累，感染风寒，长孙皇后在到达九成宫以后就病倒了。宫中御医想尽办法，多方治疗，病情始终没有起色，反而越来越重了。

到贞观十年 (636) 盛夏，长孙皇后病情日益严重，唐太宗更是为此急得茶饭不思。一日，太子李承乾对母亲说："为了给母后治病，所有该吃的药都吃遍了，可母后的病却始终不见好转，我去奏请父皇，请求他下诏大赦天下，并命令道士做法祈求上天的保佑，为母后祈福。"长孙皇后听完太子的话，叹了一口气说道："人固有一死，这是不能改变的，即便大赦天下有用，可我这一生也没有做过什么坏事啊。如果祈祷上天能够如愿的话，那么其他的福泽不都是可以祈求到了吗？因此这些做法都是没什么用的，更何况，赦免囚犯是国家大事，又怎么能因为我一个人去破坏国家的法制呢？"

太子听完母后的一番话，觉得很有道理，但还是不甘心，就把母后的话告诉了房玄龄，房玄龄随后又告诉了唐太宗和朝中诸位大臣。大家听完，都感到十分的悲伤，他们被长孙皇后这种在病危情况下仍然如此深明大义的精神所感动。于是，纷纷请求唐太宗赦免囚徒，唐太宗也同意了。长孙皇后得知后，百般恳求唐太宗不要这样做，唐太宗最终答应了长孙皇后的请求，没有下令实施。

在长孙皇后病危同唐太宗诀别的时候，恰逢大臣房玄龄被贬。长孙皇后再三请求唐太宗说："房玄龄跟随皇上多年，处事一直都是小心谨慎，在参与国家机密大事的时候，也从来没有坏过事。因此还望皇上能够顾全大局，不要将他罢免。"

唐太宗见长孙皇后在临终之时，仍然牵挂着这件事，就连忙答应了。接着长孙皇后又说："我的娘家人有幸和皇上结为姻亲，才能有享不尽的荣华富贵。可是他们并不是依靠出众的才德而获得高官的，这样做很容易惹出麻烦，所以恳求皇上不要让他们在朝中掌握大权，只是按照外戚的身份入宫觐见就可以了。这样的话我就放心了。"

长孙皇后又说："从古至今圣贤之人都是崇尚节俭的，只有那些没有道德的人才会大兴土木，劳民伤财。我死后，就在山上下葬，不用建立坟墓，也不用棺木，所需的物品都用木瓦就可以了。节俭地为我安葬，就是皇上对我最好的怀念。"

说完这些话，长孙皇后已经是泣不成声。而此时的唐太宗更是无法抑制内心的悲痛，失声痛哭起来。在听了长孙皇后的一番话以后，只是不住地点头。长孙皇后最后说："希望皇上今后能够亲近君子，远离小人，接纳忠臣良言，拒绝谗言，减免劳役，让大唐国泰民安，臣妾在地下也就能安心了。"

说完这些话，长孙皇后就与世长辞了，这位历史上有名的贤后，仅仅活了三十六岁。同年十一月，长孙皇后被葬入昭陵。

长孙皇后去世以后，唐太宗感到十分的悲伤，时常前往皇后生前居住的玄政殿独坐，睹物思人，不免心中悲痛，看到桌上放着的一本《女则》三十卷，这是长孙皇后生前采集古代妇女帮助夫君的事例撰写而成的。如今书在人亡，唐太宗感慨万千道："皇后撰写的这本书，可以名垂千古，朕虽然知道人死不可以复生，可皇后一死，使朕失去了一位贤内助，所以朕才会如此的悲痛哀伤。"

长孙皇后去世后的十三年里，唐太宗虽然也宠爱其他嫔妃，但皇后之位却始终空悬。这其中固然有很多原因，但唐太宗李世民对长孙皇后的怀念、敬爱之情是无法否认的。因此，后世众多史学家也给予了长孙皇后极高的历史评价，认为她确实可以称得上封建后妃们的典范。

旷世女皇从哪来

武则天究竟出生在哪里

女皇武则天除了给世人留下"无字碑"之谜之外，还让后人们对她的出生地争论不休。在一些比较权威的历史文献中，对她的出生地记载各不相同。而后人们因为对女皇帝的崇拜，都争相将女皇与自己的家乡挂上钩，所以，关于武则天出生地的争论始终没有停息过。经专家们的研究总结，其出生地有以下三种说法。

第一，陕西长安说。此说主要是根据武则天的出生时间和她出生时其父武士彟任职的地方推断而来。因此，我们要先来了解一下武则天的出生时间和武士彟的履历。

但是历史文献上并没有记载武则天的出生时间，只有她的死亡时间和去世时的年龄，所以，我们可以据此推断她的出生时间。在《旧唐书》、《新唐书》和《资治通鉴》上都明确记载了武则天死于神龙元年，即公元 705 年；但是这 3 部书所记载的武则天的年龄却略有出入。其中，《旧唐书》为 83 岁，《新唐书》为 81 岁，而《资治通鉴》却是 82 岁。我们用"年龄逆推法"得出女皇帝出生的时间，分别是公元 622 年、623 年、624 年。而据史料记载说武士彟在唐武德四年（621）娶杨氏（武则天的母亲），而武则天是杨氏所生的二女儿，因此，按时间来推算的话，武则天不可能早于唐武德六年（623）出生。目前，得到学术界一致认可的武则天出生时间是唐武德七年（624），即武则天享年 81 岁。不过 81 岁有虚岁和周岁之分，所以武则天可能是生于唐武德六年（623）或唐武德七年（624）。

我们再来看看武士彟在唐武德六年和唐武德七年的任职情况。据史料记载，武士彟从武德三年（620）至武德八年（625）在长安任工部尚书；武德八年（625）赴扬州任长史；武德九年（626）赴任豫州都督；贞观元年（627）十二月，为利州（四川广元）都督。

由此推断，不管武则天是生于唐武德六年还是唐武德七年，武士彟都在长安任职，所以，武则天应该出生在长安。由此来看，这个推理过程逻辑严谨，很令人信服。

第二，山西文水说。持此说者也以《旧唐书》、《新唐书》和《资治通鉴》为证，因为这 3 部书中都明确记载，武则天为"并州文水人"。而且武则天也自称为并州文水人。另外，在山西文水还建有武则天的祀庙，即现在的"则天圣母庙"。

不过，这种观点遭到一些人的反对，反对者认为，这 3 部史书中虽记载说武则天是"并州文水人"，但并没有明确指出武则天"生在并州文水"。自古以来，中国人都有认祖寻根的习性，对籍贯很是看重，古代人更是如此。说武则天是"并州文水人"只能说明武则天的祖籍在并州文水（这一点从武士彟的遗嘱"死后归葬文水"中也可以看出来），而不能说明武则天就出生在那里，出生地与祖籍地是两个概念。

反对这一观点的人还指出，文水为武则天建祀庙并不能说明什么，只因祖籍文水以女皇帝武则天为骄傲，所以为其立庙建祠是情理之中的事。于是，现在很多人都接受了"山西文水只是武则天的祖籍"的观点。

第三，四川广元（唐时称利州）说。持此说者的依据是《九域志》中有记载说武士彟曾在利州任都督，并且在此地生下了武后，皇泽寺有武后的真容殿。据其他史料记载，武士彟的确在利州担任过"利州都督"，而且此地还有武则天为父亲立的墓碑为证，墓碑上明确记载着"贞观元年拜利州都督"。另外，除了山西文水以外，广元的"皇泽寺"是全国唯一一所纪念武则天的庙宇；再者，广元当地还有一个"则天坝"，此地就是以武则天的名字来命名的，而且古代的很多文献上多有提及。

武则天究竟生于何地？谁又能给出一个令众人完全信服的答案呢？我们拭目以待！

公主为何被打

"醉打金枝"究竟是怎么回事

升平公主是唐代宗的女儿，因为出身皇室，从小养尊处优，所以养成了很多不良的习性。升平公主长大成人后便嫁给了大将郭子仪的小儿子郭暖。刚嫁过去的时候，她依然恶习不改，傲慢无礼。可是过了几年，一个生性刁蛮骄纵的公主却变成了一个贤良淑德的妻子。那么，是什么原因让升平公主变得如此贤良淑德呢？

根据"打金枝"这个京剧名段的描述，唐代宗时期的驸马爷郭暖和妻子升平公主因为家庭琐事发生了争吵。郭暖在一气之下就出手打了身份尊贵的升平公主。在封建社会，出手打了皇帝的女儿就等于犯了杀头抄家的罪，甚至还有可能株连九族。然而，郭暖并没有因此获罪，反而把刁蛮无礼的升平公主变成了一位温顺贤良的妻子。事情之所以会发生如此玄妙的变化，完全是因为郭家和当朝的皇帝之间有一段颇为深厚的渊源。这还要从郭暖的父亲郭子仪说起。

郭子仪是唐玄宗在位期间驻守河北的领兵大将，"安史之乱"爆发的时候，沉迷酒色，年老体衰的唐玄宗逃离长安，带着全家老小往西向蜀郡逃亡。在朝中大臣们的苦苦哀求下，唐玄宗才勉强将太子李亨留了下来，以稳定民心和军心。之后，太子李亨一众前往灵武。众大臣为了号召义师，早日平定叛军，便把太子李亨推上了帝位，立为唐肃宗，并尊奉西行的唐玄宗为太上皇。新的朝廷成立以后，天下的人心也为之振奋。紧接着，郭子仪率领五万精兵从河北赶往灵武助战，这就极大地增强了唐肃宗李亨的实力，为平定叛军起到了重要作用。随后，唐肃宗任命大儿子广平王为天下兵马大元帅，郭子仪为副元帅。但是，年纪轻轻、见识浅薄的广平王根本不懂得带兵打仗，更不用说是冲锋陷阵了。所以，这一切都要依靠身经百战的老将郭子仪。

广平王出任兵马大元帅其实只是挂个虚名，真正的兵权掌握在郭子仪的手中。由此可见，唐肃宗对郭子仪的信任，郭子仪为唐朝建立的不朽功勋也是从这里开始的。之后，唐肃宗还下令让郭子仪他们收复长安和洛阳两地。

唐肃宗驾崩以后，李豫继位为唐代宗，而郭子仪也再次被削去了兵权，改任看守唐肃宗陵墓的山陵使。之后，又有仆固怀恩勾结吐蕃进攻长安，郭子仪也再次被朝廷任命为统兵大元帅，靠着他的赫赫威名就吓退了敌军，从而不费一兵一卒就保全了京城。

郭子仪经历几番大起大落，依然忠心耿耿地效忠于唐室。直到此时，唐代宗才后悔不该对他无端猜疑，因而赐给他一块"铁券"，意思就是保证在任何情况下，都不会加罪于他。不仅如此，为了向郭子仪表示恩宠，唐代宗除了给予他优厚的礼遇以外，还把自己视为掌上明珠的升平公主，嫁给了郭子仪的小儿子郭暧为妻。

升平公主是唐代宗和沈皇后的女儿，沈皇后是位绝代佳人，不仅貌美如花，而且贤良淑德，因此深受唐代宗的宠爱。然而，在唐代宗东征西讨的时候，沈皇后却流落到民间，下落不明。所以，唐代宗就把对沈皇后的宠爱都转移到了升平公主的身上，升平公主遗传了母亲的绝世美貌和纯良天性，但是由于唐代宗的溺爱，使得她养成刁蛮任性的脾性，宫中的人也只能由着她的性子。

很多人都认为，能够娶到皇帝的女儿，成为皇亲国戚，固然有着享不尽的荣华富贵，但也绝不是一件轻松快乐的事情。作为公主的丈夫，必须要委曲求全，言听计从，不能有丝毫大丈夫的架子。一般做驸马爷的人大都抱有攀附的心理，认为能够获得荣华富贵，受一些气也是值得的。但是郭暖却并非如此，郭暖天生就是一副刚直不阿的性格，他并不想依靠皇家来获取功名利禄，所以不准备放纵升平公主。当时，金枝玉叶的升平公主，听说自己要下嫁给还没有功名的郭暖，十分的不高兴，但是婚姻大事也并非自己能够做主，只能遵从父皇的命令。因此，单单从这两个人对这桩婚姻的态度来看，郭暖和升平公主的婚姻，从一开始就埋下了矛盾的种子，就等着某一天爆发出来。

大婚当日，升平公主见自己的夫君郭暖一表人才，器宇轩昂，不禁转忧为喜，对待郭暖也是温柔体贴。郭暖也被升平公主的绝美容貌所吸引，再加上她天真活泼的性格，也让郭暖感到新鲜可爱。这对新婚小夫妻互敬互爱，的确和睦美满地相处了一段时日。但是好景不长，没过多久，升平公主的坏脾气又开始发作了，这就让驸马爷郭暖有些难以忍受了。

按照郭家的规矩，每日清晨，儿孙晚辈都必须到郭子仪的面前请安，而郭暖和升平公主所居住的驸马府距离郭府比较远，每日清晨请安就有些不方便。郭家也就特别对他们两个破例，允许他们在每个月的初一和十五的早晨，到郭府向郭子仪请安，以尽作为儿子和媳妇的孝道。

对于这个规定，升平公主自然无话可说，同意这么做。但是，每次在去郭府请安的时候，她都会拖拖拉拉，并在郭暖的百般催促之下才勉强起程前往。到了郭府以后，郭家的其他子媳都站在郭子仪的门下等候很久了。对此，郭暧对升平公主很是不满，但看在她是公主的份上，也就没有追究，只是每次在临行前加紧催促。

唐代宗大历二年二月十五日，是郭子仪的七十大寿，郭暧和升平公主原本商量好，在这天清晨的时候两人一起赶到郭府为父亲祝寿。这天，郭暧还特意早早地起床，然后去叫升平公主起床。升平公主却推说自己头痛，不愿意起来，让郭暧一个人带着礼品去给父亲祝寿，并代她向父亲问安。郭暧一听，立马火冒三丈，心想："平日里你有意拖拖拉拉，我都忍了，今天可是我父亲大寿的日子，你竟然想要偷懒不去！"如此一来，以往的怨气和今天的怒气一并爆发了，他对着升平公主大声叫道："你不就是仗着自己的父亲是皇上吗？我父亲还不愿意做那皇帝呢！"说出这样的话，实在是郭暧气急之下过于冲动，所以才会口不择言，如此地作践皇帝，简直就是大逆不道，罪当万死。

升平公主一听，气得脸色发白，指着郭暧厉声说："你居然敢欺君罔上，你的罪都可以株连九族！"郭暧正在气头上，听了升平公主的这番话也是不相让，心想："你们皇家能不能杀得了我郭家，还不一定呢！"于是，郭暧就接着说道："皇帝又能怎样？你嫁到我家就是我郭家的媳妇，不恪守孝道，我不但可以骂你，还可以打你！"说着说着，他就越发激动，竟然上前抓住了升平公主猛推了一下。升平公主见郭暧竟然敢对自己动手，也更加愤怒，大声喊道："看我杀了你们郭家！"郭暧听后越加气愤，不由得对她拳打脚踢，直打得升平公主鼻青脸肿方才停手。升平公主见郭暧竟敢如此对待自己，不禁恨恨地说道："打狗还要看主人呢，你今天居然敢打皇帝的女儿，你就等着瞧吧！"然后，升平公主趁着郭暧去郭府给父亲拜寿的机会，哭哭啼啼地乘车赶回了皇宫。

升平公主到了皇宫见到自己的父皇，便痛哭流涕，哭倒在唐代宗的脚下，她声泪俱下地诉说着自己在驸马府挨打的事情，并坚决要求唐代宗惩治郭家。唐代宗看到自己的掌上明珠被郭暧打成这副凄惨模样，自然心痛不已，所以就决心好好地教训一下这个胆大妄为的驸马爷。然而，唐代宗转念一想，觉得还是不应该把此事闹大，以免弄僵了和郭家的关系。想到这里，唐代宗便先是对女儿安慰一番，然后又平心静气地说："就算这件事真像你所说的那样，父皇我也不便过于袒护你。做皇上也不可以随心所欲，为所欲为，这个你不是不知道。既然你已经嫁给郭暧为妻，就应该遵守妇道，依从自己的夫君，夫妻之间和睦相处才对。"等到升平公主怒气渐消的时候，唐代宗就让她赶紧回驸马府，不要再胡闹下去了。升平公主虽然不甘心，但看到父皇对郭家都忍气吞声不加以计较，自己如果还继续闹下去，不但得不到父皇支持，最后还是要吃亏。升平公主毕竟是个聪明人。所以，她就赶紧调整了自己的情绪和态度，乖乖地回到了驸马府。

就在升平公主进宫告状的时候，郭暧独自一个人去给郭子仪祝寿，郭子仪见儿子一个人过来，感到十分诧异，心中起了疑虑，于是就再三追问郭暧，才知道了事情原委。郭子仪听说自己的儿子打了金枝玉叶的升平公主，心中惊惧不已，立马下令让人把郭暧捆绑了起来，并亲自押送到唐代宗的面前请罪。郭子仪跪在唐代宗的面前，叩头称罪，诚惶诚恐，而唐代宗反而大笑，命令侍从们扶起郭子仪，给郭暧松绑，并若无其事地说道："'不痴不聋，不做家翁。'夫妻间的事情，何必计较呢。"

郭子仪见皇上如此宽容大度，不加以追究，也放下心来，连忙道谢回到府中，但是仍然把郭暧痛打了一顿，表示对他的教训。从此以后，郭子仪对唐朝皇室更是忠心耿耿，他的行为也带动了一大批与他有关的将领们忠心地为皇室效命。

经历了这次事件，升平公主也从中明白了很多道理，性情也发生了很大的改变，变得非常的温柔、贤惠。从此，她一心一意地相夫教子，孝敬公婆，扮演好郭家媳妇的角色，在她的悉心教导之下，两个儿女也都十分孝顺有礼。郭氏的家风也因为升平公主的性情转变而被世人广为称颂。而郭暖"打金枝"的故事也被演变成小说、戏曲、影视等多种版本广为流传，成为了一段有名的历史趣事。

一代天骄身埋何处

成吉思汗的墓葬之谜

一代天骄成吉思汗是大元帝国的创始人，是世界上杰出的政治家、军事家。他戎马一生，征战沙场，征服了西到西亚、中欧的黑海海滨。公元1227年七月，成吉思汗率军攻打西夏时因病逝世，终年66岁。

成吉思汗不仅创建了有史以来疆域最广的中华版图，而且给后世留下了无数千古谜团。尤其是他的陵墓之谜，更是令世人捉摸不定。

据说，成吉思汗在临终前曾交代，他死后秘不发丧（为了避免军心涣散），并且要遵从祖先留下的丧葬风俗。当时蒙古的丧葬习俗大致如此，蒙古贵族死后，将其埋葬，但不起坟头，再用许多马匹将埋葬之地踏平。然后当着母骆驼的面将小骆驼杀死，并淋骆驼血在这片墓地上，还要派上千骑兵来守护此地。等到第二年春暖花开之时，墓地上长出茂盛的草木之后，骑兵才会撤走。这样一般人看到的只是茫茫的草原或者森林，根本不知道墓地的具体位置。如果亲人想要祭奠，就拉着那只母骆驼来引路，如果母骆驼在一片地方驻足并悲鸣，这片地方就被视为先人的墓地。

成吉思汗下葬后，他的墓地变成了一片森林，据说当时守护墓地的1000多名骑兵和造墓者都被杀死了，为的就是不泄露成吉思汗陵墓的位置，以免打扰他安息。后来，在那只母骆驼死后就没人知道其墓地的确切位置了，这也就成了一个千古之谜。现在位于内蒙古自治区伊金霍洛旗甘德利草原上的成吉思汗陵，也并非成吉思汗的真正陵寝，而是一座衣冠冢，其中并无成吉思汗的遗体。

不过，经过专家们多年来的探索和研究，对成吉思汗真正的葬身之处，大致有以下五种说法。

第一种说法，成吉思汗葬在了今蒙古国境内的肯特山南麓。依据是有关史料记载，成吉思汗在生前的某一天，曾经静坐在肯特山上的一棵树下沉思，后来突然起身站立，对随从说："我死后，就将我葬在这里。"另外，在南宋的一些文人的笔记中也有记载：成吉思汗病逝后，他的遗体被运送到了漠北肯特山下的某个地方，然后挖坑深埋，万马踏平。

第二种说法，成吉思汗真正的墓地在新疆北部的阿勒泰山上。据《马可·波罗游记》记载："在把大汗的灵柩运往阿勒泰山的途中，护送的人将沿途遇到的所有人都作为殉葬者。"另有史料记载说，成吉思汗在临终前曾命令属下将其灵柩运回蒙古安葬。这样看来，其遗体很有可能就安放在阿勒泰山上。

第三种说法，成吉思汗的遗体被葬在了宁夏境内的六盘山。依据是成吉思汗攻打西夏时死于六盘山附近，按照蒙古族当时的习俗，人在去世三天内就要下葬，以防止尸体腐烂，灵魂上不了天堂。成吉思汗死在了七月，那时正值盛夏，为了避免尸体腐烂，成吉思汗就地安葬的可能性还是非常大的。

第四种说法，来源于哈萨克斯坦一位历史学家奥斯科尔科夫的考证，他认为成吉思汗的安葬地点在哈萨克斯坦的里杰尔（今"列宁诺戈尔斯克地区"）。他说成吉思汗生前曾指定要将自己安葬在阿尔泰山脉的一处人迹罕至的地方，经他考证发现，里杰尔就是成吉思汗所指之处。奥斯科尔科夫说："考古学家在那里发现了石器时代的人类遗迹，却没有发现青铜器时代，以及铁器时代的人类遗迹，为什么这片地方这么特殊呢？很大的可能便是这里是人为划定的禁区，所以这里极有可能是'成吉思汗墓地的禁区'。"

第五种说法，源自内蒙古社科院的研究员潘照东之口，他认为位于鄂尔多斯高原的阿尔塞石窟附近极有可能就是成吉思汗的真正墓葬之地。这里的地貌、地名等特征与《蒙古秘史》、《史集》等史料中关于成吉思汗墓葬之地的描述极为相似，并且在阿尔塞山的一个石窟中还有一幅与成吉思汗的安葬关系密切的壁画，潘照东推断，这幅壁画应是《成吉思汗安葬图》。另外，此处曾经是成吉思汗当年攻打西夏时的大后方，距离六盘山不太远，要是将他的遗体从六盘山运至此处，三天时间是足够用的。综合种种因素来看，潘照东的分析也不无道理。

分析至此，也许你该发问了，既然有这么多疑似成吉思汗墓的地方，为什么不把成吉思汗陵建在其中一地呢？至于选择伊金霍洛旗的甘德利草原来建造成吉思汗陵，也是有讲究的。成吉思汗的第34代嫡孙、中国的最后一位蒙古王爷奇忠义先生为我们揭晓了这个问题的答案，这是一个流传在鄂尔多斯草原上的美丽传说。

相传1226年，成吉思汗率军西征西夏时，路过了这个地方。他见这里水草丰美、花鹿出没，忍不住沉浸在这片迷人的景色中。而后，他对左右随从说："这里简直是人间仙境，将来我死后就要葬在此地。"谁知第二年，他便真的病死在了六盘山的军中。属下在将其灵柩运往蒙古故乡的时候又路过了此地，恰巧灵车的车轮陷在了地里，人推马拉都无法将灵车拉动。这时，有人突然想起了成吉思汗途经此地时说的那句话，便将其安葬在了这片美丽的草原上。

对于一代帝王的墓葬之谜，考古学家可谓是费尽心思，倾其全力，但是却未能给我们一个准确的说法。我们不妨设想，也许成吉思汗本意正是如此吧，因为他并不想被后人打扰。

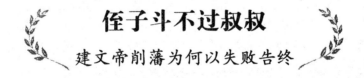

侄子斗不过叔叔

建文帝削藩为何以失败告终

公元 1398 年，明太祖朱元璋去世，皇太孙朱允炆继位，改年号为建文，史称建文帝。这个刚登上皇位没几个月的年轻皇上有着雄心壮志，他一心想削弱诸皇叔的权力，以此巩固自己的政权。不料，这个政策付诸实施后，造成藩王叛乱，致使他的皇位被夺。那么，朱允炆的削藩大计究竟是什么样的，最后为什么会失败呢？

　　说到建文帝朱允炆的削藩，我们先了解一下当时的政治背景。朱元璋刚当上皇帝时，就立嫡长子朱标为太子。朱标是马皇后所生的长子，即建文帝的父亲。为了培养皇储，朱元璋花费了大量心血，而这位太子也不负重望，被后世的史书描述为仁孝、温和以及有儒士风度的人。然而，令人惋惜的是，这位饱学的太子在三十七岁时突然死去了。朱元璋非常伤心，又立了朱标的嫡长子朱允炆为皇太孙，准备让他将来继承皇位。

　　朱允炆本性慈善，喜欢儒学，崇尚文治，向往儒家的仁政，而乱世中崛起的明太祖朱元璋则是以强权、重典治国。建文帝对于祖父重典治国所造成的社会压抑气氛深有体会，所以登基后着手改革整顿，力图创造出祥和的社会氛围。然而，建文帝太年轻了，他不但书生气十足，而且性格腼腆，不像他的祖父辈们是从战火中锻炼出来的，因此缺乏做皇帝必备的勇气和果敢，再加上是匆忙之间被立为储君，所以对于治国之道懂得不多。即位后虽然他很努力地进行改革，但朱元璋严刑暴政时所留下的负面影响并没有因此而缓和多少。在他的一系列改革中，处置最不得当的就是削藩的问题。最终也招致覆亡。

　　公元 1370 年以后，明太祖陆续分封了他九个儿子（其中包括朱棣）为王，将他们分别分封在西北边境和长江中部，王位世代承袭。这些王子们都享有巨额年俸和很大的特权，虽然对境内百姓不享有直接的行政管辖权，但每人都有三支辅助部队，人数在三千至一万五千之间。

　　朱元璋为了确保对分封诸王国的控制，在《祖训录》中定下了一系列约束诸藩王行为的规章条例。其中有一条这样的规定：在新皇帝登基后的三年时间内藩王们不准来朝廷，只能留守在藩王国；不过，如果朝廷"奸臣"当道，诸王可以集结自己的兵力，以便随时听候新皇帝诏令，但在完成驱逐奸佥任务以后，仍要立即返回封地。在这些条例中，最重要的也是后来燕王起兵的理由是：明太祖对后人们下了严厉的警告，严禁他们对训示有一丝一毫的改动；如果有任何违犯者，甚至皇帝本人，他们也可以群起而攻之。本来朱元璋分封自己的儿子们前往各地为王，目的是让他们作为皇室的屏障，抵御外部侵略或是镇压内部叛乱。可是，这些藩王因为被赋予了很大的权力，手里又握有重兵，很快就成了新皇帝朱允炆的心腹之患。

其实，削藩本没有错，错的是建文帝朱允炆削藩方式不对。就在建文帝登基的这一年，刚刚处理完朱元璋丧事的他，便派出一支军队奇袭了周王朱楠的封地开封，把朱楠逮捕起来，废为平民发往云南，藩王们被这种像对付叛逆一样的严厉手段惊得惶恐不安。随后，建文帝又找各种理由相继处置了代王朱桂、湘王朱柏、齐王朱榑以及岷王朱楩，撤销他们的封国。仅一年的时间，五个举足轻重的藩王就被收拾了。这种暴风骤雨般的处置方式，让其他藩王人人自危。封地在北京的燕王朱棣也感到心惊胆战，深知自己被处置的那一天就要来了。

建文帝削夺诸王的权力使得他与燕王朱棣发生了公开的冲突。在藩王看来，新皇帝想削夺分封诸王享有的特权的行为严重地违反了《祖训录》。可是，建文帝最终还是决定走完削藩的道路，这样便给了燕王举兵的借口。其实，燕王表面上是要恢复王朝原来的制度，实际上是要牢牢把持着自己的权力和影响。

燕王朱棣本来就怀有异心，建文帝朱允炆的削藩加速了朱棣的夺权进程。朱棣听从了下属的劝告，终于下定决心铤而走险。然而，起事是需要时间准备的，不可能立即起兵。这时，令人疑惑的事情出现了，建文帝在对燕王的处置上表现出了优柔寡断的一面，以致坐失良机。他派人秘密监察燕王的行动，燕王得知后，就假装精神失常，整日装疯卖傻、胡言乱语。在此之前他采用严厉手段处置的那些藩王，都是因为那些藩王确实有一些违法乱纪的事情，使得他出师有名。可是，他却没有抓住燕王的任何把柄，而燕王反而因为镇守边疆还立有大功。这时，他又得到这样汇汇报，更加犹豫不决，有些于心不忍了。因此，对燕王的处置迟迟没有下定决心。就在建文帝犹豫不决的时候，燕王已经开始在自己高墙深院的王府内训练士兵、制造武器了。后来，经过燕王几番苦苦请求，建文帝竟然放回了燕王留在南京做人质的几个儿子。这个时候，燕王再也没有后顾之忧了，兴奋地喊道："上天助我也！"

双方的正式敌对行动爆发于1399年，那时有个效忠于建文帝的官员抓到了属于燕王藩国的两名下级官员，以煽动罪把他们送往南京处死。燕王闻知，当即利用这个机会，打着"奉天靖难"的旗号，以"清君侧"为名，开始了他争夺皇位的行动。

到了这时，建文帝才如梦初醒，然而为时已晚。朝廷和燕王之间一场持续三年的军事对抗由此爆发，史称"靖难之役"。

退位皇帝不知所踪

建文帝出走后的谜团

经过三年的靖难之战，燕王朱棣攻占了南京，在位仅仅四年的建文帝朱允炆，被他的四叔用武力赶下台，而下台后的建文帝下落不明，从而成了我国历史上的千古疑案，后世对于建文帝的下落众说纷纭。经过总结主要有以下几种说法。

第一种说法，自焚说。这种说法是最早被记入正史中的，根据永乐年间《太宗实录》和《明史稿》中的记载，建文帝继位以后，采用了朝中重臣的建议，定策削藩。燕王朱棣听闻以后，打着清君侧的旗号，起兵南下，发起"靖难之役"。短短三年时间里，燕王朱棣便攻破南京城，兵临金川门，建文帝试图求和但遭到燕王朱棣的拒绝，只好死守。但是这时候他的主帅李景隆却打开了金川门迎接朱棣大军进城，文武百官纷纷投降。建文帝见大势已去，只得下令焚烧宫殿，并带着马皇后跳入火中自焚，其他妃嫔和侍从们也大都跳入火中而死。朱棣入宫以后，四处查找建文帝的下落。宫中的太监和宫女们都纷纷表示建文帝已经自焚而死，并且从火堆中找出一具烧焦的尸体来证明。朱棣见尸体已被烧得面目全非，分不清楚男女，并且惨不忍睹。朱棣继位以后，只得按照天子的礼仪安葬了建文帝。《明史·成祖本纪》和《明史·方孝孺传》等古籍中都纷纷支持这一说法。

但是，后世也有人对这一说法持怀疑态度。他们认为建文帝并未葬身火海。主要依据就是《明史》中的相关记载。根据《明史·恭闵帝本纪》中的记载，建文帝的死亡记载如下："都城陷，宫中起火，帝不知所终，燕王遣中使出帝后尸于火中，越八日壬申葬之。"对于这段记载，后世人们不禁疑窦丛生。既然是"不知所终"，又是如何认定被烧得面目全非的尸体就是建文帝呢？而且既然已经发现了建文帝的尸首，为何又要说"不知所终"呢？如此自相矛盾的说法岂不让人怀疑吗？根据康熙年间补纂的《明史本纪》中的记载，明确说出了当时根本就没有找到建文帝的尸体。

第二种说法，削发为僧说。朱棣攻破南京当日，建文帝无可奈何，便想一死了之，被身边的人救下，然后由亲信程济等22人带领从地道中逃跑了。那么，逃走之后的建文帝又去向什么地方了呢？后世流传着他被宫中的主录僧溥洽削发，然后假扮成和尚，藏匿在某个寺院中，也有人说他南逃到海外等各种传闻。

建文帝出家为僧是众多说法中流传最为广泛的一种说法。根据古籍记载，建文帝在南京失陷以后出家当了和尚，并且在晚年的时候还回到过京城，去世以后被埋葬在北京西山。《明史·程济传》中就有此种说法的记载。根据《明朝小史》中的记述：朱元璋临终前，留给建文帝一个只有危难关头才可以打开的箱子。如今都城失陷，打开箱子一看，里面有三张度牒，就是做僧人的证明，于是立马削发为僧，换上僧衣，从御沟中逃出。从此，建文帝以僧人的身份四处流浪，直到朱棣死后才回归京城，死后葬在北京西山，没有加任何封号，只是号称"天下大师"。记述这段故事的王鏊生于1450年，同

"老僧"所出现的时间非常相近，之后又做了户部尚书、文渊阁大学士，所以他的说法基本可信。

朱棣对社会上广泛流传的建文帝尚在人世的消息颇为担忧，毕竟朱棣是冒着"夺嫡"和"篡位"的罪名登基为帝的，建文帝尚在人世或者出逃在外对他来说都是一个非常大的威胁。为了安定人心，他不得不一边煞有介事地发布建文帝已死的诏书，另一边又根据传闻四处寻找建文帝的下落。后世关于朱棣寻找建文帝的故事非常多。

根据《明史·姚广孝传》中的记载，84岁高龄的姚广孝临终之时，朱棣曾经亲自到广寿寺看望他。姚广孝说："和尚溥洽关押太久，希望能够放掉他。"溥洽是何许人？就是皇宫里的主录僧，也就是传闻中帮建文帝剃头换装，知道建文帝下落的人。这样一个和尚被关押了整整十六年，可见朱棣对建文帝的下落有多担忧。

后世还有人推测，郑和下西洋的主要目的就是为了寻找建文帝的下落。根据《明史·郑和传》中的记载，朱棣怀疑建文帝逃到海外，想要找寻建文帝的下落，并且为了显示中国富强，去他国炫耀国力强盛。如此看来，"不知所终"才是建文帝结局的最真实的结论。

不管怎样，建文帝下落之谜至今仍未揭开，虽然就目前来说，已经有了自焚说和削发为僧说两种说法，但是仍然不能确定哪种说法是正确的。建文帝下落之谜，仍然是后世学者们争相探究考证的一个疑团。

懒惰的极致

万历皇帝二十年不理朝政

　　明朝万历年间，社会从稳定走向动荡，其中最大的原因应该归咎于皇帝朱翊钧。万历皇帝二十年不理朝政，朝纲颓废，乌烟瘴气，这是什么原因呢？

　　万历皇帝朱翊钧是明嘉靖帝的孙子，也是隆庆帝的第三个儿子，他是明朝的第十三位皇帝。他当政时期四十八年，这段时间是史上赫赫有名的"万历年间"，而朱翊钧也被称为"万历皇帝"。朱翊钧当政的四十八年，学者们将其分为了三个阶段，分别是初政时期、亲政时期、怠政时期。在这几个阶段中，初期发展得有条不紊，其中少不了慈圣皇太后李氏、司礼监秉笔太监冯保、大学士首辅张居正三人的配合，这番景象是几人同心协力的结果，万历皇帝还是大有建树的。

　　万历二十年，大学士首辅大臣张居正去世，皇帝朱翊钧开始亲政，他先后采取了一定的措施摆脱了三巨头的影响，接着进行"三大征"，这些果断行为表现出朱翊钧的魄力和能力。但是在最后的二十年中，朱翊钧几乎全面停止了上朝，不理朝政了。在这期间，朱翊钧贪图酒色，不批阅奏折，完全不管朝政。朱翊钧之前的雷厉风行去哪了？后期的他为何如此颓废？这其中有什么秘密呢？

作为一个皇帝，在光鲜高贵的身份下，掩埋了无边的寂寞与无奈。朱翊钧在十岁的时候就登基了。在我们的印象中，十岁的孩子天真无邪，但是身为皇帝，朱翊钧却受到了很多的限制。

首先，限制朱翊钧的是他的母亲慈圣皇太后李氏。朱翊钧从继位到大婚，这期间都是和皇太后一同住在乾清宫内，皇太后对朱翊钧的管教十分严厉，非常关注儿子的学习和行动。小皇帝若是有不正当的行为，她决不姑息。

其次，限制小皇帝的是司礼监太监冯保。朱翊钧还是皇子的时候，他就由冯保照顾。之后朱翊钧登上皇位，冯保也是一步登天。当时的皇帝还受控于皇太后，所以他经常向慈圣皇太后报告宫内外，包括皇帝本人的各种情况。太监冯保就像个监视器，他时刻提醒着朱翊钧什么该做，什么不该做。当小皇帝有不好的事传到皇太后耳中，受罚是少不了的。

再次，限制他的就是大学士首辅张居正。

在万历年间，有一位大臣叫作高拱，他是先皇的重臣，是一代元老。朱翊钧继位后，高拱根本不将小皇帝放在眼里，这引起了两宫太后的忌惮。当时张居正站出来出谋划策，最终铲除了大臣高拱。所以，张居正在两宫太后和小皇帝的眼中，地位颇高。

张居正不仅维护了君臣关系，还成为了小皇帝的老师。朱翊钧称张居正"元辅张少师先生"，待以师礼，张居正也尽心尽力辅佐教导小皇帝。《明史·张居正传》记载，张居正教导万历帝："戒游宴以重起居，专精神以广圣嗣，节赏赉以省浮费，却珍玩以端好尚，亲万几以明庶政，勤讲学以资治理。"在这六条内，分别提到了读书、为人处世、生活健康、品德等等，所以朱翊钧在皇太后、太监冯保和张居正的监督和影响之下，非常勤勉。

初政的后期，发生了一件大事，就是在万历十二年的时候，张居正去世了。张居正的去世成为这个年代的转折点。张居正生前在朝廷中安插了很多自己的人，正因为如此，他也得罪了不少人。张居正死后没多久，朝堂内的官员便纷纷上奏折指责张居正。皇帝朱翊钧看着这些奏折，发现张居正并不是他印象中那样的廉洁、正直，让他有种被欺骗的感觉。张居正去世两年后，朱翊钧派人抄了他的家，上报的财富确实让人震惊。涉及在内的还有太监冯保，因为冯保和张居正关系密切，两人在政治上不谋而合，大臣们将冯保一起弹劾了，冯保最终被驱逐出京。

从此之后，皇帝朱翊钧摆脱了太监冯保和张居正的控制。大婚后，皇太后搬出了乾清宫，她对皇帝的管束也不再像幼时那么严格。皇权完完全全落在了朱翊钧的手中，这也为其后来的怠政埋下了伏笔。

有学者认为，万历皇帝怠政二十年最大的原因要归咎于朱翊钧的性格。他性格倔强，极端，喜新厌旧。比如，上朝的时候天还没亮，朱翊钧还在睡眠中就被宫人叫醒，这样长期的催促他上朝，导致他越来越厌恶朝政。在他执政后期，他沉迷酒色，对自己的贵妃太过宠爱，整日慵懒无为地厮混于后宫，更加无心朝政。

还有学者认为，万历皇帝不理朝政与张居正的死亡有关系，没有张居正的督促，皇帝越来越放纵自己，以至于迷上了鸦片，体力渐渐出现不支的状况。再者，有史料记载，万历皇帝当政期间，朝堂出现拉帮结派的局面，每个官员都在尔虞我诈，在这样一个乌烟瘴气的朝纲中，万历皇帝哪有心思去理会朝政呢？

对于怠政说法，也有学者提出了反对的意见，他们认为万历皇帝不上朝，其实也是他治理国家的一种手段，是当时的环境造成他不上朝的。因为张居正死后，万历皇帝开始了他的"静摄"之旅，当时朝堂的各项制度比较完善，万历皇帝觉得没必要天天按照老祖宗的制度去上朝，搞那些形式主义，有问题可以在御书房解决。其中"万历三大征"政策就是一个很好的证明，这个政策不是在金銮殿前议论出来的，而是在御书房中制定的。

造成万历皇帝不理朝政的原因有很多，这些大多是学者们的猜测和推论。一晃二十年，万历年间经历了崛起、发展、衰落三个阶段。皇帝朱翊钧从初政时的众人相助到亲政时的亲力亲为，最终却演变成二十年不理朝政，造成这种局面的原因究竟是什么呢？朱翊钧为何会怠政二十年？是他懒惰还是他热衷醉卧温柔乡？这些离奇的状况的确让人们有些费解。

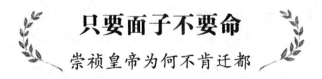

只要面子不要命

崇祯皇帝为何不肯迁都

明朝末年，制度僵化，财政空虚，阶级矛盾和民族矛盾冲突日益严峻，加之明王朝的腐朽统治，导致了大规模的农民起义。农民起义军张献忠一部，沿湖北、湖南先后夺关占地，兵锋直指四川；农民起义军李自成一部已西进潼关，占领西安，控制了西北等地，正整顿兵马准备直取明王朝都城北京。

当时，明王朝在位的崇祯皇帝，看着处于风雨飘摇之中的明王朝，急得不知所措。面对如此严峻的形势，如果崇祯皇帝当机立断，迁都当时军力还算雄厚的南京，那么至少还可保住江南的半壁江山，说不定也还有机会收复北方。可是，崇祯皇帝犹豫不决，坐失良机，自始至终待在北京，最终断送了大明江山，自己也落得吊死煤山的可悲下场。令人费解的是，当初崇祯皇帝自己提出迁都南京，可到了如此危急的时候，他却迟迟不肯南迁，这到底是怎么回事呢？

讲到崇祯打算南迁，这不得不提到先前所发生的一件事。崇祯十七年正月初四，面对攻势迅猛的农民起义军李自成，崇祯皇帝紧急召大学士及首辅大臣陈演、魏藻德、丘瑜等到御书房议事。当时，兵部有大臣提出，速调镇守山海关的吴三桂进京。这是一个拯救明王朝的折中方案，虽然调吴三桂进京需要放弃山海关，却能避免北京落入农民起义军李自成之手。

然而，对于这个方案，崇祯皇帝有很大的疑虑，迟迟不能作出一个果断的决定。崇祯有两大艰难选择：一是面对当时的满洲大清外患，如果放弃山海关力守北京，就会背负丢失国土的千古罪名；二是面对农民起义军内忧，如果不调兵守京，又会遭受政权被推翻的奇耻大辱。这个两难抉择让崇祯犹豫不决，为了不背负失地失国的重大罪名。于是，他就把这个难题交给大臣们，试图让大臣们提出建议，然后他再顺势作个表态，从而避免自己承担责任。

那些长期在官场中磨练的大臣们个个老奸巨猾，他们早就猜出了皇帝的想法，因此根本没有人站出来替他背这个黑锅。议政时，崇祯看众大臣沉默不语，心里也明白没有人愿意承担这个责任，他只好说："你们先回家考虑一下，明日早朝的时候再议，一定要作出一个决定。"

次日，在早朝上，众朝臣开始了唇枪舌剑的争论。一派主张弃山海关力守京城，另一派主张决不能弃山海关，结果吵了半天，仍旧相持不下。其实，那些主张决不放弃一寸国土的朝臣们，只是不想承担责任，并非是想誓死保卫国家，因为当时的内阁首辅大臣陈演动机就不纯。他想：「如果我表态放弃国土，那么以后一定难逃丢失国土的罪名，所以还不如主张不弃国土。」不过，后来随着农民起义军逼近北京，陈演不愿意承担失国这个责任，他也承担不起，于是又不公开反对"弃地守京"，也就是说遵照崇祯皇帝的意愿。从这里，我们可以看出有些朝臣们只想怎样保全自己，而不为全局考虑。试想，这样的朝臣和优柔寡断的崇祯皇帝，又怎么可能商议出万全之策来呢？

果然，几个时辰过去了，这些朝臣们仍然没有争论出一个结果。烦恼不已的崇祯，无奈之下只得宣布退朝。退朝后，左中允李明睿求见崇祯，见到崇祯后，他向崇祯献上了"南迁"之计。李明睿的这一计策，正好迎合了崇祯潜在的心意。因为在这之前，崇祯曾与大臣周延儒秘密商议过"南迁"，并叮嘱对方不得泄露此消息。这时，崇祯在心里赞同了"南迁"之计，认为如今即使弃山海关也难保北京，而今应该效仿晋、宋南迁，以待日后收复北方。但是，崇祯却有太多的顾虑，认为"南迁"比"弃山海关守京"更加可耻，是丢弃宗庙社稷的大罪。为了不当失国皇帝，不被后人责骂，他在表面上不同意南迁。可崇祯没有想到，正是因为这个"虚名"，反而使他落了千古骂名。

此时的李自成农民起义军势如破竹，很快攻下了山西宁武，负责抵御的明军则一败涂地、纷纷溃逃。于是，急得焦头烂额的崇祯又连夜召集大臣商议对策。这个时候，李明睿再次奏请南迁。无计可施的崇祯心想："假如没有人反对，那就南迁。"正当崇祯想到这里时，左都御史李邦华大义凛然地提出："皇上应该守护京师，让太子去江南。"崇祯听后，张了张嘴却没有说出话。过了一会儿，他勃然大怒地说道："朕励精图治经营天下十几年尚不能成，太子年纪轻轻的能成就什么大事？"

众臣见崇祯龙颜大怒，吓得闭口不再说话，不过他们心里都明白，皇帝是自己想要南迁，却硬要从众臣口中说出来。那么，这些大臣为何始终闭口不言呢？这是因为，这些大臣们知道，如果皇上南迁，便会有一些大臣留在京师辅佐太子，从而成为替死鬼；而那些随驾南迁的人，如果京师失守，说不定还会因力主南迁而受责罚，这实在是一个费力不讨好的苦差事。

可是，崇祯却不知道众臣心里在想些什么。他见大臣们都不表态，还连连催促众臣想对策。结果众臣商议来商议去，还是没有拿出个结果。到了最后，崇祯只得下了个"入京勤王"的圣旨，等待各地的大军来京护驾。几天过去了，各地勤王的军队还没有到，可是告急的奏折却像雪片一样飞来。这个时候，李明睿又紧急求见，哭求着劝崇祯南迁。崇祯也想赶快南迁，可是他又盼望众臣能像李明睿一样一致哭求着劝其南迁。因为那时的他再半推半就地答应下来，虽然免不了被骂"弃京南逃"，但还是可以营造出不得已而为之的状况，使人们对他的被动南迁表示同情。因此，在形势非常紧迫的关头，崇祯仍然抱有一丝希望：也许众臣会众口一辞地奏请他南迁，再等等看吧！

但是，崇祯错了，这次的错误让他想逃都来不及了。等众臣再次上朝，他们仍然你看着我我看着你，谁也不肯开口。之后，判决崇祯死亡的信使赶来了："保定失陷！"就这样，南迁的路彻底被封死，崇祯和众臣再也不用商议是去是留了。

李自成率领的农民起义军于崇祯十七年三月十七日围攻北京城。十九日，东方刚刚泛起鱼肚白，太监王相尧就打开宣威门投降，农民起义军浩浩荡荡地开进了城中。之后，守卫正阳门的兵部尚书张缙彦、朝阳门的朱纯臣也先后打开城门投降，北京内城被攻陷。崇祯帝得知这个消息后，自知无路可逃，于是登上煤山，自缢于一棵歪脖子树下。两天后，这个已经僵死的国君才被人们发现。

之后，明朝残余势力在南方建立南明政权。然而，明王朝的败落已经不可避免，清军已从吴三桂打开的山海关挺进了中原。至此，中华历史翻开了新的一页。

十全老人

乾隆皇帝是否为汉人之子

乾隆皇帝名叫爱新觉罗·弘历，是雍正皇帝第四个儿子，二十五岁的时候登基为帝。是我国历史上最有名的皇帝之一。乾隆皇帝在登基之初就表现出非凡的才能，并且以仁厚治国，平反了很多雍正时期处理的冤案。乾隆晚年的时候以"十全武功老人"自居。虽然退位为太上皇，但依然主持朝政直至病死于养心殿，享年八十八岁。乾隆在位时间长达六十年，并且还做了三年的太上皇，死后葬裕陵，庙号高宗，谥号纯皇帝。

乾隆帝的一生享尽了荣华富贵，可以说是善始善终。然而，就是这样一位历史上著名的皇帝，他的出身却饱受争议。有人说他是雍正帝用掉包计从海宁陈氏家中换来的孩子；也有人说他的生母并非富贵人家的女子，而是热河行宫中的一名宫女。各种猜测也让乾隆帝的身世更加扑朔迷离。那么，事情的真相究竟是怎样的呢？

清朝时期，浙江海宁陈家是江南的豪门望族，和清朝的皇室有着神秘莫测的联系。清朝末年，社会上广泛流传着这样一种说法：清朝的皇帝乾隆帝是浙江海宁陈家的儿子。著名武侠小说家金庸在《书剑恩仇录》里面，就是根据这个故事为主要线索的。书中描述到，当时江湖上最大的帮派红花会的总舵主于万亭秘密潜入宫中，把乾隆的生母陈世倌夫人的一封信交给乾隆，信中还详细描述了乾隆出生的经过，并指出了他屁股的左上方有一块胎记为证。等到于万亭走后，乾隆就把乳娘廖氏传来，经过仔细询问，才知道了自己身世的真相。

事情要追溯到康熙五十年，四皇子胤禛的侧妃钮祜禄氏生下一个女儿。当天，相邻而居的大臣陈世倌的夫人生下了一个儿子，于是就命人将这名孩子抱到府中观看。可是没想到的是抱进去的是儿子，抱出来的却是女儿。陈世倌知道这是被四皇子掉了包，悲痛之余却也无可奈何。这事也就只好这么不明不白地过去了。

这件事刚好发生在康熙诸子争夺储君的时候，各个皇子都是明争暗斗，用尽各种计谋手段。四皇子胤禛知道康熙对于立储君一事还在犹豫不决，其他几个兄弟的才能又并不比自己差，每个人看起来都是旗鼓相当。历代皇帝在选择储君的时候，不但会比较各个皇子的才干，还得看各个皇子的儿子，因为立储是国家大事，皇子一旦死了皇孙就要登基为帝。如果单单只是皇子英明神武，皇孙昏庸无能，也不是什么长远的计策。四皇子胤禛这个时候已经有了一个儿子，但是却懦弱无能，一直以来都不被康熙帝喜爱，他知道在这方面有些薄弱，所以就一直期盼着自己能够再生一个儿子。可是没想到最终生下来的却是个女儿。胤禛处心积虑想要做皇帝，所以在知道陈世倌生了个儿子以后，就强行掉了包。四皇子胤禛素来心狠手辣，世人皆知，因此陈世倌也不敢将此事说出去，怕招来灭顶之灾。后来，这个被换去的孩子就被取名为弘历，也就是后来的乾隆皇帝。

金庸曾经也陈述了这一段故事描写的来历，他在小的时候就经常听人说乾隆帝是陈家后代的故事，所以后来也就自然而然地写进了自己的小说里面去了。不管这件事是真是假，都说明这个故事在民间是广为传说的，甚至很多人都信以为真。

陈家经历了明朝和清朝两代几百年的富贵兴荣，并且家人也在朝中担任要职。自明代初期，陈氏就是当地富裕的书香门第。陈家在康熙年间，甚至两度出现父子兄弟三人同榜的盛事。康熙四十二年，陈元龙的弟弟陈嵩、侄子陈邦彦、陈诜之子陈世倌三人同榜；康熙五十六年，陈元龙的两个儿子和侄子陈武婴三人同榜，这在我国的科举史上可以说是前无古人，后无来者的事情。人才辈出自然让陈家风光无限，陈家先后在康熙、雍正、乾隆三朝为官。陈家父子和叔侄三人在朝中也是身居要职，其中两人还当过陪皇帝读书的学士。由此可见，陈家和皇家的关系非同一般，位高权重也是可想而知。

根据我国一些野史中的记载，雍正帝胤禛当皇子的时候，和海宁陈氏的关系也是非常的微妙，两家之间的往来也十分的频繁。当陈家发现儿子被换成女儿以后，知道这里面的严重性，所以不敢追究声张，只能沉默不语。不久以后，康熙帝去世，胤禛登基以后，就将陈氏家中的很多人都提拔到重要的位置。雍正死后，乾隆帝即位，对陈家更是隆恩浩荡。乾隆一生六次南巡江浙，其中有四次就曾到海宁陈家。或许，从这里面我们可以发现一些蛛丝马迹。

除此以外，还有一种说法就是，陈家这个刚刚出生的儿子在被抱进雍亲王府的时候，是王妃私自暗中调换的。雍正帝其实并不知道。等到乾隆帝即位以后，通过他人的只言片语推测出自己的身世，然后暗中和陈世倌对照，发现自己果然与陈世倌十分的相像，于是心中也开始怀疑自己是否就是陈家的后代。为了查明自己身世的真相，乾隆帝还特意几次下江南进行查访，最终弄明白了自己的真实身份。这也就表明，这种说法其实也是倾向于乾隆帝是陈家的后代。

不仅如此，民间还有传说，乾隆帝在得知自己不是满人以后，就时常在宫中穿汉人的服饰。一日，身着汉服的乾隆帝问身边的臣子："朕像不像汉人啊？"一名老臣立马跪下答道："皇上的确有点像汉人，而不太像满人。"乾隆帝在听完以后就更加相信这一传说，甚至还打算下令所有满人都改穿汉服，以此来表明自己的汉人身份。

陈府中有两块匾额，据说就是乾隆帝御笔亲赐。一个是"爱日堂"，一个是"春晖堂"。前面一个是出自汉代扬雄《孝至》中的"孝子爱日"，后面一个则是出自唐代诗人孟郊的《游子吟》，这两块匾额所题写的内容都含有孝顺父母的意思，如果说乾隆帝并非出自陈家，又怎么会写下这样莫名其妙的词语呢？但是正史文献却说，这两块匾额是康熙帝题写的。根据《清史·陈元龙传》中的记载，康熙三十九年，皇帝召见朝中大臣，一时兴致勃发，说："你们家中的客堂都有名号，要不你们题词，朕来赐书。"于是陈元龙就奏称，自己的父亲已经年过八十，为了表达对父亲的孝意，请求皇上拟写"爱日堂"三个字赏赐，康熙听后非常痛快地写下了这个匾额。《海宁州志·列女传》中说道，陈世倌的堂祖父陈邦彦早年丧父，他的母亲黄氏守寡四十一年，独自将儿子抚养成才。陈家富贵以后，康熙帝感念黄氏的牺牲精神，所以亲笔写下了"节孝"两个字赐给黄氏，随后又写了"春晖堂"匾额赐给了陈家。由此可见，陈家的这两块匾额跟乾隆的身世并没有任何关系，也并非像众人口中所传说的那样。

根据以上几种说法分析总结，可以看出都是倾向于乾隆帝是陈家的后代。那么，事实的真相真是这样的吗？我们可以从清朝皇族的家谱和陈家的儿子出生记录来一探究竟。

清朝皇族家谱上面记载，雍正帝共有十个皇子、六个公主，乾隆帝生于康熙五十年，当时雍正三十四岁。在这以前他已经有了四个儿子，其中三个均已夭折，还有一个儿子弘时也已经八岁，而另外一位妃子耿氏也已经怀孕五个多月，是男是女尚不清楚，又怎么会去调换陈家的儿子呢？此外，清代的皇子、皇孙在诞生的时候，都是有着一套严密的验看奏报的程序，在这种情况下，又怎么能轻易地掉包呢？就是偷换成功，在这之后雍正帝又生了好几个皇子，弘历又不是他唯一的儿子，他不让自己的亲生儿子登基为帝，而让别人的儿子来继承大统岂非于理不合？

在《海宁渤海陈氏宗谱第五修》和《徐乾学家谱》中都记载了陈家的子孙情况。陈元龙共有一个儿子两个女儿，在他儿子死后的十七年乾隆帝才出生，陈家的两个女儿也早于乾隆帝二十多年就已出生，这样看来，陈家哪里有孩子可以让雍正调换呢？而且，乾隆帝出生那年，陈元龙的元配夫人宋氏已经五十多岁，并且在同年九月的时候病逝。陈元龙的两个小妾也都已经去世。这样看来，陈家根本就不可能会有孩子出生。由此可见，调换孩子的说法根本就是子虚乌有。

如此一来，可以断定乾隆帝并非陈家的后代。但是随之而来的是另外一个问题，既然乾隆帝不是陈家的后代为何会对陈家如此隆恩浩荡呢？其实，这一切和当年浙江海塘工程密切相关，这是有关钱塘江一带经济发展和社会安定的大事情。康熙帝在位时期，钱塘江就时常发生海潮泛滥，危害当地的百姓。雍正即位以后决定修筑海塘工程，但是此时雍正又要忙于巩固帝位和应付西北战事，所以无暇前去查看，等到这个工程终于有了进展的时候，雍正帝又突然去世了。乾隆帝登基以后，非常重视这件事，他借着六次南巡的机会，四次前往海宁视察。

根据常理，皇帝出巡势必要住在名门望族之家，就像当年康熙南巡总是住在曹家一样，并没有特别的意思。而当地最有名望的家族就是陈家。而且陈元龙本人又是水利方面的专家，正好可以询问一些关于海塘工程的问题。如此一来，陈家自然就成为了乾隆帝南巡的落脚点。乾隆帝在陈家居住期间也是十分的惬意舒适，所以每次到达海宁的时候，都会住在陈家。由此可见，乾隆帝先后四次前往海宁并非人们所说的认亲，而是为了巡查海塘工程，和他的身世也没有丝毫的关系。

关于乾隆帝的身世，野史中还存在着另外一种说法，就是和宫廷有关。据说，乾隆是由一名姓李的宫女所生。这位宫女名叫李金桂，是避暑山庄行宫里面的一个粗使丫头。康熙四十九年，还是雍亲王的皇四子胤禛奉旨随康熙帝前往承德避暑山庄，举行一年一度的"木兰秋狩"。一日，雍亲王闲来无事便带着一名随从，在离山庄不远的围场打猎消遣，在射中一只大鹿以后，便打算砍下鹿角进献康熙帝，从而博取康熙帝的欢心。同时雍正还喝下了一碗鹿血。不料，雍亲王在喝下鹿血以后，欲火难耐，所以就随便临幸了一名宫女。事后，发现这名宫女相貌丑陋，所以并不打算将她带回府中。这事也就这么过去了。原本这事对于妻妾成群的王爷来说不算什么，但是事有凑巧，第二年的夏天，康熙帝又率众来到承德避暑山庄，偏巧就有人奏报了丑宫女李金桂怀孕的事情。康熙帝一问得知是自己的儿子所为，也就没再加以追究，但是雍正依然没让宫女进府。

不久之后，李金桂生下一个儿子。虽然生母身份低微，但是他的父亲却是当朝皇子，也算是龙种一脉。最后经胤禛的生母德妃和国舅隆科多的求情，胤禛也向父皇认错讨饶。康熙皇帝一向以慈悲为怀，又见生一皇孙，一时龙颜大悦，并没有对四阿哥治罪。另外，他还准胤禛将李氏母子带回王府赡养，但胤禛嫌李氏容貌丑陋，不肯带回府中，只是在狮子园西边的松林深处，为她盖了两间平房，作为居住的地方。

虽说野史记载得十分详细，很多人也对此津津乐道，但是在我国的正史文献中却没有这类的记载。而是记载着乾隆帝的生母钮祜禄氏，是满洲镶黄旗人，虽然姓氏高贵，但出身寒微，所以在雍正没有登基以前一直号为格格，就是在生了弘历以后，也没有被封为侧福晋。雍正即位当年年底，她才被封为熹妃，不久之后晋封熹贵妃。乾隆帝登基以后，尊其为崇庆皇太后，并移至慈宁宫居住。

在当时特别看重出身的封建社会，可能正是因为这位皇太后的出身不够显赫，才会让很多人怀疑乾隆帝是由一名身份卑微的宫女所生。

至今为止，关于乾隆的身世之谜依然被很多人津津乐道。但是不管是真是假，乾隆帝都是我国历史上一位值得大书特书的君主。

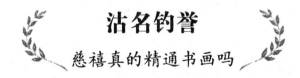

沽名钓誉

慈禧真的精通书画吗

慈禧太后统治的 48 年间，中国除了太平天国起义，还饱受外国的侵略，致使中国的国力日渐衰败，所以在后世很多人的心目中，慈禧就是一个负面人物的代表。

她热衷政治，善于玩弄权术，反对维新变法，镇压当时的进步思想，在同治和光绪庄位年间垂帘听政，把清末的政治弄得混乱不堪。除此之外，慈禧在日常的生活里，还非常喜欢书画，尤其喜欢把自己所绘制的书画作品赏赐给朝中大臣，表示对他们的恩宠，以此来笼络这些大臣。从这里我们看出，慈禧在书画方面还是有一定基础的，那么她究竟是否可以称得上精通，就不得不从慈禧的生平说起。

慈禧是满洲镶黄旗人，父亲名叫惠征，曾经担任过专门负责地方政务的安徽候补道台。根据清廷时官宦人家子女的要求，子女大都要学文习武，学文当然是以汉文化为主。慈禧自然也不例外。再加上清廷入关以后，为了笼络汉族人，强化和巩固当时的统治，就非常重视对汉文化的学习了。所以慈禧在年轻的时候，也像很多官宦人家的子女一样，学习诗书、绘画、下棋、弹琴、骑马、射箭等，在这些学习的科目中，慈禧对文学、绘画和历史都表现出了浓厚的兴趣。

2004 年 7 月，沈阳故宫曾经展出了数百件的国宝级珍品。其中有一幅据说是慈禧太后亲笔所画的《富贵长春图》，令在场的参观者们纷纷称赞不已。之后，媒体在报道的时候称慈禧的书画作品"惊艳众人"。那么，历史上的慈禧太后真的会画画吗？就算慈禧太后会画画，她画出的作品有那么令人称颂吗？

后世有学者评价说，按照慈禧的身份地位和性格，她书写的书法作品应该是具有一种特有的雄浑霸气。可是慈禧的绘画作品中有不少都是文弱纤细的花鸟鱼虫。凑巧的是，2003 年，在深圳也举办过一次"清朝皇室书画展"，当时一共展出了广东省博物馆和北京艺术博物馆馆藏的八十多幅清朝皇室书画作品。在这些展出的书法和绘画作品中，就有慈禧的书法和绘画，画的都是墨梅、金鱼、花卉等内容。

另外，在内蒙古自治区呼和浩特市内的清朝绥远大将军署衙，现在被辟为慈禧少年时代家庭生活的展室，展出慈禧一家使用过的生活用品，其中就有两幅慈禧年轻时手绘的国画。其实，这些作品，从严格意义上来说，只能说是印有慈禧印章的书画作品。那么，我们不禁好奇，慈禧自己亲手绘画出来的作品又是什么样子的呢？

北京故宫博物院藏有一幅慈禧在光绪三十年（1904）用朱砂墨写的《般若波罗蜜多心经》作品，由此我们可以看出慈禧书法的真实水平。在这幅作品中我们可以看到里面的字体结构松散呆滞，笔力孱弱稚嫩，毫无生气，属于那些初学书法的水平。根据另外一幅慈禧亲笔绘画的"蓼花螳螂"画稿，上面还印有"慈禧皇太后御笔之宝"，画上也有老师的批语，但是基本都是"好"、"有笔意"等阿谀奉承的词语。然而根据书画行家的点评，慈禧的绘画水平只能说是初学者的水平，所描绘出来的枝与枝之间杂陈不接，叶与花零乱，其用笔畏缩迟疑，全无功力，一只螳螂也画得离骨岔气不合章法。由此可见，慈禧的绘画能力还远没有达到独立成画的水平。慈禧虽然也会书写绘画，但是同书画大师的水准还是有很大的差距的。实际上慈禧虽然喜爱书写绘画，但是并没有这方面的艺术天赋和才华。慈禧赏赐给朝中大臣们的书画大部分都是由别人代笔绘制的，然后再在书画上印上慈禧专用的印章，这样就变成了慈禧本人的书画作品。

根据清史研究专家称，慈禧的文化水平其实并不高，她很少自己写文章，基本上都是口头传达，而且她的字也写得很一般。根据光绪皇帝的起居官恽毓鼎之子宝惠著文回忆，慈禧身边有一名专门代笔书画的人叫缪嘉蕙，云南昆明人，是在宫内教慈禧太后学习书画以及代笔书画的唯一一个汉族女官。而这个缪嘉蕙又谙于官场世故，所以博得了后宫中上到后妃，下至太监宫女们的一致称赞，慈禧也非常喜欢这位缪嘉蕙，对她是宠爱有加，赏赐丰厚。除缪嘉蕙以外，清末宫廷画家屈兆麟也是为慈禧代笔的重要书画家之一，他主要是替慈禧代笔画松、鹤等。

由于慈禧本人的书画水平不高，艺术鉴赏力和表现力也都不太强，所以在她执政期间的宫廷绘画水平都非常平庸，没有创作出当时对画坛有影响力的作品。而慈禧本人是否善于作画，作画水平究竟怎样，想必很多人心中都已经有答案了。

第二章 文臣武将

（一）

掘墓鞭尸

伍子胥与楚平王的世仇谜案

伍子胥是春秋时期的名人之一，他原本是楚国人，后来却成了吴国的大夫，一生成就非凡，为一个国家辅佐两代君王。太史公司马迁在著名的《史记》中也曾专门为伍子胥立传。可是，这样一位历史名人，却因为一件掘墓鞭尸的事情，引起了后世对他无休止的猜测和争议。

据说，伍子胥在吴军攻破楚国都城之后，曾经命令士兵挖开已经去世的楚平王坟墓，把楚平王的尸体拖出来用鞭子狠狠地抽打。掘君王的墓在古代绝对是大逆不道的做法，而且做这种事实在不符合伍子胥士大夫的身份，于情于理似乎都说不过去。不仅我们对此感到不解，历史学家们一直以来也是争议不断。那么，这件事到底是确有其事还是子虚乌有呢？伍子胥到底是个什么样的人？若是真事，究竟是怎样的刻骨仇恨能够让他不顾一切做出这样的事情呢？要了解这个悬案，咱们还得从伍子胥的生平说起。

伍子胥是楚国人，他的父亲伍奢原本是楚国太子的老师，后来楚平王因听信手下的一个奸臣费无忌的谗言，将伍了胥的父亲伍奢处死了。费无忌为了斩草除根，还施诡计想让楚平王把伍子胥和他的哥哥伍尚一起处死。伍子胥看穿了费无忌的阴谋，没有去见楚平王，而他的哥哥伍尚则没有逃过厄运。伍子胥背负着为父亲和兄长报仇的重责，千方百计地逃出楚国。据说，伍子胥当时因为悲愤和忧愁，一夜之间头发全白。恰巧因为这个相貌的改变，才使得他没有被守门兵将认出，顺利出了楚国最后一道关卡，最终辗转逃到了吴国。

到了吴国之后，伍子胥本希望吴王僚能帮自己讨伐楚国，可吴王似乎对此并不感兴趣。于是，伍子胥又将目光聚焦到了吴王僚的堂兄公子光身上。公子光为人谨慎却野心勃勃，伍子胥料定此人今后必成大事，便开始专心致志地辅佐他。后来，伍子胥找来勇士刺杀了吴王僚，辅佐公子光顺利地当上了吴国国君，还推荐足智多谋的孙武做军师，二人成为吴国国君的左膀右臂。

经过一段时间的准备，吴国正式出兵讨伐楚国，一举攻破了楚国的都城，伍子胥也终于盼到了自己报仇雪恨的一天。然而，他没有想到的是，当时楚平王已经过世，根本没有办法再让他受到酷刑的制裁。尽管如此，伍子胥的心中还是愤恨难平，为了却自己的报仇心愿，他把一切抛在了脑后，命令士兵挖开楚平王的坟墓，将其尸体拖出，狠狠地抽了这个大仇人三百鞭子，以此来消解内心沉积多年的心头之恨。

关于伍子胥挖坟鞭打楚平王尸体这件事情，后世的不少史书都是持肯定态度的，认为这件事确实发生过，而且伍子胥为父兄报仇也是正义之举。对于伍子胥掘墓鞭尸的记载，最权威的来源是出自司马迁所著的《史记》，其中详细记载了吴兵攻入楚国首都，伍子胥没有捉到楚昭王，怒气难消，便掘开楚平王的坟墓，狠狠抽了楚平王尸体三百鞭。到了东汉，越国人赵晔也在自己的专著《吴越春秋·阖闾内传》中有了更详细的记载：不但鞭尸三百，而且还在尸体上踩上一脚，他愤怒地斥责楚平王听信奸臣费无忌之言，冤杀了自己的父亲和兄长。

这件事情流传下来，在许多的文学和戏曲作品中不断被加工渲染，几乎已经被所有的人所接受。但也有一些历史学家提出了不同的意见。他们认为伍子胥或许只是抽了楚平王坟墓三百鞭子而已，并没有真的掘墓鞭尸。或者，伍子胥仅仅采取了鞭坟的行为，因为古代君王的陵墓一般设计得都是相当严密的，想要将其尸体拖出坟外必然要费一番周折，并不是那么容易就能做到的。况且，从当时的礼制观念来看，挖掘君王之墓绝对是一种大逆不道的行为。伍子胥是当时吴国的重要人物，掘墓鞭尸是让他日后承担千古骂名的罪行，这也迫使他必须三思而后行。

相比之下，鞭坟似乎更符合当时人们对于礼制和思想的看法。而且鞭坟的说法，早在先秦时期的《吕氏春秋·首时篇》中就有过相关的记载，由于《吕氏春秋》成书早于《史记》一百多年，其中所记载的内容可信性还是比较高的，其史料价值也受到世人公认。此外，在后世的《春秋谷梁传》、《淮南子·泰族训》、《越绝书·卷一》中也都有过"鞭坟"的相似记载。因此有不少史学家以此推断"鞭坟"的说法是有根有据的，伍子胥只是率领士兵鞭打了楚平王坟墓三百鞭而已。

还有一些学者认为，伍子胥掘墓鞭尸一说纯属虚构，事实根本不能成立。因为在《春秋》、《左传》、《国语》这三部对春秋史实论述最具权威性的史籍记载中，根本就没有提到有关鞭尸或鞭坟的事情。而在当时，假如做出这种挖开君王坟墓的"犯上"行径，《春秋》必然会有所记载，并浓墨重彩地加以批判。在《左传》中，笔者用两千八百多字非常详细地记录了历时一年多的吴破楚之战。可书中不但没有记载伍子胥掘坟鞭尸或鞭坟之事，甚至在整个记载中，连伍子胥的名字都没有提到。因此很多学者推断，伍子胥很可能根本就没有参加吴军攻破楚国都城的战争，即使有这个心，也没有实施这个行动的机会。

不管怎样，两千多年来，伍子胥掘坟鞭尸的故事早已被演变成小说、戏曲等无数个版本广为流传，最终成为家喻户晓的故事。但历史上究竟有没有发生这件事情，就目前来看，有鞭尸、鞭坟和子虚乌有三种不同的说法，史学家们对此已经争论多年，每一种说法似乎都有成立的史料依据，因此难以推断孰真孰假。随着历史的推移，春秋的年代距离人们也越来越久远，伍子胥掘墓鞭尸这件事情是真是假，是虚是实，很可能会成为一桩难以破解的千古之谜了。

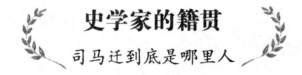

史学家的籍贯
司马迁到底是哪里人

《史记》是我国第一部纪传体通史，记载了上自上古传说中的黄帝时代，下至汉武帝元狩元年之前共 3000 多年的历史，是一部优秀的历史文学著作，在我国史学史、文学史上具有举足轻重的地位，其作者司马迁也因此被后人所关注。

然而，当说到这位西汉时期伟大史学家的出生地时，很多人却皱起了眉。

因为，对于司马迁的出生地在哪里，历来就有两种说法，一是陕西韩城说，一是山西河津说。而这两种说法争论的焦点和依据都是司马迁自己写的《太史公自序》中的一句"迁生龙门，耕牧河山之阳"。由于古时地理范围的划分、位置的表述都与现在不同，而"龙门"是黄河上的峡口，为其东西两边的韩城和河津两县所共有，所以便有了这两种不同的观点。

持陕西韩城说的人提出了以下几种理由：一是唐代张守杰在其所著的《史记正义》中曾指出，龙门山在夏阳县，因此司马迁是汉代夏阳县人，而夏阳县在唐朝时改为韩城县。另外，《汉书·地理志》也指出龙门山在夏阳。而对于司马迁是夏阳人这一点，可以从司马迁的《太史公自序》中推断出来。在文中，司马迁对自己列祖列宗的分散情况做了详细介绍，即司马氏世代执掌周史。在周惠王、周襄王时，司马氏离开周朝到了晋国。此后，司马氏分散在卫国、赵国和秦国少梁。在少梁的司马氏是司马错，他的孙子司马勒曾跟随秦将白起出生入死，征战沙场。这时，少梁已改名为夏阳。司马勒的孙子名昌，司马昌生无泽，无泽生喜，喜生谈，谈生迁。据此我们可以判断出，司马迁的籍贯为夏阳。

除此之外，现居住于韩城鬼东乡徐村的冯、同二姓，都自称是司马迁的后裔，可是，为什么司马氏的后裔会是其他姓氏呢？据冯、同二姓人介绍，他们的祖辈原来也姓司马，因为司马迁遭受了宫刑，后人感到不光彩，也为了避祸，便改了姓氏。有些人在"司"字左边加上一竖，改为"同"姓；另外一些人在"马"字左边加了两点，改为"冯"姓。另外，他们还举出了两个佐证，一是清代嘉庆二十二年（1817）立的一块石碑，碑上刻有："世传司马……改姓同、冯二氏……"另外，在陕西韩城芝川镇还有一座司马迁庙。

然而，陕西韩城说却遭到了持山西河津说的人们的质疑，他们认为，唐代张守杰的"龙门山在夏阳"的说法是不全面的，因为龙门山包括的范围很大，虽然说夏阳县也有一部分的龙门山，但是山的一大部分都是在今山西河津县境内。所以以此为证也是很牵强的。

持山西河津说的人还认为冯、同二姓人的说法，十分牵强，不能作为依据。因为自古以来，中国人就把"改姓"之事看得非常重要，不到万不得已是不会改姓的。假如真如冯、同二姓人说的那样，因为司马迁受宫刑，后人为了避祸改了姓。那么，为什么在后人为司马迁抱不平，并赞誉他忍辱负重、顽强不屈的精神时，这些改了姓氏的司马迁后裔不以司马迁为荣，赶紧将姓氏改过来呢？要知道，在古代的中国，改姓可是对祖先的大不敬。

而对于芝川镇的司马迁庙，持山西河津说的人也给出了自己的说辞。他们认为将为某人建庙的地方作为某人的出生地是过于牵强的想法，为了表达对名人的景仰而为他建庙，这是非常正常的事，如果在全国各地建有一个人的多处庙宇，难道我们就能说这么多地方都是这位名人的出生地吗？更何况芝川镇的司马迁庙建造于北宋治平元年 (1064)，比司马迁生活的年代晚了约1000 年，若是以此为依据，岂不是很难令人信服？

之后，持山西河津说的人也提出了自己的依据。第一，龙门自古以来就记载在山西河津县，这可以从孔安国的《尚书传》中得知，文中称："龙门山在河东之西界。"而从地理位置上来看，河津就在河东。第二，自大禹凿龙门以来，河津就叫作龙门了，证据是，从北魏到北宋近 700 年，河津都有建"龙门县"的历史，并曾在这里设立过"龙门郡"。第三，据说，当地的"明朝嘉庆版龙门志"和"清光绪版河津志"的地图中都标注着"司马迁故里"。第四，司马迁死后葬在河津，而在《太史公自序》中有这么一句话："迁生龙门，是其坟墟所在也。"这说明，司马迁的出生地就是他的葬身之地，也就是河津县。第五，在山西河津县有个辛封村，全村共有 1500 多人，而司马姓氏的家族有 20 余户，100 多人，他们都自称是司马迁的后裔。

这两种说法看起来都有理有据，正所谓"公说公有理，婆说婆有理"。看来，这个悬而未决的考古悬案还需要考古界和史学界的进一步发现和探讨，但愿真相会早日公之于众。

一去匈奴不复回

苏武牧羊事件背后的悬案

苏武牧羊的故事相信很多人都听说过，苏武被迫在遥远的贝加尔湖放了十几年的羊，始终思念故土，不忘大汉朝。千百年来，"苏武留须节不辱"的故事不仅被写进了史书，还被写进了教材，写成了歌谣、戏剧，被人传颂千古。无数的史学家都认为，苏武是汉朝以来最有民族气节的英雄人物。可是，关于苏武牧羊的详细情况，并没有太多的人知道。

苏武是汉朝人，他为何跑到了千里之外的少数民族地区？他在汉朝是怎样的身份，为什么要到塞外去放羊？他只不过在贝加尔湖放了十几年羊而已，又为何被众多的史学家所称颂？这其中有着怎样的故事呢？这一切，还要从汉武帝当政时期说起。

汉武帝是一个有雄才大略的皇帝，汉朝在他的统治之下国富民强，一片繁荣。只是，北方的匈奴对汉朝的威胁一直以来都是汉武帝的心病。匈奴当年被著名的将领卫青和霍去病打败之后，元气大伤，与汉朝和平相处了一段日子。虽然口头上一直表示要跟汉朝和好，可私底下还是对汉朝虎视眈眈，有所图谋。

当时，匈奴与汉朝有互派使者拜访的习俗，但匈奴无缘无故扣留了一些汉朝的使者，作为报复，汉朝也扣留了一部分匈奴的使者。双方名义上和好，暗地里却是相互钩心斗角，争斗不断。后来，匈奴的首领单于去世，由他的弟弟且鞮单于接替王位，这个且鞮单于担心汉朝会在他刚刚即位立足未稳的时候出兵收拾他，就决定要抢先一步向汉朝表示友好。他首先释放了所有被扣押的汉朝使者，又派使者带着自己的亲笔书信护送这些汉使们回汉朝，他的书信写得非常谦虚恭敬："汉武帝，您是我的长辈，我们匈奴作为晚辈，怎么敢对长辈大汉朝不尊敬呢？"总之，净挑好听的话说，说得汉武帝心花怒放。因为古人都提倡"化干戈为玉帛"，这种化敌为友的事情，对于汉朝的百姓来说也是一件好事。

于是，汉武帝立即决定放回此前被扣留的匈奴使者，还要再派一大批使者前往匈奴，去化解双方几十年来的恩怨，友好相处。苏武，正是这批使者的负责人之一。当时的苏武是汉武帝的贴身侍从，专门负责掌管汉武帝的马厩以及平日打猎所用的弓箭武器等，深得汉武帝信任，因此被委以重任，出使匈奴，负责这件重要的外交大事。

苏武带着自己的副将张胜、常惠率领使团浩浩荡荡出发了。但他不知道，自己长达十几年的苦难从此开始了。苏武本以为自己带着汉朝的礼物和汉武帝的亲笔书信，以及归还的匈奴使者，会顺利与且鞮单于会面并完成使命，然后很快回到汉朝复命。可谁知道，刚刚到匈奴就出了岔子。

原来，在苏武没到匈奴之前，有个叫卫律的汉朝的使者在出使匈奴后投降了。单于特别重用他，封他为王。这个卫律有一个部下叫作虞常，一向对卫律很不满，而虞常又碰巧跟苏武的副将张胜是好朋友，他趁着这个机会私下找到张胜，说自己的母亲和弟弟都在汉朝，心里很牵挂，愿意出力除掉汉朝的叛徒卫律，希望汉朝能多照顾他的家人。张胜这个人好表现，想暗地里完成这件大事出个风头，便私下跟虞常商量了一个杀掉卫律的计划。更为过分的是，他还想抓且鞮单于的母亲带回汉朝做人质，以此要挟匈奴。苏武摊上这么一个胆大妄为的副将，也算是倒霉。张胜这个欠缺考虑的计划，最后肯定不能成功，他不仅没有杀掉卫律，反倒让虞常被且鞮单于抓住了。

无奈之下，害怕承担责任的张胜才把这一切都告诉了苏武。苏武得知自己的手下捅了这么大的娄子，匈奴人一定不会善罢甘休。他对张胜说："事情已经到了这个地步，是无法挽回了，我身为汉朝的使节，要是被匈奴人严刑拷打，等于是丢了我们汉朝的脸，还不如及早自我了断。"说着就要拔刀自杀，手下的人连忙劝阻。

虞常被匈奴人严刑拷打之后，供出了自己与张胜合谋的事情。张胜贪生怕死，很快也投降了。苏武作为张胜的上司，自然脱不了干系，且鞮单于大怒之下要杀掉苏武，后来在大臣的建议下又改变主意，要苏武投降匈奴。苏武大义凛然地拒绝了："我是大汉朝的使节，如果丧失气节投降了匈奴，即使我保全了性命，还有什么脸面面对自己的国家呢？又有什么脸面回去见乡亲父老？"说完，立刻拔出佩刀自刎，且鞮单于的手下急忙上前阻拦，此时的苏武却已受了重伤。且鞮单于敬佩苏武的气节，命医生给苏武治伤，想尽一切办法威逼利诱苏武，想要让他投降匈奴。结果，都被苏武拒绝了。恼羞成怒的且鞮单于不甘心放苏武回去，就把苏武流放到匈奴最北边的北海去放羊，他告诉苏武："什么时候你放的羊生了羊羔，我就放你回归汉朝。"但卑鄙的且鞮单于给苏武的全部都是公羊，这明摆着就是永远不让苏武回汉朝。

匈奴的北海就是如今的贝加尔湖一带，荒凉而且寒冷。苏武独自一人在这片荒凉的土地上放牧，饥寒交迫之下，却始终拿着象征自己汉朝使者身份的符节，以表达自己对汉朝的思念和忠诚。日复一日，年复一年，使者符节上面的装饰都掉光了，苏武的头发和胡须也都变白了，他还是在这片荒凉的地方牧羊。且鞮单于死了以后，匈奴发生内乱，分成了三个国家。新单于没有力量再跟汉朝作对，又派使者来求和。这时候，汉武帝已经死去，他的儿子汉昭帝即位。汉昭帝派使者到匈奴去，要单于放回苏武，匈奴对使者撒谎说苏武已经死了，使者和汉昭帝都信以为真。幸好，当初与苏武、张胜一同被扣押在匈奴的副将常惠，私下买通一个匈奴的使节，把苏武还活着的消息传回了汉朝。

于是，汉昭帝派遣使者给单于传话："匈奴既然真心同汉朝和好，就不该这么没有诚意。我们皇上在御花园射下一只大雁，雁脚上拴着一条绸子，上面写着苏武还活着，你怎么说他死了呢？"单于听了吓了一大跳，他还以为真的是苏武的气节感动了飞鸟，连大雁也替他送消息，于是答应把苏武放归汉朝。

苏武在匈奴十九年，从当初被汉武帝信任派遣出使匈奴，到受自己的一个副将牵连而被匈奴扣押，再到孤身一人在荒凉的匈奴北海放牧羊群十几年，饿了就吃野草，渴了就喝雪水，受尽苦难；又到最后被自己的副将报信搭救而得以回归故土，可谓是一波三折，经历了种种磨难。苏武当年出使匈奴的时候是四十岁，带领一百多人出使匈奴，可如今却只剩下副将常惠。他们回到长安的那天，长安的老百姓都出来迎接。他们瞧见白胡须、白头发的苏武手里拿着已经失去颜色的符节，没有一个不感动的，说苏武是个有气节的大丈夫。汉昭帝也重赏了苏武，后来苏武去世，当时的汉宣帝把苏武列为麒麟阁十一功臣之一，足见汉朝对苏武的尊重。

后世大都知道苏武被困匈奴牧羊十九年的故事，却很少有人了解其中的细节和原因。在一个个偶然或者必然的事件之中，苏武凭着自己心中"宁为玉碎，不为瓦全"的民族气节，终于坚持到了回归故土的那一天。相对于投降匈奴的使者卫律，以及贪功又怕死的副将张胜来说，苏武用自己坚贞不屈的民族气节证明了自己的伟大人格，也征服了当时的百姓和后世的人们，成为坚持民族气节的楷模，苏武的这种精神将会铭刻在历史的长河之中，名垂千古。

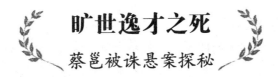

旷世逸才之死
蔡邕被诛悬案探秘

蔡邕 (133~192)，字伯喈，是陈留圉县 (今河南杞县西南) 人。是我国东汉末年的名士，在社会上的声望非常高，被当时的人称赞为"旷世逸才"。然而，就是这样一位博才多学的名士，却在东汉末年风云变幻的政治斗争中被无辜杀害了。那么，蔡邕究竟为何会被杀害呢？

根据范晔《后汉书》中对蔡邕之死的详细记载，蔡邕是在得知董卓被杀以后，情不自禁地发出了一声叹息。于是，王允就认为蔡邕是董卓的同党。

但是，在《后汉书》中还有一段记载："卓重邕才学，厚相遇待，每集宴，辄令邕鼓琴赞事，邕亦每存匡益。然卓多自假用，邕恨其言少从，谓从弟谷曰：'董公性刚而遂非，终难济也，吾欲东奔兖州，若道远难达，且遁逃山东以待之，何如？'谷曰：'君状异恒人，每行观者盈集。以此自匿，不亦难乎？'邕乃止。"这段话的意思就是董卓非常欣赏蔡邕的才学，蔡邕在董卓身边的时候，一有机会就会向董卓提出一些好的建议，但是董卓为人一向刚愎自用，听不进别人的劝告。蔡邕曾经对别人叹息着说："董公性格刚强，又好掩饰自己的过失，最终是很难有成就的。我想找机会逃走，可是我每次弹琴都有那么多人围观，担心走到哪里也有人认识我。这可怎么办好呢？"结果到最后，蔡邕也没能逃出京城。由此可见，如果说蔡邕是董卓的同党，那么在董卓被杀以后，蔡邕是不可能还和王允共事的。可是既然蔡邕不是董卓的同党，并且根据史书中的记载，蔡邕帮助董卓处理朝政也是被逼的，并且王允也为董卓做过事，如果因此来定蔡邕的罪名，那么王允岂不是罪责更大，因为当初董卓入朝为官，就是王允和何进推荐的。既是如此，王允为何非要在董卓死后认定蔡邕是其同党，并将其杀害呢？这其中的缘由，就连给《三国志》作注的裴松之也困惑不解，所以只好认为是史书记载有误。

后世有学者认为，裴松之之所以会认为史书记载有误，是因为他没有看到王允在杀掉董卓之后的转变。根据《后汉书·王允传》中的记载，董卓是王允的敌人，王允为了能够消灭董卓，从大局出发，隐思周旋，最终杀掉董卓。董卓死后，王允就以功臣的身份成了群臣之首。为了整治朝纲，树立自己的个人威信，王允决定杀掉几个曾经追附过董卓的大臣。根据南朝梁人殷芸在《小说》中的记载，王允是为了消解自己的个人恩怨才要杀害蔡邕的。近代学者顾炎武在《日知录》中的记载，蔡邕不是一个崇尚节义的党人，而王允却是党人时代的名士。所以，王允早就对蔡邕怀恨在心了。所以最后做出杀害蔡邕的举动也就合乎逻辑了。

　　除此之外，后世还有学者从性格方面来分析蔡邕被王允杀害的原因。王允和蔡邕有过很多共同的经历，都曾为了反对宦官专权而斗争过，最终失败而惨遭陷害，被迫逃亡；也都曾在董卓专权的时候为他做事，又都是东汉时期的忠臣名士。但是两人在性格方面却有着极大的差别，王允是一位偏执、固守己见、心胸狭窄的人，因为自诩名士，交往之人很少；而蔡邕为人则心胸宽广、不拘小节，所以在三教九流之中都有过从甚密的朋友，例如桥玄、马日磾、王朗、卢植、曹操等都是他的至交。王允为人棱角分明，而蔡邕则平易随和。所以导致王允对蔡邕产生了很强的忌妒心理，因而无法容忍蔡邕的存在。当蔡邕在毫无防范的情况下，王允勃然大怒骂道："董卓这个逆贼，好几次都差点毁了汉室，你作为皇上的臣子，应该对董卓的行为加以斥责，如今你却因为自己的私人情感，就忘却了国家，今天历数出董卓的罪行，你反而为他叹息，难道想要和董卓一样逆反吗？"于是下令将蔡邕杀害。至此，王允终于能够宣泄出心中多年的积怨，找到了报复蔡邕的机会。

　　经过总结，我们不难看出，王允一定要杀害蔡邕的原因不过是以下三点。第一，蔡邕和王允虽然都帮董卓做过事，但是董卓却比较欣赏器重蔡邕的才华，和蔡邕的关系也较为亲密。所以，王允只有杀了蔡邕才好向汉室交代。第二，蔡邕在董卓死后的确抱有同情之心，并且在没有分清楚场合的情况下表露出来。所以，这就在很大程度上触怒了王允。第三，王允的性格原因，由于王允为人心胸狭窄，刚愎自用，所以就非常忌妒比他有才华的蔡邕。

　　一千多年来，对于王允为何非要杀害蔡邕这件史实，史学家们一直猜测争论不断，上述的每一个说法似乎都有可成立的史料依据，因此难以推断哪种才是正确的，结论也就因此成了一个谜。要想揭开这个真相，还需要史学家作进一步的研究考证。

道不同不相为谋

曹操杀害孔融疑案探踪

孔融是东汉末年的名士，是有名的"建安七子"之首，同时他还是孔子的第二十世孙。孔融天资聪慧，在少年的时候就已经非常有名了（著名的孔融让梨讲的就是他的故事），再加上他才华横溢，因此在当时的声望非常高。

汉献帝即位以后，孔融先后任职北军中侯、虎贲中郎将、北海相、大中大夫等职。然而，就是这样一位历史名人，为什么会在建安十三年的时候被求贤若渴的曹操杀害呢？按理说，曹操是一个爱才惜才，求贤若渴的人，对于孔融这样一位才华横溢的人，他应该重用才对。于情于理都不该出现这样的事情，那么又是什么原因导致曹操非要杀了孔融不可呢？孔融之死成为了后世学者们争相探索之谜。后世对于孔融的死因也有着各种各样的猜测和争议，大致可以归纳为以下几种说法。

第一种说法认为，孔融被杀主要是因为他的政治主张与曹操背道而驰。孔融是维护正统的汉室的，他的思想言论同曹操在很多地方相互抵触。而且屡屡反对曹操的一些决定，并且还在公开场合多次令曹操难堪。建安十二年

(207)，曹操出兵征讨乌桓的时候，孔融就曾公然嘲笑说："大将军远征，萧条海外。昔肃慎不贡楛矢，丁零盗苏武牛羊，可并案也。"不仅如此，孔融还反对恢复肉刑，反对曹操禁酒，讽刺曹操的儿子曹丕私纳袁绍儿媳甄氏等。再加上孔融忠于汉室，上奏主张"宜准古王畿之制，千里寰内，不以封建诸侯"，意思就是要尊崇汉朝的天子，确保汉朝天子的独尊地位，讽刺曹操受封魏王，孔融的这些主张同当时曹操实施的"挟天子以令诸侯"的政治政策相抵触，从而严重地激怒了曹操。因此，建安十三年，曹操以"欲图不轨"、"谤讪朝廷"、"不遵超仪"等多项罪名将孔融全家杀害，孔融被杀时时年55岁。

另外一种说法认为，孔融是天下名士，家世出身、政治背景与宦官之后的曹操有着明显的差异。从东汉末年开始，许多士大夫都是倚仗自身的世家门第而目空一切，并以与普通人结交为耻。例如当时的河南尹李膺就规定家人，不是当今的社会名士和世家子弟，不准入府通报。而孔融是孔子的第二十世孙，在十岁的时候就出入河南尹李膺府第，自然是名门望族。而曹操恰恰相反，曹操的祖父是宦官曹腾，父亲曹嵩是曹腾的养子，所以身为名士的孔融就从心里看不起曹操。在公开场合多次嘲笑讽刺曹操。曹操在消灭袁绍以后，曹操的儿子曹丕私纳袁绍儿媳甄氏为妻。于是孔融就写信给曹操，说"武王伐纣，以妲己赐周公"，讽刺曹操为儿子私纳袁绍儿媳甄氏为妻的行为。但是曹操没有看懂这封信的意思，便去向孔融询问。孔融回答说，我看你如今的这种做法，就可以想象到当年的武王一定也是如此。曹操明白了这个意思之后，非常生气。

近代学者郭沫若指出："曹操虽然是一个爱才惜才的人，但对于那些恃才傲物，不肯依附自己的人，是无法容忍的。"身为宦官之后的曹操，在统一了中原以后，就试图借自己的政治权势来笼络那些名门望族的名士。但是，作为世族名士代表的孔融，却偏偏不肯受曹操的拉拢，还处处让曹操难堪。

所以曹操在忍无可忍的情况下，就拿孔融开刀，杀一儆百。根据翦伯赞《中国史纲要》的记载："曹操统一中原后，开始向那些不亲附自己的士人展开了进攻。"就足以证明这一说法。

对于上述的两种说法，有些学者予以了否定。他们根据史料记载指出，其实孔融在一些具体问题上还是同曹操合作的。例如，孔融曾在《崇国防疏》中斥责刘表的僭伪不轨，这其实在舆论上对曹操是有利的。而且，孔融所作的六言诗中，就曾写下"郭李纷争为非，迁都长安思归。瞻望关东可哀，梦想曹公归来"来称赞曹操在政治上的功绩。而在《与曹公论盛孝章书》中，孔融更是把曹操比喻成齐桓公。由此可见，如果说曹操杀害孔融是因为政治主张不同或者说是身份门第悬殊的原因，很难令人信服。

还有些学者认为曹操之所以杀害孔融，是因为孔融本身的性格造成的。孔融天资聪慧，才华横溢，又出身世家名门，少年的时候就名满天下。这就养成了他恃才傲物、目空一切、狂傲不羁的性格。他从来都不去刻意结交权贵，对当时的权贵代表董卓、曹操也是公然嘲讽，惹得当时这些权贵们对他不满。所以，在古代也有很多学者认为孔融被杀是因为他自身的性格造成的。例如颜之推的《颜氏家训》，就认为孔融是因为生性傲慢而被杀的；张瑶在《汉纪》中分析说，孔融恃才傲物，不识时务，而曹操虽然表面看起来宽容大度，但是内心却是非常不满的。由此可见，孔融狂傲不羁的性格同曹操之间形成了不可调和的冲突，从而造成了孔融被杀的悲剧。

其实上述的各种说法都是没有确切而有力的证据来证明的，但是似乎每种说法的背后都有着一定的依据。孔融究竟为何被杀？很有可能会成为一桩无法破解的千古之谜了。

三顾茅庐

刘备三请诸葛亮确有其事吗

　　刘备三顾茅庐请诸葛亮出山的故事世人皆知。我国古代四大名著之一《三国演义》就详细叙述了刘备"三顾茅庐"请诸葛亮出山辅佐他成就霸业的故事。将刘备的求贤若渴、礼贤下士的态度描写得惟妙惟肖，把刘备对诸葛亮的敬仰之情，关羽、张飞的居功自傲也是刻画得入木三分。这段"三顾茅庐"的故事，是罗贯中根据陈寿《三国志·诸葛亮传》中的记载，加入了艺术构思创作而成的。那么，刘备真的曾三次前往茅庐拜访诸葛亮吗？一直以来，史学界都是众说纷纭。

　　第一种说法认为，刘备的确"三顾茅庐"拜访诸葛亮。《三国演义》中关于刘备和诸葛亮第一次见面的记述是，刘备带领军队驻扎在新野的时候，徐庶向刘备推荐了诸葛亮，刘备就让徐庶带诸葛亮来见他，可是徐庶说只有登门去拜访诸葛亮，却不能让诸葛亮来拜见刘备。由此可见，刘备是亲自到诸葛亮那里拜访的，总共去了三次，才得以见到诸葛亮。但是这里面却没有写到关羽和张飞同刘备一同前往拜访诸葛亮，也没有记载刘备同诸葛亮见面的地点是在茅庐中。

根据诸葛亮在《出师表》中的记载："先帝不以臣卑鄙，猥自枉屈，三顾臣于草庐之中……"从这段记载中，可以确定刘备曾三顾茅庐拜访诸葛亮。陈寿也在《三国志》中写到了《隆中对》，里面记载了刘备三次前往茅庐拜访诸葛亮以及同诸葛亮议论天下形势的过程。一直以来，刘备"三顾茅庐"请诸葛亮的故事都被视作礼贤下士、爱才惜才的典范。加上当时刘备正处于危难之时，急需大量人才相助，根据这个情势，刘备"三顾茅庐"是有很大可能的。所以，后世对于刘备"三顾茅庐"事件的真实性从来没有质疑过。

根据三国人鱼豢《魏略》中的记载，提到了刘备和诸葛亮第一次见面时的情形，并没有记载刘备"三顾茅庐"时候的情形。《魏略》中也曾记载到：刘备屯兵樊城的时候，曹操已经统一了黄河以北的地方，诸葛亮已经预见到曹操很快就会对荆州发兵进攻。而荆州的统治者刘表软弱无能，是不足以抵抗曹操的大军的，于是诸葛亮就北上求见刘备。刘备看诸葛亮年轻，并没有引起对诸葛亮的重视。诸葛亮通过对当前政局的讨论分析以及提出了相应的对策才让刘备对他刮目相看。最后，刘备才对诸葛亮加以重用。西晋司马彪《九州春秋》对此也做过同样的记载。而且《魏略》一书是当时人们对当代历史记录，具有一定真实性，因此书中所记载的内容是毋庸置疑的。

其实，从诸葛亮本人积极进取的态度可以看出，《魏略》、《九州春秋》中的记载是有一定可信度的。但是后世也有学者调和了上述两种说法之间的冲突，认为刘备"三顾茅庐"和诸葛亮的樊城自请相见刘备都是真实可信的事情。根据清代学者洪颐煊在《诸史考异》中的记载，诸葛亮第一次见刘备是在樊城，刘备虽然以礼相待诸葛亮，但是并没有重用他。直到徐庶向刘备推荐诸葛亮的时候，刘备再次会见诸葛亮才逐渐对他加深了了解，建立起了深厚的感情，并指出：在建安十二年初见，再次相见是在建安十三年。后来诸葛亮非常感激刘备的赏识重用之情，所以才在《出师表》中进行了记载。

第二种说法认为，刘备并没有"三顾茅庐"拜访诸葛亮。认为"三顾茅庐"所记载的事件根本不可能存在。诸葛亮是一位胸怀大志，想要有一番作为的人，刘备请他出山相助，其实正符合他的需求，他又怎么会多次拒绝拜见刘备，不肯抓住眼前这个机会呢？刘备在当时已经是一位非常有声望的政治家，而此时的诸葛亮却是一位年仅27岁的布衣，刘备又怎么会那样低声下气，苦苦相求诸葛亮呢？虽然，根据陈寿《隆中对》中的记载可以证明刘备曾"三顾茅庐"，但在当时，刘备正面临着曹操几十万南征大军压境的威胁，《隆中对》中却没有提到这个紧迫面临的问题，是不合乎情理的。

另外，刘备第一次拜访诸葛亮，又怎么会安排人进行现场记录呢？因此，所谓的《隆中对》，很有可能是陈寿附会诸葛亮的《出师表》而杜撰出来的。况且，在我国的正史上也没有对《隆中对》一事的记载，《隆中对》的内容是当时最高的军事机密，不可能随随便便一字不漏地告知天下。由此可以判定，刘备"三顾茅庐"是不可信的。

刘备礼贤下士，"三顾茅庐"的故事对后世有着很重大的现实的进步意义，在世人眼里也是一个不老的传说。而有关刘备和诸葛亮见面时的具体情形如何，恐怕只有当事人才会知道。

然而，"三顾茅庐"的故事却流传了下来，吸引了无数人。真假难辨，也就成了一桩悬案。

名满天下的丞相

房玄龄缘何有"贤相"之名

　　房玄龄是历史上赫赫有名的丞相，他的一生充满了传奇色彩，而且他任丞相时间之长在历史上很少见的。房玄龄到底是个什么样的人？为何能够名满天下？为何会被后世称为"贤相"？我们还得到历史长河中去找寻答案。

　　幼年时期的房玄龄机智聪明，他博览群书，喜欢写文章，在书法上也有一定的造诣。房玄龄年纪虽小，但对事物有着独特的见解。有一回，他随着父亲前往京城，京城一派繁荣，大家都认为隋朝不会灭亡。但是房玄龄却对父亲说："隋朝现任的皇帝没有任何功德，只会迷惑黎民百姓，对隋朝的发展没有作出长远规划，而且太子之位迟迟不定，兄弟之间早晚会自相残杀。靠着这些人，隋朝怎么能继续下去呢？这样的局势，隋朝迟早会灭亡。"房玄龄的这番话让他的父亲十分吃惊，他对这个还没有成年的儿子立时另眼相待。同时，房玄龄也是一个孝顺的人。据说，房玄龄的父亲生病后，他照顾了一百多天，每日都亲自喂药喂饭，晚上就穿着衣服睡在父亲的身边。父亲死后，他伤心得五天没有进食，足以见证他孝心感天动地。

房玄龄十八岁考中了进士，之后被任职。当时的吏部侍郎高孝基对房玄龄赞誉不绝，他断言：房玄龄日后必成大器。果然，房玄龄后来被任命为隰城县县尉。步入仕途后的房玄龄，对隋朝朝政腐败颓废之风深感无力。当时，隋朝已经开始动荡，各地出现多处起义，势力最强的便是李阀和宋阀。李阀首领李渊举义旗入关内后，李渊的二儿子李世民率军向渭北开拓疆土。房玄龄早就预料到会有这一天，他就骑着马去了军营拜见李世民。

李世民见到房玄龄后，就像是遇到了旧友一般，很快任命房玄龄为渭北道行军记室参军。房玄龄对李世民也一样，与之成了知己，且对李世民非常忠心，将自己知道的毫无保留全都告诉李世民。每当讨伐贼寇的时候，其他人都在搜寻财物，只有房玄龄在搜罗人才，将这些人才带去李世民那儿。遇到良将谋臣，房玄龄都会主动与他们结交。

之后，李渊称帝，建立唐朝。李渊赐封大儿子李建成为太子，二儿子李世民为秦王。但是，李建成心胸狭隘，因为李世民的风头和功绩远远高过了他，李建成便猜忌李世民想夺走太子之位，处处与他作对。有一次，李世民到太子李建成的府邸吃饭，却被人谋害中毒。秦王府中人人自危，他们知道有人将黑手一步步地伸向秦王，却无计可施。对此，房玄龄倒显得十分淡定，他对大臣长孙无忌说："现在太子与秦王的积怨已深，祸乱即将爆发。如果现在出现政变，必定会引起天下大乱。唐朝刚刚建立，根基还不牢固，内部政变会引来别的势力，这不但会祸及秦王府，还会让国家陷入覆灭的地步。在这样一个紧急的时候，怎么能不再三思考呢？"接着，房玄龄说出了自己的计谋："既然太子不仁，那我们不如学习周公诛杀兄弟的故事，这样不仅能抚宁天下，还能安定宗庙社稷。古人曾说'治理国家的人不能顾及小节'，说的不就是现在的形势吗？"

长孙无忌听完房玄龄的话后，眼前一亮，两人的想法简直是不谋而合。

其实，长孙无忌早就有这个打算，只是一直以来没敢讲出来。现在，房玄龄都讲明了，还有什么好顾忌的呢？两人商量后，长孙无忌就去向李世民献策。李世民听后当即否决，自己若杀了大哥李建成，这不是不忠不义吗？

随后，李世民找来房玄龄商议计谋，房玄龄从容地回答："现在国家正在患难之中，不是英明的人不能平定眼前的祸乱。秦王的功绩有目共睹，完全是天命所归，自然有神明相助，不需要有人刻意地出谋划策。"房玄龄说完这番话，李世民立马下定决心，决心铲除太子李建成党羽，登上皇位。

房玄龄在秦王府中待了十多年，写下无数言简意赅又道理深刻的文章，就连开国皇帝李渊都赞赏他。太子李建成对秦王幕府的谋臣们都十分厌恶，没少在李渊面前进谗言诋毁房玄龄。房玄龄有一段时间遭到李渊的贬斥，其他秦王府谋臣也被打压。李世民见形势不利，立即召来了长孙无忌和房玄龄，他们在府中策划了玄武门之变。事变后，太子李建成被杀，李世民入主东宫成为皇太子。

李世民登基后，称为"唐太宗"。为了表达对房玄龄的谢意，他提携房玄龄为太子右庶子，之后又升为中书令，并晋爵为邢国公。房玄龄的仕途在接下来的几年中，一直平步青云。贞观三年，唐太宗又任命他为太子太师，但是房玄龄拒绝了，最后改任为代理太子詹事，兼吏部尚书，后又代替长孙无忌任尚书，改封爵为魏国公，并兼修国史。

房玄龄一人担任多个官职，他的权力在一人之下万人之上。可是，房玄龄并不懈怠。他继续日夜操劳，尽职尽责，看到别人的长处会欣然学习。与此同时，房玄龄还精通吏事，他不用势利的眼光来衡量一个人，用人时不分贵贱，他的所作所为得到世人的赞扬。

李世民为了表现皇恩浩荡，将最宠爱的女儿高阳公主嫁给了房玄龄的儿子房遗爱，房玄龄的女儿也嫁给了皇帝的儿子，成为了韩王妃。可见李世民对房玄龄的器重，皇帝的做法无疑是确定了房玄龄的地位，但房玄龄是一个有自知之明的人，他坐在宰相的位置上长达十五年，唯恐皇帝顾忌他，于是多次提出告老还乡，可太宗皇帝只是安抚，并没有予以批准。

纵观房玄龄一生，他作出的贡献确实很多，他不仅辅佐李世民登上皇位，在李世民当政期间，还为百姓谋求福利。虽然位高权重，却并没有利用自己的职权去谋私利。房玄龄的功绩远远不止这些，后人对他的评价极高。房玄龄被称为一代贤相，当之无愧。

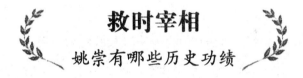

救时宰相
姚崇有哪些历史功绩

唐朝时期出现很多贤相，唐太宗时期有房玄龄，唐玄宗时期出现了姚崇。姚崇被称为"救时宰相"，那么姚崇有哪些历史功绩呢？

在唐太宗时期，出现了贞观之治的繁荣景象，但是随着时间的推移，朝廷内部逐渐变得混乱，等到唐玄宗李隆基继位后，局势十分危急。唐玄宗为了使国家能够恢复贞观时期的繁荣，开始重用人才，姚崇就是其中的一个。唐玄宗任命姚崇为宰相，在姚崇的辅佐下，君臣共同努力，唐朝逐渐复苏，慢慢出现了兴盛景象。

姚崇可以说是三朝元老，他思维敏捷，女皇帝武则天当政时期，他就备受赏识。唐玄宗登基后，姚崇的宰相位置没有变动。姚崇凭着自己的才智，向唐玄宗提出了很多建议，这些建议大多数被唐玄宗采纳。君主和臣子共同努力，使得唐朝很快繁荣起来，人民安居乐业，整个社会出现一片欣欣向荣的景象。这自然少不了宰相姚崇的功劳，所以唐玄宗对姚崇十分信任。国家大事、官员罢免等等，这些事务都会找姚崇商议，所以在朝会的时候就出现了这样一个状况，遇到重大事情，唐玄宗第一个要询问的便是姚崇，而其他官员则成了摆设，整个大殿之上只有皇帝和宰相姚崇在互动。

宰相姚崇勇敢无畏治理蝗灾的故事被当时的百姓们津津乐道。在唐玄宗当政时期发生了一场特大蝗灾，蝗灾遍布河南一带。在广阔的土地上，每当蝗虫飞过，都会遮天蔽日，蝗虫落在哪里，哪里的庄稼就会被啃食一空。蝗灾让老百姓们苦不堪言，一时间没有好的对策，这严重影响了河南一带的农业发展。唐朝时期，人们又比较迷信，他们认为蝗虫的降临是上天给予的惩罚，这都是无法避免的。再加上唐朝本来就重佛教，那些迷信分子大肆宣传后，各地都在烧香拜佛，希望佛祖能够制止这场灾难。但是结果差强人意，蝗虫还在继续糟蹋庄稼，情况越来越严重。

灾情变得非常严重，地方官吏不得不将这蝗灾上报给朝廷。宰相姚崇知道后，对事情作出了分析，他上奏给唐玄宗的奏章中表示：蝗虫只是一种害虫，并非是什么神明在作祟。只要地方官员齐心协力，自然能够将蝗灾消灭。唐玄宗觉得姚崇的话很有道理，于是便批准了姚崇的奏章。在皇帝的支持下，姚崇亲自去了河南一带。他观察田地后，在田地里堆集柴草，下令让百姓一到夜里就点起火堆，蝗虫是一种聚光昆虫，百姓们看到蝗虫飞来，就立即扑杀。

当时河南有一名官员拒绝执行姚崇的命令，他写了一封奏折，他说蝗虫是上天派来的，人们根本就阻止不了，想要消除蝗灾，只能积善修行。姚崇看到奏章后十分恼火，于是专门写了一封信批评这名官员，并且给出了严厉的警告，他语气坚决地说，如果蝗灾没有减轻，将来造成饥荒，这些后果自己负责。那个官员看到姚崇语气十分果断，他小小官员不得不从，于是就发动地方官员，用姚崇的方法灭蝗虫，效果十分显著。单单河南汴州就消灭了十四万石的蝗虫，灾情在姚崇的治理下缓和下来。

河南官员的奏折只是一个代表，在长安城内反对姚崇做法的官员比比皆是，他们认为姚崇的做法很冒失，唯恐引来大乱。唐玄宗听到反对的声音越来越多，渐渐地也动摇起来。他为此特地询问姚崇，姚崇淡定地回答："做事情只要合乎道理，就不用遵守什么老规矩。历史上出现的蝗灾并不少见，但是都没有很好的措施去治理，造成的灾荒不可估量。河南河北积存的粮食本来就不多，现在又出现蝗灾，如果今年没有收获的话，百姓就没有粮食吃，到时候大批灾民流离失所，国家就会陷入危难中。"姚崇说得句句在理，唐玄宗一听到国家会陷入危难之中，不禁后怕起来，立马询问姚崇如何是好。姚崇安抚唐玄宗，说道："大臣们都在指责我的办法不好使，陛下也有顾虑。不如这件事就让我来处理，到时候出了乱子就责罚我一个人好了。"唐玄宗见姚崇很有信心，最后便答应了。

姚崇走出皇宫的时候，有个宦官认为，杀死太多的蝗虫会影响和气，他希望姚崇三思而后行。但是姚崇不以为然，如果这些蝗虫不扑灭的话，那么死的将会是百姓，与人命相比较，孰轻孰重自然明了。姚崇治理蝗灾的方法效果显著，各方面反对的声音渐渐都平息下来。蝗灾事件后，唐玄宗更加信任姚崇，而姚崇也成为百姓心中的"救时宰相"。

还有一个关于姚崇的故事，说的是姚崇的儿子死了，他请了十几天的假为儿子办理丧事。姚崇将政事委托给了吏部尚书卢怀慎处理。卢怀慎和姚崇分别担任朝廷的左右二相，但是他知道自己的才能比不上姚崇，姚崇请假的期间，卢怀慎很多政事都决断不了，不久公文积攒得越来越多。姚崇回朝后，没花多少时间就将那些令大臣们头疼的问题给解决了，在旁边看着他处理公文的官员一个个目瞪口呆，佩服得五体投地。当时姚崇也有些得意，他随便问了一个官员："我这个宰相和管仲、晏婴相比如何？"那个官员说道："跟管仲、晏婴似乎比不上，但是您也可以称得上是'救时宰相'了。"

这位官员说完，姚崇便大笑起来。于是，人们就把姚崇称为"救时宰相"。姚崇的功绩还有很多，单是他治理蝗灾的功绩就无可比拟。姚崇一生都在为唐朝鞠躬尽瘁，在历史上的评价很高。

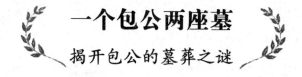

一个包公两座墓

揭开包公的墓葬之谜

"包公"原名叫包拯，是个家喻户晓的清官。他因"为官清廉、铁面无私，敢于与权贵作斗争"而深得人心，受到老百姓的尊敬和赞扬，所以人们便尊称他为"包公"，也有人称其为"包青天"。

包拯（999~1062），字希仁，庐州（今安肥）人，是我国北宋时期颇有名望的一位清官。包拯出生于一个官僚家庭，28岁考中进士。按照宋朝的制度，进士就可以去当官了，但他为了照顾父母，便一直留在家中，直到36岁才正式开始了他的仕臣生涯，他先后担任龙图阁大学士、开封知府、御史中丞、枢密副使等官职。在职期间，他惩恶扬善，为民申冤，以"断狱英明刚直"著称于世。嘉祐六年（1061），包公去世，享年64岁。

早在北宋时期，包公的故事就开始在民间流传，包公也因此成为一个无所不能的传奇人物，直到今天仍然深受人们的喜爱。这时，我们不禁要问，我们去哪才能祭奠一下这位北宋名臣呢？关于包公墓的问题历来就是人们关注和争议的焦点，因为在河南巩县（今巩义）和安徽合肥各有一座包公墓，而且还各有历史记载为证。一个包公，为什么会有两座墓葬呢？

河南省巩义市西南有座"巩县宋陵"，这里有北宋王朝9个皇帝的陵墓。在这9个皇陵中，有一座陪葬墓，它位于宋真宗的墓旁，是一座高约5米的圆形冢墓，这就是人们所说的包公墓。关于巩县包公墓，明代嘉靖年间修订的《巩县志》以及清代顺治后的各版《河南通志》中都有记载，可见巩县包公墓在明朝初期就已经存在了。

然而，十几年前，考古学家们在安徽省合肥市东郊大兴乡又发掘出一个包公墓，并且这里还有包公的夫人董氏墓、长子夫妇墓、次子夫妇墓，以及孙子包永年墓。在这里发掘出土的墓志铭中记述了包公的一生。从墓志铭上的记述来看，这里确实是包氏族墓。

如果合肥的包公墓是真墓的话，那巩县的包公墓又是怎么一回事呢？它里面究竟埋葬着什么？为什么要建这个包公墓呢？或许巩县包公墓只是人们的臆断？陪葬在宋真宗墓旁的另有其人？

合肥包公墓的发现让人们对巩县的包公墓产生了疑问。有人在对巩县包公墓进行过研究后提出了这样一个问题：依宋代的宗法制度来看，巩县包公墓的位置有失君臣尊卑之序。因此，有人怀疑，巩县的包公墓内埋葬的不是包公，极有可能是宋真宗的爱弟——燕王赵元俨。赵元俨排行老八，被尊称为"八大王"，是戏曲中八贤王的原型。因为他的人品和威望与包公十分相似，所以人们就将他的墓误传为包公墓了。1949 年，有人曾发掘过巩县的包公墓，但是他们只在墓中发现了一些宋代官员佩戴的饰品，所以有些专家认为这里的包公墓很可能只是衣冠冢。当然，这些也只是猜测，究竟这里是否是真正的包公墓，以及此地的包公墓与合肥的包公墓有着怎样的关联，至今仍难以回答。

　　一个包公两座墓之谜尚未解开，紧接着又出现了一个谜中之谜。在合肥出土的包氏墓地中轴线的西南部，又发现一个较大的封土堆，它约有 4 米高，底径约有 10 米，其外形酷似在合肥出土的包拯夫妇的墓冢。专家认为，这个土堆很可能是"疑冢"，就如曹操的"七十二疑冢"一样。那包公墓为什么要设此"疑冢"呢？难道他也是为了防止盗墓贼盗墓吗？另外，它是什么时代修建的呢？真是一波未平，一波又起，北宋名臣又为他的后世留下了千古之谜。

大儒宁死不屈

方孝孺被杀悬案

　　方孝孺是明朝学士方克勤的儿子，方孝孺自小受到父亲的教育，而他的父亲相当于现在县学校的老师。出身于书香门第的方孝孺，年幼时期就表现出了聪慧，这可能是和他的父亲有关。方孝孺从小就喜爱作诗和写文章，并且对于读过的书更是过目不忘。年纪轻轻的方孝孺是宁海县的一个小神童，被称作"小韩非子"。不过，此刻笼罩在各种光环中的方孝孺，他能预见到自己日后死得不明不白吗？

　　洪武四年 (1371)，方孝孺一家迁离宁海，因为受朝廷任命，方克勤接受了山东济宁知府的官职，方孝孺也就和父亲一起离开故乡，远赴济宁。方孝孺一家北上济宁之后，方孝孺就拜师学艺，江南第一大儒宋濂是方孝孺的老师。当时的明代开国元勋宋濂是一位了不起的人物，门下弟子无数，这些弟子中也不乏优秀人才，例如当时有名的胡翰和苏伯衡，但是他们和方孝孺比起来还是逊色了一些，唯独方孝孺是最为优秀的弟子，而宋濂对于方孝孺也是十分的器重。

"仁政"的思想一直是宋濂所坚持的，"仁"就要求反对杀戮和暴政，认为君主应该是一个以德治国的明君，而不是以暴制暴，受后人怨恨和指责。宋濂还主张恢复古代的礼乐，他认为情操的陶冶和思想的熏陶让人受益匪浅。方孝孺深受老师的影响，这一切仁义道德虽让方孝孺感受颇深，却免不了受到动乱的牵连，"空印案"的发生，致使方孝孺之父方克勤难逃被诛的命运。

　　洪武九年 (1376) 发生的"空印案"，让一向清廉守法的方克勤受到牵连被诛，洪武十三年的胡惟庸案让宋濂也受到牵连。方孝孺几年间看到自己的父亲和老师先后遇难，方孝孺的内心承受着巨大的打击。后来，方孝孺一直都提倡仁政和反对暴政。年轻的方孝孺受到了很多关注，二十六岁的时候就被东阁大学士吴沉等人推荐进京。明太祖朱元璋看到了年轻的方孝孺，认为这样一位举止端庄的人是个奇才，而且方孝孺言谈举止间流露出来自己的才情，让朱元璋也很欣赏。可是论及方孝孺的为政思想，朱元璋却对他产生了芥蒂。朱元璋不赞同方孝孺的那些仁政和教化的想法，只是给了方孝孺厚礼，让方孝孺回到了故乡。

　　年轻气盛的方孝孺身怀旷世之才却得不到重用，只是拿了一些勉强的厚礼，不能步入仕途，这对于方孝孺来说是一个巨大的遗憾，他不能够从政为官造福百姓和报效国家。不过方孝孺并没有因此自暴自弃，而是用了十年的时间隐居在家，潜心撰写自己的著作。

　　《周易考次》和《宋史要言》是方孝孺的代表作品，空怀政治抱负的方孝孺在著书上花费了很大的心血，甚至一度断了米粮，方孝孺仍是潜心于著作，从来没有停笔。生活清苦却未放弃理想的方孝孺大概是感化了朱元璋。

　　在洪武二十五年，方孝孺经人再次举荐的时候，朱元璋终于松口让他当了陕西汉中府学教授，方孝孺的才情终于有了用武之地。但是，真正让方孝孺一展才华的人是朱允炆，即建文帝。朱元璋于洪武三十一年病逝，随后朱允炆即位，年号为"建文"。建文帝生性善良，他很是器重方孝孺，认为方孝孺的"明王道、致太平"很适合国家的政治，年轻的朱允炆没有排斥方孝孺，而是重用方孝孺。

"仁政"和"尚武"是政治的极端，朱允炆有着自己的一套当政理念，因此当时那些饱读诗书的才子都受到重用，齐泰、黄子澄和方孝孺等人都是因为建文帝的仁政而遇到了一展抱负的机会，方孝孺的仁政思想和建文帝的执政理念不谋而合，二人有着相见恨晚的感觉，建文帝对方孝孺的才情青睐有加，于是方孝孺的官职是节节高升，先是在翰林院任职侍讲，后来又做了文学博士，每日的任务就是伴随在建文帝身边，建文帝和方孝孺惺惺相惜，建文帝也正在针对社会的弊端进行改革，"建文新政"是建文帝在方孝孺的辅佐下完成的一次意义重大的改革。

建文帝主张礼教和文治，废除之前的严刑酷法，以及赦免了之前的很多牵扯到文字狱中的人。建文帝还兴办学校和重视农桑，对于付不起田租以及身处危难的百姓，建文帝给予了极大的救助，努力做到让百姓生活改善，国家也繁荣昌盛，欣欣向荣。建文帝的这一番改革受到很多人支持，仁政永远比暴政深得人心。可是随着时间的推移和仁政的实施，建文帝的改革遇到了阻碍，因为从小就生活在皇宫中的建文帝没有经历过百姓的疾苦，没有感受过现实的残酷，而且任用的大多数读书人远远不能够满足政治的需要。

仁政的思想较于暴政固然优越，可是却缺乏现实的基础，有时候未免过于理想化。正是在这样的情况下，方孝孺建议建文帝恢复西周时期的井田制，而且还依照古时候的某些政治来改革吏治，这样的改革在社会上引起了不小的轰动，建文帝的改革本意虽好，可是缺乏实际。他照搬那些书本上的理论知识，甚至想要依靠古人的政治来巩固自己的国家，最终建文帝失国，败在自己叔叔的手中，这和他的性格有着莫大的关联。

后来朱棣起兵，朱棣的大将姚广孝就建议不要杀方孝孺，认为这是一位不肯归附的倔强人才。而朱棣也听取建议，在政变成功之后，将方孝孺关进监狱。方孝孺将自己的命运和建文帝紧紧相连，他过分依赖于这个帝王，最后自己随着建文帝的失败而入狱。身在狱中的方孝孺没有受到什么刑法，明成祖朱棣非常敬重他。朱棣让方孝孺帮其拟登基诏书，一来是想让这一位才子为自己办事，看是否能够归降，二来是朱棣想要借着方孝孺的名气为天下人做一个榜样，好让天下的有才之士都识时务地归顺于他。但是朱棣的预想没有实现，方孝孺誓死不从。纵使朱棣三番五次派人规劝，方孝孺硬是不答应朱棣的要求。

朱棣没有放弃对方孝孺的规劝，无奈之下，朱棣让方孝孺上殿觐见，方孝孺却穿着丧服。方孝孺一进殿就开始大哭，是在为器重自己的建文帝哭泣。朱棣见不得方孝孺的此番行为，便要人撕去方孝孺身上的丧衣，让人给他换上了上朝的朝服。紧接着朱棣的表现更是让人诧异。朱棣给方孝孺赐座，而且劝解他不要难过。一个君王能够如此对待一个不愿归顺的大臣，这显然是朱棣为人的深谋远虑之处，而方孝孺却是一心关心朱允炆的去向，朱棣说朱允炆自焚死了。

之后，方孝孺提出立君要立成王的弟弟或者是儿子，但是朱棣刻意回避，说是家事不要别人操心。朱棣还是要让方孝孺为自己写下登基诏书，方孝孺写下了"燕贼篡位"之后就放声大哭起来，朱棣终于抑制不住怒火，称要灭了方孝孺九族。方孝孺哪里顾得了这些威胁，灭十族也动摇不了方孝孺忠君爱国的决心，因为他认为建文帝是正统，朱棣是乱臣贼子。

方孝孺的嘴巴被割开，一直流血，随后朱棣抓捕了方孝孺的家人，展开了对方孝孺全家的杀戮。自己的家人受牵连方孝孺非常难受，可是他仍然不肯屈服于朱棣。后来，年仅 48 岁的方孝孺被押到南京城聚宝门外处死，其妻子和两个儿子都上吊自杀，两个女儿投河自尽。这一次，受方孝孺牵连的家人共有八百七十三人，数千人入狱或者是充军流放。因为方孝孺整个方氏家族都惨遭迫害。

明代历史学家王士性曾经说过："自古节义之盛无过此一时者。"清代学者齐周华也评价这件事情："在这件事情中，受伤最大的莫过于方孝孺。"

后人对于方孝孺全家被诛杀的事情称颂不已，在政治动乱的年代，能够做到像方孝孺这样不畏权势的又有几人？深受儒学忠君思想影响的方孝孺宁死不屈，甚至是以全家人的性命为代价。这里既有方孝孺与建文帝之间的君臣情感，即建文帝对怀才不遇的方孝孺的知遇之恩，也是方孝孺忠君思想在现实中的体现。

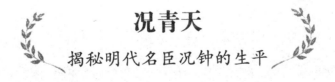

况青天

揭秘明代名臣况钟的生平

明朝时期，有一位官员和宋朝的包青天有一样的称号，他就是"况青天"——况钟，那么况钟做了哪些好事？而被人们冠上"青天"这样的清誉呢？

况钟小的时候家境并不好，所以年幼的况钟就被父亲况仲谦送给邻居黄氏作为养子。后来年仅七岁的况钟经历了丧母之痛，他奋发向上，刻苦努力，潜心学习。况钟是一个严于律己、对待别人有礼有节的人，耿直的况钟后来在靖安县任职，对于职内的事务处理相当妥当，知县俞益十分赏识况钟，连连称赞他。

永乐十二年，即1414年，吏期已满九年的况钟按照当时的惯例是可以赴京考取官职，当时的礼部尚书吕震和知县俞益联名推荐了况钟。巧合的是朱棣北巡需要选取官员，吕震就推荐况钟，况钟受到了朱棣的赏识。第二年春天的时候，况钟就被任命为六品礼部仪制司主事，朱棣亲自召见况钟。

况钟是一位知恩图报的人，面对各位大臣的举荐和明成祖朱棣的赏识，况钟更加尽心为国家办事，从未玩忽职守，他努力做好本职工作。册立后妃、东宫、藩王、帝女下嫁、朝觐贡举等重大事务都是况钟的职责，他一直努力做好每一件事，所以很快受到了外界的称赞。

永乐十五年，朱棣再次北巡的时候，况钟已经是随从的官员了。当时北京刚刚建成，很多大小事务都需要况钟亲自解决，朝贡和会试以及北征等事宜都要在北京举行，而况钟没有被繁琐的事情搞晕，他有条不紊地安排。况钟的工作能力和态度都被大家看在眼里，朱棣自然也十分清楚。

永乐二十一年，况钟升职为员外郎，由于一直对各项事务处理得当，员外郎的身份又加一等，成为礼部仪制司郎中。在宣德四年间，况钟申请恢复况姓，也得到了当时皇帝的应允。况钟对于教育非常重视，尤其看重那些文人墨客，甚至还接济那些寒门学子，可见况钟对于教育的重视程度，这也显示了一位古代官员的先见之明。

有一位叫邹亮的书生很受况钟赏识，况钟举荐邹亮，但同时收到了诋毁邹亮的匿名信，况钟说这只不过是因为自己加速对于邹亮的提拔，有人忌妒罢了。果然，没过多久，邹亮被任命为吏部、刑部司务，之后又成为御史。

况钟的敢作敢当和为人处世受到了朝廷内外的一致好评。

民间的百姓喜欢大小事务都上京告状，而每一起案件都会引起诸多的牵连，有的人还会受到无辜的冤屈。对于百姓这一种动辄闹上京城的做法，况钟上书，他要求告状的人都由巡抚安排处理，后来牵连事件就逐渐少了起来。

后来况钟任职苏州知府，苏州是个繁华富庶的地方，况钟牢牢贯彻朝廷的指示，又十分关心百姓的安危。朝廷器重况钟，认为他的执政理念很好，而百姓也爱戴况钟，认为况钟是在真心为百姓做事。在宣德六年的时候，况钟的继母去世，况钟请求回家守孝，百姓们都舍不得他走。过了没多久，那些原来减免的粮税又被提高，而贪官污吏开始滋生，百姓们过得不幸福，官员们又没有况钟负责任，因此他们更加思念况钟。

况钟接到皇帝圣旨，要他继续去苏州担任知府。又过了九年，任期已满的况钟等候着朝廷的任命，可是连同名人张翰在内的一万八千名百姓都要挽留况钟，认为苏州离不开况钟，可见况钟当时已经是老百姓心中的福祉，百姓们都愿意这样一位好官员留在身边。皇帝只好让况钟连任苏州知府，但是官职升为正三品，这在当时是很罕见的官职任免现象。

况钟可以说是苏州人民心中，百年难得一遇的好官，这不仅缘于况钟本身的高尚品质，更在于况钟创造出来的政绩，朝廷和百姓都信任他。正统七年十二月，况钟去世。当时还是任职苏州知府，六十岁逝世的况钟让百姓们悲痛欲绝，百姓们都参加休市等活动，表达自己对于况钟去世的难过之情。百姓们都哭着参加葬礼，邻近州府的百姓也来参加。苏州府官吏百姓民众相聚哭悼，并为他立祠祭祀。第二年春天，在况钟的归柩之日，出现了整个城市民众相送况钟的场面，苏州城都笼罩在哀伤的氛围中，一位好官员的离世，百姓和官吏都是伤心不已。

回顾况钟任职苏州知府的一些著名事迹，这样一位不可多得的人才让后人为之赞叹。况钟能够为明朝的百姓谋福利，这是当时百姓的幸运。朱瞻基是明朝历史上一位赫赫有名的明君，他在位期间任用了很多好官，而况钟就是其中之一。皇帝对于况钟的信任体现在哪些方面呢？

第一，况钟是一位不可多得的人才，他又有着满腔抱负和智慧。

当时苏州难于治理，于是况钟就接受任命来到苏州，这才有了苏州的繁荣景象以及老百姓对况钟的爱戴。况钟不在意土豪和官吏勾结，他机智果断，执法严明。他到了苏州之后没有时间去管理那些繁琐小事，而首先对苏州的杀人案进行审理。由于苏州的社会风气一向不好，杀人犯和审理案件的官员狼狈为奸，杀人犯只要送礼送钱，那杀人的罪名便不成立。杀人犯送礼给官员，要求对方解救自己。官员就和况钟说这个人是被冤枉的，况钟假装被糊弄过去，就点头答应放了杀人犯。第二件案子也是如此，况钟假装听取受贿官员的建议，将有罪之人放了，将无罪之人关押，于是当地那些土豪都以为况钟十分糊涂，暗自窃笑他。可是殊不知，况钟暗中调查案件，搜集证据，等待的是证据到手将罪犯们一网打尽。并且掌握证据后，况钟再次审问受贿的官员，官员不打自招，自己的受贿事件也被曝光。接二连三的审案震惊了老百姓，百姓们对况钟的做法赞不绝口。

第二，况钟不畏强权，为百姓着想。

在审理案件上，况钟做了一个好的榜样，在清除地方弊端问题上，况钟又取得了很好的成绩。为了废除不合理的习俗以及政令，况钟向皇帝建议要百姓将缴纳的粮食就近输送，然后由军队负责运输。这就大大减轻了老百姓的负担，减少了百姓可能在路上出现的诸多损耗等问题。皇帝同意况钟的意见，百姓们也十分高兴。

还有一件事，当时的宫中，太监习惯性地在出宫采购的时候借用皇宫的权势来狐假虎威，百姓们深受其害。况钟针对这样的问题给出了解决办法，没有人敢管宫中的太监，可是况钟却是不畏强权，为百姓着想。通判赵忱被两名太监捆绑，说是因为宫中要买画眉一千只、百灵一千只，由于通判赵忱说现在天气寒冷抓不到鸟儿就被捆绑于此。这事儿传到况钟的耳中，况钟明白这又是宫中太监再次作威作福了。况钟说冬天买鸟就是有意勒索，而且宫中的尚衣监怎么可能让太监出宫买鸟，于是将这两个太监捆绑起来。况钟还对这两个太监的同伙还有流氓进行了一一处罚。面对强势的太监，多数人都不敢惹，可是唯独况钟敢惹，而且还将他们惩治。百姓对于况钟自然是更加爱戴，不畏权势的官员有几个？唯独况钟被后人称作"况青天"，和宋朝"包青天"等清官齐名。

　　况钟在苏州一待就是十三年，百姓们舍不得让这样一位好官离开，直到最后况钟去世，百姓们仍都在惋惜不已。后来的苏州知府也有一些有名的，但是没有人能够真正比得上况钟。被称作"青天"的况钟的故事一直被后人津津乐道。

明朝第一清官

海瑞为何仕途坎坷

　　海瑞是"明朝第一清官"，他是历史上赫赫有名的人，他敢于进谏和惩治恶人，对待好的人和事，他喜欢加以赞扬和鼓励。嘉靖时期，很少有人能够拥有像海瑞那样的清廉名声。海瑞恩怨分明，公私关系处理妥当，老百姓十分爱戴海瑞，将海瑞比作是"海青天"或者"南包公"，这些都证实海瑞的确是一位时时刻刻为百姓着想的好官。不过海瑞的仕途十分坎坷，造成坎坷的因素有哪些呢？

　　首先介绍海瑞的生活环境和家庭状况，从这两点我们可以看出海瑞的性格，并可以从海瑞的性格上分析他为什么仕途坎坷。

　　海瑞出生地在海南，他生于正德八年十二月二十七日，海瑞的家庭状况变化很大，祖父和伯父都是为官之人，海瑞之父海瀚是知识分子，母亲也是一位贤妻良母，将家里打理得井井有条，后来海瑞的父亲去世，日子就更加清苦了。

　　母子二人便相依为命，海瑞的母亲誓死都不改嫁，坚持独自养大海瑞。

海瑞也没有让母亲失望，他一直是个孝子，而且学习非常勤勉，小时候就开始读《大学》、《中庸》等书籍，长大后为官的时候遇到问题也是第一个想到自己的母亲，母亲将海瑞教育得很好，是他的良师益友。海瑞不仅孝顺母亲，而且怀着爱国情怀，他时刻都想要为国家作些贡献。

嘉靖二十八年的时候，海瑞考中了举人，后来担任福建南平县学教谕，在此期间，海瑞的各种言行都被传为佳话。在迎接提学御史的时候，海瑞不下跪，说是学校不应该变成衙门，凡事还要跪着接待，百姓们此时已经感受到海瑞凡事为民着想，因此海瑞被誉以"笔架博士"的美名。在嘉靖二十九年的时候海瑞参加会试，可是失败了。再过三年，海瑞再一次失败，榜上无名。

海瑞仕途坎坷的第一个原因，海瑞出淤泥而不染，不与贪官污吏同流合污。

后来海瑞当上了淳安县的知县，在这里，海瑞认为自己责任重大，一县之中百姓的冷暖安危都和自己息息相关。于是海瑞开始对淳安县进行治理，以保证淳安县百姓的安危。那时候的朝廷官员都拿着很少的俸禄，根本不够日常开销，于是贪赃枉法的诸多事件接二连三地出现，官员们不理会百姓的疾苦，反而以受贿作为人生的乐趣，为官者都想尽一切办法榨取百姓的钱财，甚至有的违法犯罪之人贿赂钱财给官府，所以冤假错案就经常出现，社会出现了不和谐的现象。

面对这样的淳安县，海瑞没有跟风，而是继续做一个守法的官员，因此他的日子过得相当清贫。有时候海瑞甚至要靠借钱度日，可是对于县内的各种冤假错案都查得一清二楚，海瑞被当地百姓称为"海青天"。海瑞是青天似的官员，因为他所做的任何事都是为了黎民百姓。恶霸豪强已经不能够阻止海瑞为百姓做事的决心，纵使是对待自己顶头上司的儿子，只要对方是恶霸之类的人物，海瑞都毫不退让，坚决和这些鱼肉百姓的人抗争到底。

海瑞仕途坎坷第二个原因，海瑞与恶势力勇于斗争，宁死不妥协。

胡宗宪就是海瑞的顶头上司，但是胡宗宪的儿子四处为非作歹，虽说胡宗宪对海瑞一直不错，但是正义的海瑞还是没有向这些邪恶势力妥协。有一次胡宗宪的儿子路过淳安，海瑞的接待让胡公子很不满意。胡宗宪之子以为会有人过来好好款待自己，可是海瑞却吩咐下去不允许特殊招待，这个胡公子一生气就将饭菜掀翻，还将差役毒打了一顿。胡公子将淳安县衙门闹得鸡犬不宁，为了平息这一场风波，海瑞也有自己绝妙的计策。海瑞一口咬定胡公子是假冒的，而且还搜了他身上的钱财充公。后来胡公子回到家中向父亲胡宗宪告状，海瑞已经将假冒胡公子一事散播出去，说有人假冒胡公子之名为非作歹，还在衙门毒打差役，胡宗宪为了保全自家面子，只好忍气吞声。

　　后来淳安县又发生了一件事，就是一位京城的御史和海瑞之间发生了过节。这位御史是一个表面上虚伪装廉洁，实际上却是希望别人给自己特殊招待的人，他每到一个地方都假惺惺地要求一切接待都从简，不要铺张浪费，实际上就是要求别人大摆筵席接待自己。这位御史快到淳安县的时候，给了海瑞一个通知，通知海瑞不要特别隆重地招待自己，简单招待就好。海瑞知道这个人虚伪，于是就回信问他到底是一切从简还是招待山珍海味，要求御史明示。御史看到海瑞的回信非常生气，于是就痛恨海瑞，海瑞被御史编造假罪名，随后被降职为兴国知县，一年多后才回到京城。

　　海瑞仕途坎坷第三个原因，海瑞性子直爽，不知进退。

　　海瑞后来任职户部主事，嘉靖四十四年 (1565)，皇帝一心要修炼成仙，完全不顾国家和百姓，海瑞就上书指责皇帝的过失，句句刺中了嘉靖皇帝的心。海瑞免不了被皇帝惩罚，在上奏折之前，海瑞吩咐家人万一自己出了事，就要给自己办丧事。后来海瑞果然被嘉靖皇帝关进监狱。

　　从上述三个原因可以看出，海瑞骨子里是倔强的，他不为贫穷而折腰，他不畏强权，真正为老百姓着想，这些都导致他得罪了很多达官贵人，在那样一个官官相护的年代，海瑞的仕途还能一帆风顺吗？

嘉靖皇帝去世后，新皇帝登基大赦天下，海瑞才得到了隆庆皇帝的赦免，并且重新做了户部主事，又被任命为应天府巡抚。海瑞官位节节高升，可是从来没有放弃自己的为官理念，一直都是勤政爱民，还帮助百姓修筑了吴淞江水利工程，海瑞是百姓的福星。

在海瑞去世的前几天，海瑞还将多发的七两银子退回兵部，海瑞的家里没有多少钱财，只有当月的俸禄，甚至海瑞的丧事都是朋友们凑钱办的，海瑞的一生都过得清苦，可是却为百姓做了很多好事，是一个不可多得的好官。

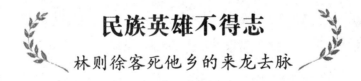

民族英雄不得志

林则徐客死他乡的来龙去脉

说起林则徐，我们都知道他一手策划了虎门销烟，是我们的民族大英雄，但是这样一位英雄是因何而死的呢？学者们有着众多的揣测。

林则徐是福建侯官人，在嘉庆年间考中了进士，这才步入了仕途。林则徐历任巡抚、总督等职位。他在百姓的心目中口碑极好，他为官清廉，办事认真，更难能可贵的是拥有强烈的爱国思想。当国家主权被帝国主义列强侵犯时，林则徐顽强抵抗，他是第一个坚决反对鸦片走私的人，他也是第一个用实际行动反抗侵略战争的人。

虎门销烟的事迹轰动古今，林则徐担任钦差大臣，他在广东搜出了237万多斤鸦片，并在虎门当众销毁。他反抗外国列强，挽救民族危机，他不执拗于传统旧习，是一个拥有独立思想的好官员。但是好官总会受到贪官的排挤，他被人诬陷，革职流放到新疆。在那片广阔的荒凉之地，他没有自暴自弃，他关心老百姓，在新疆重视发展生产。他兴修水利、救灾放赈、为开发边远地区作出了巨大贡献。之后林则徐被重新重用，他刚正不阿，恪尽职守到六十六岁那年。在那一年，他在赴广西任上的途中突然暴毙。林则徐的死震动了朝野，咸丰皇帝还特别颁发了《御祭文》和《御赐碑文》，目的是为了称颂林则徐一生的功绩，士大夫们也纷纷悼念他。

这样一个让人敬仰的民族英雄突然死亡，不得不让人怀疑，这成了人们难以解开的一个谜，林则徐的一生如何呢？

林则徐出生在一个下层的封建知识分子家中，他的父亲叫作林宾日，是一个教书的先生，靠着私塾的微薄收入无法维持生活，所以林则徐的母亲就用手工劳动来分担家庭的负担。传说，林则徐出生在晚上，林宾日梦中亲见凤凰飞，这使他想到南朝才子徐陵，徐陵出生的时候其父亲梦见了麒麟。林宾日认为是吉兆，于是便给儿子取名"则徐"。在清朝，想要一步登天，唯一的出路就是走科举之路。林则徐的父母把所有的希望都放在了他的身上，希望儿子能够高中做官。林则徐自小不负众望，他十分聪慧，四岁的时候父亲抱着他坐在自己的膝盖上口授四书五经，在父亲的精心培育下，他较早地读了儒家经传。

林则徐十四岁的时候就中了秀才，之后到福建著名的鳌峰书院读书，他的老师是郑光策和陈寿祺，两位老师教的都是真才实学。林则徐在父亲和老师的悉心教导下，二十岁就中了举人。林则徐的学业取得了惊人的成就，但是家中十分困难，父母年岁已高，他只能去当私塾先生。没过几年，他去了厦门任海防同知书记。这里吸食鸦片泛滥引起了林则徐的关注，在次年的时候，他受到了新任福建巡抚张师诚的赏识，于是被招入幕府。林则徐此后学到了很多的知识，这些为他日后步入官场做了准备。

嘉庆十六年，林则徐会试中选，赐进士，选翰林院庶吉士，开始进入官场，实现了父母的愿望。林则徐为官后为百姓做过许多好事，由于性情过于急躁，他请人写了"制怒"两个大字挂在家中大堂中央，以这样的方式来告诫自己。林则徐一生经历了嘉庆、道光、咸丰三个皇帝，见证了清政府日益衰败的过程。在1841年5月，虎门销烟已经结束，但是林则徐没有受到封赏，反而被撤去官职。他被昏庸、刚愎的道光皇帝调往浙江军营"戴罪立功"。

道光皇帝为了讨好英国人，又将林则徐发配到新疆伊犁充军。清咸丰元年初冬，六十五岁的林则徐被朝廷重新起用为钦差大臣，他带着儿子林聪彝和亲信幕僚刘存仁离开了家乡福建，直奔广西。

当林则徐等人路经广东普宁时，他突然发病，不省人事。林则徐的儿子林聪彝急得束手无策，幸亏随行的亲信幕僚刘存仁老成持重，他差人连夜请来大夫，在大夫的诊治下，病情终于有了好转。不过暴风雨之前都是平静的，而林则徐病情的好转，引来的却是一双黑手。

林则徐在生病期间每天都吃鸡丝小米粥，并且都是由同一个小厮从厨房端来的，林则徐见到这个小厮后，觉得极为眼熟，他边喝粥边想，发觉粥的味道有些怪异。他猛然想了起来："这不是我在广州查禁鸦片时，外国人雇用的厨子郑发吗？自从我获罪充军伊犁（新疆），他不是为洋人做饭去了，今天怎么会到了这里？"林则徐想起来已经晚了，等到林则徐命人传郑发时，人早已不知去向。当夜，林则徐腹泻不止，卧床不起。到第四天，林则徐已是奄奄一息。这天傍晚，林则徐躺在病榻上，他的手紧紧握着儿子的手说："聪儿，为父一生全力以赴，志在抗英御外……可恨壮志未酬，那班卖国贼仍在为非作歹，番鬼仍在我中华大地横行不法……为父死不瞑目啊……"突然，林则徐松开手，直起身子，指着前方大叫："新豆栏，新……"话未说完就"咚"的一声倒了下去……

林则徐突然暴毙，其实在他死前就想到自己的死因了。因为林则徐在虎门销烟的时候，触及了很多商人的利益，这些商人怀恨在心，于是便买通厨子郑发。在林则徐生病期间，郑发在每日熬好的鸡丝小米粥中放入巴豆，而这种巴豆就是广东地区独有的，在新豆栏街区还有的卖。林则徐已经感觉出小米粥的味道有些怪异，但是发现的时候已经晚了。林则徐的儿子林聪彝见父亲死去，立马大哭起来，不过父亲所说的"新豆栏"，他到生命的最后一刻也没有明白是什么意思！

林则徐真的死在巴豆上吗？这些秘闻还没有得到证实，只是这样一个民族英雄、大清官没有实现自己的远大抱负就抱恨而逝，实在让人扼腕叹息。

失败的戊戌变法

袁世凯是罪魁祸首吗

1898 年，甲午中日战争的失败引起了帝国主义列强瓜分中国的狂潮。为了改变中国半殖民地半封建社会的历史现状，不愿做亡国之君的光绪帝站了起来，他采纳康有为、梁启超等人的建议，准备在维护清朝政府统治的同时，在保证封建地主阶级根本利益的前提下，效仿日本"明治维新"，进行一次资产阶级改良性质的革命，这次革命被称为"戊戌变法"。但是，由于此次变法触及了以慈禧太后为首的顽固派的根本利益，1898 年 9 月 21 日，慈禧太后发动政变，她囚禁主张变法的光绪帝，"戊戌六君子"都被处斩，康有为、梁启超逃亡国外。这次维新变法持续了百余日，故而又称为"百日维新"。

有人认为，导致这场变法失败的罪魁祸首是袁世凯，是他向慈禧太后告密的，袁世凯为此背上了千古骂名。但是也有人不同意袁世凯是祸首的说法，那么导致"戊戌变法"失败的罪魁祸首是谁呢？

持袁世凯是罪魁祸首的学者拿出了证据。在中国一般的正史、野史中记载，都说戊戌变法是败于袁世凯之手，认为袁世凯的告密，最终导致了戊戌变法以失败告终，这一观点来自袁世凯死后公开发表的日记。日记的大意是说，"戊戌六君子"中的谭嗣同夜访袁世凯，他气焰凶狠、状似疯狂地逼迫袁世凯派他的新军，去包围颐和园，然后囚禁慈禧太后。

袁世凯在日记中称，由于看见谭嗣同的腰间衣服高高地耸起，看起来好像藏着凶器，他心中有些担忧，秉持着好汉不吃眼前亏的理念，袁世凯假意答应，但是随后就向在天津的官员荣禄告密。袁世凯在日记里口口声声说是为了铲除那些误国误君的人，为了保护皇上才向荣禄揭发谭嗣同等人。袁世凯还向荣禄宣誓说："如果我所说的话连累了你，那么我会服毒药自杀。"荣禄被袁世凯的话说服，他当晚就入京向慈禧告密。日记记录表明，9月21日的政变正是因为袁世凯告密才发生的。

但是也有人反对袁世凯是罪魁祸首的论点。他们认为，其实"戊戌政变"早在9月19日（八月初四）的那一天就已经发生了，因为在19日的那天，慈禧提前从颐和园赶回皇宫，在颐和园的时候她就得到了消息。于是，她让人监视光绪皇帝的一举一动，光绪帝失去自由，所有的大权都被慈禧掌握在手中，这意味着政变即将发生。紧接着在21日的时候，慈禧宣布"训政"，这仅仅只是一个形式而已。因为袁世凯在20日晚才向荣禄告密，这和19日的政变没有一点关系，因此把戊戌变法失败归罪于袁世凯身上是不公平的。

还有人提出，袁世凯当时答应谭嗣同出兵颐和园，并非是对谭嗣同虚与委蛇，他曾是真的想要助维新派和没有实权的光绪帝发动政变。但是袁世凯在前往天津的时候，无意中撞见了慈禧太后派人来通知荣禄，因此他见风使舵，将准备在21日发动政变的消息告诉了荣禄，目的是为了免受株连，他将维新派要他出兵包围颐和园的详细消息和盘托出。还有人提出证据，说在谭嗣同夜访袁世凯时，袁世凯人尚在北京城，那么他为何不直接向慈禧太后告密？反而舍近求远地跑到天津向荣禄告密呢？当然，这其中也不乏袁世凯是受到维新派和光绪帝压力的缘故。

针对袁世凯是否是导致变法失败的罪魁祸首的观点，有人提出截然相反的看法，他们认为日本首相伊藤博文来华是变法失败的主要原因，而御史杨崇伊的密折则是变法失败的导火线。

9月18日（八月初三），在政变前夕，御史杨崇伊起草了一个密折，他通过庆亲王奕劻呈给慈禧太后。密折中说道："伊藤博文就快来京，目的就是掌握朝廷政权。在这些日听到很多的传闻，这些传闻越演越烈，传闻都是关于日本来的伊藤，如果伊藤掌握政府的政权，那老祖宗打下来的江山不是白白地送给别人吗？"正是这道密折，坚定了慈禧太后最终发动政变的决心。

因为在维新变法开始的时候，慈禧对新法并不反对，光绪帝颁布的变法诏书，慈禧当时并没有反对意见。慈禧关心的只是她个人的尊贵地位，只要不对她的无上地位造成威胁，光绪及维新派的各种行为，慈禧是不会多加干涉的。但是，杨崇伊的密折触动了慈禧的神经，再加上变法期间发生的几件意外事件，最终使得慈禧决定发动政变。那么在变法期间发生了哪些事呢？

第一件事情，因为光绪请求启用议事机构懋勤殿，该机构的实质是专属于光绪皇帝的特务机构，不属慈禧掌握。慈禧从中嗅到对自己不利的味道，她认为光绪帝想要摆脱自己的控制，实现真正的亲政，此事引起了慈禧太后的警觉。

第二件事情，光绪宣召袁世凯进京，并且对他大施恩宠。袁世凯手握兵权，尤其是他的手中握有装备精良、训练有素的北洋新军，这让慈禧太后极为忌惮，再一次让慈禧敏感的神经紧张起来。

最后一件事也是最为重要的，因为日本首相伊藤博文突然以私人名义来华访问。9月12日，正当戊戌变法进行得如火如荼的时候，日本的实力派人物伊藤博文以"私人"的名义访华，并与康有为等维新派实力人物频繁接触。维新派也得到日本的支持和鼓励，许多维新派人士争相向光绪皇帝建议，把伊藤博文聘请为顾间，以便辅助新政，同时说中国想要转贫为富、转弱为强、转危为安，变法是不可缺少的。光绪帝对维新派的说法也颇为心动，他心里有了决定，他准备在9月20日（八月初五）召见伊藤博文，而这恰恰再一次触及了慈禧太后心中的底线。

慈禧太后等顽固派，他们骨子里对洋人十分痛恨和排斥。这一点，从后来慈禧接纳落后、愚昧的义和团团伙，借以铲除帝国主义在华势力，并凭一时气愤向八国联军宣战，点点滴滴都可以看得出来。至于后来同帝国主义签订丧权辱国的《辛丑条约》，则是因为国力不敌的无奈，清政府确实到了山穷水尽的地步。在慈禧等顽固守旧派看来，维新派没什么可怕，可怕的是维新派与外国势力的联合。所以，在变法之初，康有为等维新派提出的联合日、英，来抗拒北方沙俄的入侵，即所谓的"以夷制夷"的主张，那时曾遭到守旧派的极力反对。后来，伊藤博文来华的活动更是让顽固派无比恐慌。

以上几件事情连续发生，以致戊戌变法最终在慈禧太后的手中夭折，这与袁世凯的告密并不存在直接的联系，袁世凯的告密只是造成政变结果的诱因。伊藤博文来华访问，让守旧派的忍耐达到了极限，这才是政变发生的主要原因。因此，当时就有人说过："八月发生的政变，导致光绪皇帝被幽禁，维新派中的六君子和很多维新分子都受到株连。新政被篡改，慈禧太后很担心，这样的担心不是一朝一夕，因为伊藤的到来，才有了发难的借口。"

历史已经成为过去，想要证实当时的情况确实是一个极大的难题。无论袁世凯的告密是否是造成戊戌变法失败的直接原因，袁世凯的千古骂名不会因此而消减，因为，袁世凯后来窃取辛亥革命的胜利果实，他为称帝接受日本提出的丧权辱国的《二十一条》，他废共和称帝，他为镇压辛亥革命向帝国主义高利率巨额贷款，这些都加重本就灾难深重的中国人民的负担，使得帝国主义借此控制中国的经济命脉。这些都是袁世凯造成的，对中华民族来说，袁世凯无论如何都是民族的罪人。

第三章 文臣武将（二）

生得伟大死得窝囊

韩信谋反疑案

每一个朝代的建立都会经历由兴到衰的过程，在秦朝灭亡后，西汉建立起来。公元前 196 年的时候，西汉就像是一朵刚刚绽放的花朵，处在一个新生的阶段。刘邦建立西汉后，为了巩固自己的统治，他杀死大量的建国功臣，朝堂之上人人自危。那些与刘邦出生入死的人没有享受到胜利的成果，反而连自己的命都丢了。这些被杀之人中，最为显赫的就是淮阴侯韩信，有人说韩信是因为造反所以才被杀害，但是事实真的如此吗？

韩信是秦汉交替时期最为出名的军事家，他为西汉的建立立下汗马功劳。韩信与萧何、张良并称为"西汉三杰"。这位大功臣非但没有受到刘邦的赏赐，结果却被刘邦的皇后吕雉、大臣萧何二人捕杀于长乐宫中。那么究竟是什么原因让这位大功臣落得如此下场？

韩信被杀，学者们给出了很多不同的看法，主要有以下几点。

第一，韩信被杀害起因是自封为齐王。

在汉高祖五年，刘邦平定三齐，但是被楚军围困于荥阳。刘邦焦急地等待韩信率兵来救他。但是刘邦等来的不是韩信的大兵，而是韩信要挟刘邦封他为王的信函，这让刘邦十分愤怒。但是当时刘邦有求于韩信，所以就同意了封韩信为齐王。从当时的情况来看，刘邦并不是出于自愿。韩信要挟刘邦的做法为日后自己的死埋下了隐患。在楚汉争霸之际，刘邦设计夺走了韩信的兵权，改封韩信为楚王。韩信那时候还没有意识到自己已经身处险境，他与项羽的旧部交往密切，这更引起了刘邦的猜忌之心。但是身为开国帝王，刘邦又怎么能凭着怀疑诛杀建国功臣呢？他需要一个理由让天下百姓信服。最终让刘邦杀死韩信的机会是，有人告发韩信谋反。

第二，韩信被杀是因为他想造反。

韩信封王的事情过后，刘邦对韩信心存芥蒂，他早已经有了杀韩信的心，他需要的只是一个合适的理由。此时恰好有人告发韩信谋反，刘邦没有任何犹豫，他使用调虎离山之计，借着出游的借口，将韩信宣到宫中。宫中早已布下天罗地网，果断而深谋远虑的刘邦仍念着韩信的功勋，并未杀之，只是降为淮阴侯，让他居住在长安。韩信到了这个时候还没有看到危险，他被刘邦封侯后，经常称病不上朝。甚至勾结手握重兵的陈豨，准备趁着刘邦伐陈之时，与陈豨里应外合发动叛乱。韩信的诡计被识破，随后被捕杀于长乐宫。其实韩信最可能的是居功自傲，说他造反，实在牵强。

第三，韩信被杀源于刘邦想消除割据势力，集中自己的大权。

刘邦平定天下之后，一共分封了七个异姓诸侯王。这些诸侯王为西汉建立作出了极大的贡献，他们的手中掌握着强大的兵权和封地。"王中之王，国中之国"成为西汉王朝统一集权的重大隐患，刘邦为了自己的统治地位，所以不得不下手。

第四，韩信被杀与刘邦无关，而是吕后为了自己日后的篡权扫除障碍。

萧何和吕后一起捕杀韩信，是因为萧何是韩信的引荐人，萧何知道自己已经受到了刘邦的猜忌，为了保全自己，他不得不屈服于吕后。假如不遵从吕后的旨意，他日必定会株连九族。"人不为己，天诛地灭"，韩信所谓的谋反纯属子虚乌有，吕后为了日后能够独揽大权才设计把韩信捕杀，这才是真正的原因。

学者们各执一词，但是这些观点都没有确切的证据。韩信被杀，真的是因为谋反吗？这个谜案沉淀千年，谜底能否有解开的一天呢？

身在塞外心在汉
李陵投降匈奴的前因后果

公元前 141 年，汉朝十六岁的太子刘彻登上皇位，成为大汉朝的第七位天子，被称为"汉武帝"。汉武帝雄才伟略，他带领中华民族又一次进入了辉煌的时代。汉武帝在位五十四年，在位期间，他开辟了丝绸之路，使得经济迅速发展，大汉国力达到了空前鼎盛的局面。同时，汉武帝派张骞出使西域，将面积广大的西域诸国纳入大汉的版图之内。他重用霍去病、卫青等名将多次出击匈奴。这些大将立下许多汗马功劳，大将军李陵就是其中一位。不过历史上记载，李陵在攻打匈奴的时候投降匈奴，这是真的吗？李陵真的叛国了吗？

汉武帝统治早期，匈奴被打得几近亡国，但是在汉武帝晚年，匈奴再次强大起来。为了彻底击破匈奴势力和完全解决大汉帝国北方的威胁，以及收复被匈奴占领的大汉国土，汉武帝决定再次出击匈奴。当时一位将领名叫李陵，此次汉武帝派遣的便是他。

李陵出生时间不详，字少卿，陇西成纪 (今甘肃秦安) 人，他是西汉名将"飞将军"李广的孙子，父亲李敢也是汉朝名将，李陵可谓是出身名将世家，他从小受到祖父、父亲的影响，自幼习武，晓畅军事。

李陵初始担任侍中建章监，血气方刚的李陵想要证明自己出色的指挥才能，也想证明作为名将之后，自己的指挥造诣绝不输给祖父和父亲。所以，西汉天汉二年，年轻的李陵上表请求，他表示想率军 5000 参加出击匈奴的战斗，汉武帝也批准了。

当年九月，李陵率兵 5000，从延陵出发，经过一个多月时间的长途跋涉，他们突袭浚稽山，与匈奴单于所率领的 3 万精骑相遇，并被包围在山下。李陵凭借着出色的指挥能力和汉军强大的战斗力，以寡敌众，击败了匈奴人。

据了解，李陵命令前队的士兵拿盾和戟，后队的士兵都持弓弩。他下令："听到鼓声就向前冲，听到锣声就停止。"匈奴见汉军人少，就一直向前挺进。李陵指挥弓弩手，千弩齐发，匈奴单于所率精骑兵，在汉军弓弩射击下，大片大片地死亡。匈奴一时军心大乱，逃到山坡之上。汉军乘胜追击，杀死匈奴兵数千人。

汉军大胜之后，李陵军中一个名叫管敢的兵士，因为犯有过失，被李陵手下校尉韩延年辱骂，管敢便悄悄逃离汉军营地，向匈奴人投降，并将汉军情况向匈奴人全盘托出，他将李陵的排兵布阵、兵力部署也全部告诉了匈奴单于，并说道："李陵的军队没有援军，弓矢也快用完了。"

匈奴全面了解了汉军的兵力部署，又知道李陵是孤军深入，便集中了八万多的匈奴精锐士兵同时围攻李陵，并按照管敢的建议出动骑兵，攻击以步兵居多的汉军。李陵面对匈奴的再次进攻，为避免不必要的损失，他率军后退，准备撤往辊汗山，凭险坚守。但是，汉军还没有到辊汗山时，弓矢便已经全部用光了，汉军被单于的匈奴军队困在峡谷中。匈奴单于趁机日夜急攻，汉军死伤惨重，而援军迟迟未到，为了保全部下性命，李陵只得投降匈奴。

那么，李陵是真正的投降匈奴，还是在走投无路的情况下假意投降匈奴的呢？

李陵投降匈奴的消息传回汉朝首都长安后，汉武帝勃然大怒，群臣也纷纷指责李陵，只有太史令司马迁替李陵求情，司马迁向汉武帝进言道："李陵这个人诚实而讲信义，他为国家常常奋不顾身。现在他处境不幸，我们应该同情他。况且，李陵只带步兵5000人，面对匈奴8万大军转战千里，已经难能可贵了，现在粮草和武器都用完了，赤手空拳同敌人拼搏。这种勇往直前、无所畏惧的精神，即使古代名将也不过如此。他现在身陷匈奴，但是全天下的人都知晓他的战绩，他不自尽殉国，估计是还想再为汉朝立功。"

司马迁的话彻底激怒了汉武帝，汉武帝将司马迁定下"为陵游说"的罪名，因此对司马迁施以宫刑。但司马迁并没有因此自暴自弃，他忍辱负重，耗尽十九余年心血，终于著成史学名著《史记》。在《史记》中，司马迁秉持着"不掩功，不隐恶"的治史精神，他为李陵正名。李陵率领5000步兵深入匈奴境内，击败单于3万精兵的功劳，也流传千古。

事实上，汉武帝认为李陵叛国还有一个原因。李陵在匈奴数年，大汉朝没有他们的任何音信。汉武帝派大将公孙敖带兵设法救回李陵，公孙敖却带回了李陵正在为匈奴训练士兵，以期南侵汉朝的消息。得到此消息，汉武帝再次大怒，下令灭了李陵三族，李陵的母亲、妻儿、弟弟都被汉武帝处死。

身陷匈奴的李陵听到家人被处死的消息后，知道自己今生再也没有机会回归汉朝，索性横下心来，留在了匈奴。其实，为匈奴人训练士兵的并不是李陵，而是早年投降了匈奴的大汉都尉李绪，消息不灵通的公孙敖张冠李戴害了李陵。

李陵假意投降的说法除了司马迁有记录外，还有一个人能够证明李陵的本意，这个人就是使臣苏武。

李陵在投降匈奴后，受到了匈奴人的优待，并被单于册封为"少校王"。在李陵投降匈奴的前一年，汉武帝派遣苏武出使匈奴，不过苏武却被匈奴扣留，并在北海牧羊十九年。苏武始终保持着崇高气节，他不屈服于匈奴的淫威。为了诱使苏武投降匈奴，单于派李陵前去劝降。

李陵设下酒宴，宴请苏武。在酒席中，李陵为苏武斟满酒说："你不降匈奴，忍辱负重，名扬天下，功劳盖世。"并且推心置腹地对苏武说："我投降的目的原本是想找机会劫持单于，为国家效力。却不料皇上不了解我的心意，杀了我的老母和妻儿，绝了我的归路。"苏武说："过去，我深知老友的为人，但现在你的处境不同过去，是非功过，也只好由人们去评说，但是我决不能做对不起大汉的事。"李陵听苏武说完后，长叹一声："比起苏君来，我这个人真如粪土一般。"说罢，热泪纵横，起身吟唱了一首《别歌》："径万里兮度沙漠，为君将兮奋匈奴。路穷绝兮矢刃摧，士众灭兮名已颓。老母已死，虽欲报恩将安归!"

一曲歌罢，李陵朝着南方跪拜不起，苏武望着他，也是叹息不止。这就是李陵"身在塞外心在汉"的故事。由此可见，李陵投降匈奴，初始只是为保全部下的性命，但是，汉武帝不明所以，统治者更是一厢情愿地要求将士为国捐躯，"不成功便成仁"。汉武帝怒杀李陵一家，这才是造成李陵最终留在匈奴的主要原因。

沙场上的战神

霍去病死因揭秘

汉武帝执政时期，出现了两位军事奇才，一位是卫青，一位是霍去病。霍去病是卫青的外甥，他是沙场上的传奇，手下猛将无数，很多人追随着他杀敌立功。他一生共四次正式领兵，都是大获全胜。他为大汉开疆扩土，功绩比他的舅舅卫青还要辉煌。总结霍去病的一生，他对整个世界军事历史和中国历史来说，都是一个不可超越的传奇。

只可惜，霍去病的人生就像一颗流星，虽光芒璀璨却一闪而逝。漠北战役是霍去病生命的终点，一代将星在这场战役后陨落。霍去病的死因在历史上是个谜，很多学者对他因何英年早逝百思不得其解。那么，战神霍去病的死究竟是因为什么呢？

有文献记载，漠北战役结束后，有一件事刺激到了霍去病，少年得志的他因为射杀李敢而蒙上了一层心理阴影。李敢是飞将军李广的三儿子，漠北战役中，他是霍去病的偏将，两个人都是富家子弟，在战场上出生入死，所以关系不错。这场战役中，李广因为迷路而耽误了参战，最终自杀谢罪。李广晚年是卫青的部下，所以李敢对卫青十分不满，他将父亲的死亡归咎到卫青的头上。有一天，李敢趁机打伤了卫青，卫青也因为李广的死感到惋惜自责，所以将这件事隐瞒下来。但是年少的霍去病得知后十分气愤，李敢的做法就是向他的舅舅挑衅，他为自己的舅舅感到不平，也觉得窝囊。于是，在霍去病陪伴汉武帝打猎的时候，他射杀了同去的李敢。

汉武帝对霍去病的鲁莽行为感到很生气，但是霍去病在他心中的地位极高，汉武帝对霍去病如此宽容，原因可以从他的每一次战役的结果去分析。因为霍去病仿佛为战场而生，他是个不可多得的军事奇才，在战场上屡建奇功，所以汉武帝才会如此偏爱他。汉武帝舍不得治霍去病的罪，于是将这件事隐瞒了下来。汉武帝对外宣称，李敢是死于意外。

霍去病遇上汉武帝这种喜欢开疆辟土的雄主，他能够以外戚的身份被汉武帝赏识和重用，以至于在少年的时候就很得志。不过，也许老天爷都在为李敢抱不平，在元狩六年 (公元前 117 年)，年轻的霍去病死了。历史上记录，霍去病死的时候只有 24 岁，年年轻轻的霍去病没有像他的名字一般去灾去病，那么他是怎么死的呢？对此，后世的学者们围绕霍去病的死做出种种猜测，最有分量的就是病死之说。

这种说法最早出现在西汉时期，是一位叫作褚少孙的人留下的记载，他借大将军霍光之口说出霍去病是病死，然而具体是什么病，并没有详细说明。

汉武帝时期的史官司马迁在他的书中记述了霍去病死后的葬礼，从送葬队伍、着装打扮、陵墓形状，甚至连霍去病的谥号意义都做了解释，但是却没有提起霍去病为何在风华正茂的时候死去。《史记》的描述是：汉武帝十分悲痛，他下令全国的百姓为霍去病哀悼，在选择墓地的时候，他特地将霍去病安葬在自己的皇陵旁边，让他永远陪伴自己。定谥号的时候，汉武帝合并"武"和"广地"两层意思，称霍去病为景桓侯，荣誉无比。随后，举行了非常隆重的葬礼。下葬的时候，阵容强大，披铁甲的官兵列队护送灵柩，从长安城一直排到茂陵。汉武帝为了赞颂霍去病的功绩，特地为他雕刻了一块石碑。上书其座右铭："匈奴未灭，何以家为！"

霍去病死后，他的儿子霍嬗承袭了他的爵位，霍嬗年纪很小，表字叫子侯。因为霍去病的关系，所以汉武帝很喜爱他，原想等他长大后任命为将军，可惜的是，过了六年，霍嬗也死去了。

大诗人李白在《乐府诗胡无人》中写道："严风吹霜海草凋，筋干精坚胡马骄。汉家战士三十万，将军兼领霍骠姚。流星白羽腰间插，剑花秋莲光出匣。天兵照雪下玉关，虎剑如沙射金甲。云龙风虎尽交回，太白入月敌可摧。"里面就提到了那块功绩碑，他赞叹霍去病有保家卫国的好精神。

病死之说被很多学者否定，他们认为，霍去病死时才24岁，又没有受外伤，身体还在上升期，不可能会有什么病，这种病死之说很难令人信服，如果真的是病死的话，那么司马迁为什么不记载下来呢？他为什么记了那么多细节却漏掉这个主要原因呢？

按照学者们的推测，如果霍去病不是病死的话，那么他是怎么死的呢？是被人暗杀的，然而汉武帝为了隐瞒事实而杜撰出来病死这种说法，又或是其他什么原因？朝廷又为什么要掩盖霍去病的真正死因呢？这个疑团至今是个未解之谜。

飞将军

李广为何无法封侯

汉武帝时期，出现了一位英勇善战的大将军，这个人就是李广。李广追随汉武帝一生，他与匈奴交战七十多次，杀敌无数，受到士兵的爱戴。李广有着一个美誉，叫作"飞将军"，这个称号出自匈奴，这表现出李广的威慑力。在汉武帝为功臣加官晋爵的时候，原来职位比李广低，才能和军功不如他的人，因攻打匈奴有军功被封侯者有几十人，但是唯独李广没有被封侯，这究竟是为什么呢？李广一生征战沙场，到死都没封侯，说起来也有些怪异，难道是皇帝故意为之？

李广在北方征战近 50 年，守卫着汉朝的疆土，多少次的命悬一线，多少次的痛苦挣扎，为的只是保家卫国。李广那个时候没有想到封侯，他只是想为皇帝打好仗，之后赐封一个爵位或者一块土地，让自己的儿孙能够有饭吃。对于当时的军人来说，封侯赐地是莫大的荣耀，这意味着得到帝王和天下人的认可。李广戎马一生，他有着辉煌的战绩，然而却没能封侯。可能李广到死都没有想明白，为何自己没有封侯呢？对此，学者们给出了几个观点。

第一个观点是，生不逢时和命运不济。

李广年轻时，正是汉文帝执政时期，虽然每次战役都立下大功，但"文景之治"时期，汉朝的主要政策是休养生息，是以文治制天下的时候。那时不鼓励征战，因此，汉文帝对李广说："现在汉朝是地广人稀，国力贫弱。假如你生在高祖的时代，那么一定会被封为万户侯。"汉景帝时期也大致如此。

到了汉武帝时期，国富民强，汉武帝喜欢开疆辟土，但战场的主角，已转换成卫青和霍去病这些年轻人。李广已不是主帅，只是大将军，他率性而为，兵无常法的指挥策略不能发挥至极致。因此李广面对匈奴，每次都血染战袍，但战绩不佳，多次死里逃生。李广在大的战役中都与卫青和霍去病共同作战，可是这二人总是凯旋而归，风头尽被二位抢去。是不是这二位总将费力不讨好的差事分配给李广呢？从最后一次战役迷路自尽就不能说没有卫青的责任。

第二个观点是，李广不是军事全才，所以不得封侯。

李广治理军队的方式比较宽松，他不追求表面的形式，只要能够杀敌就行。宋人何去非认为，李广领兵作战不讲军阵，他军中的表册也非常简单。李广也爱护士卒，他打了胜仗得到皇帝的赏赐，都分发给自己部下。他与士兵们同吃同住，在士卒的心中有很高的地位。有人认为李广在后半生作战的时候屡屡失策，主要和他的战略方针有关系。李广喜欢打硬仗，很少使用计谋。汉武帝时期，李广带兵只进无退，每每与大敌厮杀的时候，都是伤亡惨重。但是因为他与敌人拼杀的时候，骨子里带着一股狠劲，所以也能限制住匈奴。但是汉武帝时期，不及李广的人照样封侯，这又如何解释呢？

第三个观点是，汉武帝对李广有偏见，所以不想封他为侯。

李广是个率直的人，虽然很有才华，但他不善言辞。虽然他对士兵爱护有加，深受士兵爱戴，但他不善于媚上，加上年龄的差距，因此，汉武帝并不十分喜爱李广。李广多次出师不利，汉武帝就不愿重用李广。因此，李广最后一次出征时，汉武帝私下命令卫青不能让李广夺首功。汉武帝这么做主要是因为他相当迷信，认为李广屡征不顺，不是福将。汉武帝的偏心和成见，让李广不得封侯。除了这些观点外，也有人认为李广担任陇西太守时，杀过已经投降的羌人八百名，有损阴德，所以无福享受侯位。这种说法带着一些迷信的色彩，很难让人信服。

李广征战沙场近50年，他服事了三位君主，但是都没有达到封侯的愿望，原因真的是上述学者们的猜测吗？这些我们无从查起，但正如太史公评价的那样：桃李不言，下自成蹊，当年的那些王侯将相早已湮没在历史的长河中，尽管李广将军没能封侯，却名垂千古。

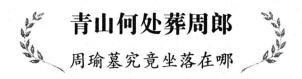

青山何处葬周郎

周瑜墓究竟坐落在哪

罗贯中在《三国演义》中为了将诸葛亮塑造成神机妙算、聪明绝顶的正面形象，便大力扭曲和贬低周瑜，比如"诸葛亮三气周瑜"，"周瑜气量狭小"，其实这些事情纯属作家的杜撰。在苏轼的《念奴娇·赤壁怀古》中，有这么一句：羽扇纶巾，谈笑间，樯橹灰飞烟灭。此句刻画的正是东吴名将周瑜的飒爽雄姿，正史记载的周瑜是一位才华卓越、气度雍容的一代儒将，深受人们的仰慕，因此也有人称他为"周郎"。

周瑜 (175~210)，字公瑾，汉族人，庐江舒县 (今安徽庐江西南) 人，东汉末年东吴名将，杰出的军事家，又精通音律。公元 208 年，周瑜联合刘备的军队一起在赤壁用火攻击败了曹操的大军，此战初步奠定了三分天下的基础。然而，正当周瑜雄姿英发，人生得意之时，却于公元 210 年因病去世了，年仅 36 岁，一颗耀眼的明星就此陨落了。

周瑜的英年早逝不禁令后人感慨不已，虽然没能目睹东吴大将军的风采，但我们可以去他的墓前凭吊祭奠，可周瑜之墓到底在哪里呢？关于周瑜墓葬之地历来就有诸多争议，江苏吴县，安徽宿松、庐江、芜湖、繁昌，湖南岳阳，江西峡江、南昌等地都有周瑜的墓穴。在这众多的墓穴中，数安徽庐江、芜湖，湖南岳阳，以及江西南昌可能性最大。那么，究竟哪一座墓穴才是真正的周瑜之墓呢？

中国人历来讲究落叶归根，周瑜的故乡是庐江，那周瑜死后葬在此地的可能性是最大的。另外，据记载，此地的周瑜之墓建于东汉建安十五年，也就是公元 210 年，即周瑜去世的当年。这样一来，就更增大了此地周瑜墓的真实性。庐江的周瑜墓后来也曾被多次修复。

芜湖的周瑜墓葬位于芜湖鱼市街 (1998 年，传说中的周瑜墓遗址上建起了两幢居民楼)，一些专家在经过仔细考证后找出了几条重要的依据，以此来证明真正的周瑜墓极有可能就坐落于此地。

第一，据正史《三国志·吴书九·周瑜传》记载，周瑜在病逝后，其灵柩被运到了芜湖。另外，其他的史料中也都肯定了这一事实，但是周瑜的灵柩来到芜湖举丧过后有没有移葬，我们就不得而知了，到目前为止，尚未在任何史料中见到过此类记载。

第二，在《古今图书集成》、《芜湖县志》等史料中，也有记载指出了周瑜墓在芜湖的具体方位和地址，并且还说明已经在此地将其墓葬。

第三，罗贯中在《三国演义》第五十七回写到，鲁肃将周瑜的灵柩护送到芜湖，孙权在周瑜灵前祭奠，而后便厚葬于此地。

第四，芜湖人黄钺曾任清朝军机大臣、户部尚书，他于道光六年（1826年，即黄钺77岁时）告老还乡，后来一直生活在芜湖，他声称，他当时所居住的"黄家大院"就在周瑜墓附近，周瑜墓的确位居此地。当然，他的考证结果绝非一般市井传言。

岳阳（古称巴陵）是周瑜去世的地方，岳阳的周瑜墓位于岳阳市郊南湖畔的金鹗存张家汉花坟坡，但是后来这里被夷为了平地。据当时的目击者说，墓被推平时，并未见有什么随葬品，不过倒是出土了不少墓砖和浮雕青石栏板，其中有些栏板的左下方还刻有"周瑜"二字。对于此处的周瑜墓问题，有这么一段历史推断：虽然曹操在赤壁大战中惨败，但他的实力仍然不可小觑，大大威胁到孙权和刘备。当时刘备正借驻在荆州，其实力相当强大，对东吴也构成了强大的威胁。东吴主帅周瑜恰逢此时突然病逝，孙权心想，如果此时将周瑜去世的消息公之于众，不仅会动摇军心，而且会给曹操可乘之机，后果将不堪设想。孙权在仔细掂量过事情的严重性后，便决定暂时不向外透露周瑜病死的消息，将周瑜的尸体就地安葬。另外，周瑜的夫人小乔的墓地也在岳阳，如果将夫妻分葬两处，似乎有点不合情理。

至于南昌周瑜之墓的考证，多数人认为周瑜是被密葬于此地的，论据主要有两点。

第一，东吴名将吕蒙、黄盖，还有斩杀关羽的马忠的墓都在南昌（确定无疑的），将周瑜遗体也葬于此地，那些大将们即使在死后也可以护卫周瑜。

再者，这样也可以蒙蔽大家，不让大家知道周瑜墓在南昌，以免盗墓。更重要的是，孙权之所以请封南昌侯，极有可能是因为周瑜墓在南昌的缘故，这样孙权便会时时怀念周瑜。

第二，当时的庐江、芜湖、宿松、岳阳等一些地方相对来说属于前方，政权归属不是很稳定，因此将周瑜葬于那里的可能性不是很大。

为什么会出现这么多的周瑜墓地呢？而且还都证据确凿。这充分说明古代人们对于丧葬问题的高度重视。另外，人们都有仰慕名人的心理，总希望自己的故乡能与历史名人沾上点关系，所以便出现了这么多的周瑜之墓。事情的真相也更加难以向世人呈现。

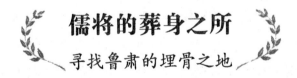

儒将的葬身之所
寻找鲁肃的埋骨之地

从《三国演义》中我们了解了雄才伟略的曹操、神机妙算的诸葛亮等人物形象，他们可谓是那个时代的巨星，光芒四射。而在这一时期，还有一位重量级人物险些被埋没，此人就是东吴的一代儒将，东吴最出色的战略家——鲁肃。

鲁肃 (172~217)，字子敬，临淮东城 (今安徽定远) 人。东汉末年东吴的重要军事将领，也是著名的政治家、外交家、战略家。出身富裕豪族，初率部属百余人从周瑜到江南，后得周瑜举荐，他才来到了东吴，为孙权所赏识和器重。他一生都主张与刘备集团修睦结好，孙权正是采纳了他的建议才和刘备大军一起大破曹军于赤壁。周瑜死后，鲁肃接任他的职位，代领其军，为东吴鞠躬尽瘁，出力不少，尤其是在孙、刘联盟这件事上，他的功劳当属首位。

公元 217 年，鲁肃因病去世，享年 46 岁。孙权亲自为他举办了丧事，诸葛亮也前来为其举哀。然而，他逝世后葬于何处，至今说法不一。就目前所知，鲁肃的墓穴就有 5 处之多，分别在其故里江苏临淮、汉阳龟山 (现今的武汉)、巴陵 (现今的岳阳)，以及镇江 (两处)。这么多的墓穴中，究竟哪一个才是真正的鲁肃之墓呢？这就需要进行仔细的考查和研究，但是在没有掌握充分的事实证据之前，是不能妄下结论的。

先来看看主张故里之说的人的观点。据《三国志》记载，鲁肃死后葬于临淮，明嘉靖时期，他的墓碑还立于此地。《帝乡纪略》、《泗州志》等史料中明确说明了鲁肃是临淮人。而人死后归葬故里，实属人之常情，事之常理。但根据旧志推论，鲁肃之墓已经沉没于现今江苏省临淮镇南境的洪泽湖底了，也就是说，即使鲁肃死后真的葬在了临淮，现在已找不到他的墓穴了。

再看看主张汉阳之说的观点。1984 年 4 月 3 日，《北京晚报》的"五色土"一栏发表了一篇关于鲁肃之墓的文章，文章作者认为真正的鲁肃墓位于汉阳龟山。文章的大致内容是：汉阳龟山是一座偏僻的大山，因此很少有人前来这里游玩，所以对鲁肃墓不甚了解。1974 年，作者路过武汉时特意去登此山，等他登至山顶时，竟意外发现了鲁肃墓，但是这座墓经岁月的摧残后，只剩下一座巨大的青石牌坊了，不过还是可以隐约看见立柱和横杠上刻着的各种水船、战舰等浮雕花纹。这种说法是有据可查的，现在的武汉龟山上就有一座鲁肃墓。而且《湖北通志》上也曾提及鲁肃死后就是葬在了汉阳龟山。虽然算是有理有据，但是也不能证明此地的鲁肃墓就是真墓。

主张岳阳（旧称巴陵）之说的人的依据则是，周瑜死后，鲁肃曾经驻守在岳阳，代理水军都督一职，岳阳楼在三国时就是鲁肃训练水军的阅兵台，况且岳阳有小乔墓，还有一座周瑜墓（不知是真是假），他们都是生活在同一时代的人，而且鲁肃和周瑜的关系又非同一般，因此鲁肃极有可能会被安葬于此。在清朝同治和光绪年间的《巴陵县志》中，都曾有鲁肃墓的记载。在岳阳的鲁肃墓亭中的石碑上刻有"汉建安二十二年（217），东吴水军上将军鲁肃卒（死）于斯（此地），巴陵人思其德而葬之于斯"。而且，裴松之在《三国志·周瑜传注》中也曾指出，鲁肃死后就是葬在了巴陵。鲁肃代周瑜驻守巴陵一事有史料记载，可见，古巴陵一墓与鲁肃确有关联。现今，岳阳的鲁肃墓经常被后人修葺和凭吊。

最后再来听听镇江北固山之说者是怎么说的。在江苏镇江大学士山有一座鲁肃墓，大学士山也因此而得名。不过经证实，此墓是鲁肃的衣冠墓。

在镇江的谏壁苦竹村的小渎山（今新区大港新竹村），还有一处鲁肃墓，好多人都认为这里才是真正的鲁肃墓。新中国成立后的考古发掘，以及清朝康熙、光绪年间的地方志记载都支持了这一说法，后来该村的一个村民还发现了鲁肃墓的墓碑，经鉴定，此碑为民国初年所立。另外，小渎山背靠青龙山，面对凤凰山，横枕万里长江，是块有山有水的风水宝地，不愧是墓葬的理想之地，将一代名将葬于此地也不是没有可能。看来，此观点也是一个合理的参考。

众多的墓穴究竟哪里才是鲁肃真正的葬身之所呢？真是仁者见仁，智者见智。在没有确切的考古证据，真相没有大白于天下之前，我们只能靠猜测来寻找东吴大将的归宿。

血的代价

关羽为什么会失荆州

    关羽被后人称之为"关公"，长须赤面，凶猛霸气。在三国时期，关羽杀敌无数，为刘备立下一个又一个汗马功劳，不过他却在荆州留下了一个败笔。关羽失去荆州，这对当时的蜀汉来说，无疑是丢失了半壁江山。有学者认为，关羽是因为大意才失去荆州的，那么荆州之失果真是由关羽的大意而造成的吗？对于关羽失荆州的说法，很多人都赞同"大意"之说，并且给出了以下理由。

    第一个理由是，在襄樊之战中，关羽给了东吴夺取荆州的机会。

    建安十六年 (211)，刘备带领军队西征，他留下诸葛亮和关羽在荆州镇守。建安十九年 (214)，刘备进攻雒城 (今四川省广汉县) 失利，他将诸葛亮和张飞、赵云等人召集到身边，留下关羽一人驻守荆州。刘备夺取四川后，他让关羽管理荆州事务，并要求关羽"北拒曹操，东和孙权"，等待时机成熟再北伐曹魏。但是关羽因为轻敌，擅自离开防地，他盲目发动襄樊之战，在他和曹军打得难解难分之时，东吴悄悄占领了荆州。

第二个理由是，关羽的性格造成了荆州失陷。

《三国志》记载：关羽性格骄横无礼，当初他与张飞对待诸葛亮的态度，简直是目中无人。好在诸葛亮才智过人，才将暴躁的二人收服。关羽在镇守荆州的时候，他也没有将盟友孙权放在眼里。孙权派遣大臣诸葛瑾做媒，为自己的儿子向关羽的女儿求婚，但是关羽却口出狂言，他说："猛虎的女儿怎么能嫁给狗的儿子？如果不是看在诸葛亮的面子上，立马将你斩首。"

关羽的话无疑是破坏了刘备和孙权的联盟，这为孙权日后倒戈相向埋下了伏笔。

第三个理由是，东吴大将军吕蒙巧施调虎离山之计，挑动关羽和曹军进行襄樊之战，关羽对后方防务失去警惕，东吴趁机攻打后方，荆州被夺。

在建安二十四年八月的时候，曹操采纳司马懿、曹椽、蒋济的建议，他们趁着刘备不在荆州，利用刘备不愿意还所借荆州，从中挑起了吴蜀联盟的矛盾。曹操发动了襄樊之战，他和关羽正面交战，并且派人劝说孙权偷袭关羽后方，承诺将江南一块划给孙权。

东吴大将吕蒙认为，关羽一直对江南一地图谋不轨，得到了荆州对东吴有很大的帮助。他提议孙权趁机消灭关羽，除去祸患。孙权觉得吕蒙言之有理，就采取了他的建议。于是，吕蒙假称生病返回吴都建业，将军陆逊代替了吕蒙。陆逊写信给关羽，他利用关羽自大和骄傲的性格，在信中曲意奉承关羽，并且表示不与关羽为敌。关羽看完信后，十分轻视陆逊，以至于对东吴丧失警惕。关羽与曹操对战，他俘获魏军三万多人，但是后方却被东吴攻陷，荆州又回到了孙权的手中。

当时，就是吕蒙袭击关羽后方的，吕蒙到了浔阳 (今湖北黄梅西南)，他把所有的战船都改装成商船，开往荆州的北岸处。到了北岸后，蜀军以为是商船，便放松警惕。但是蜀军却没料到，那些商船在晚上发动了突袭，东吴的士兵偷偷上岸，吕蒙神不知鬼不觉地占领了北岸，然后又进军荆州的东岸。当关羽得到消息，他急忙从樊城撤军，但是荆州已经被夺。关羽被逼无奈，只好退守麦城。

虽然有不少人赞同关羽"大意"失荆州的说法，但是也有人持着反对的态度，他们认为并非是关羽大意，而是有以下几个原因。

第一个原因，关羽与曹军发动的襄樊之战，并非是盲目的。

在建安二十三年 (218)，刘备亲自率领军队进军汉中，他与曹操同时争夺汉中，两军发动了汉中战役。建安二十四年正月，刘备大败曹军，屯兵阳平关。在同年三月的时候，曹操率领大军在斜谷与刘备决战，两军相持数月，最终曹军官兵病的病，逃的逃，死的死。刘备夺取了汉中，为了巩固自己的统治和提防曹军卷土重来，最终不得已发动了襄樊之战。

关羽认为，在这场战役中，他们现在的实力和曹操大军对战，没有一点要顾忌的，他认为东吴不会打破盟友的关系，但是没有想到孙权背信弃义，他派兵袭击荆州城的后方，最终关羽失去了荆州，自己也死于非命。

从这个角度来看，关羽并没有大意，根本原因是孙权的背信弃义。

第二个原因是，孙权为儿子求婚是假，为夺取荆州早有预谋是真。

荆州的地理位置得天独厚，有着易守难攻的优势，它地处长江上游，当时孙权将荆州借给刘备对抗曹军，哪知道会一去不复还。为了重新夺回荆州，孙权想尽方法。他派人去为自己的儿子向关羽的女儿求亲，但关羽为女儿拒绝了求婚，这才导致了东吴的突袭。但是求婚有没有被拒绝只是一个幌子，孙权对荆州是志在必得。

第三个原因是，曹操与孙权两家勾结，荆州被夺实属无奈。

关羽与曹操进行的襄樊之战，刘备并没有派兵援助，这让关羽腹背受敌，荆州之失也在所难免。襄樊战役中，关羽大获全胜，他的胜利威胁着曹操和孙权。于是曹孙两家密谋，一个前面攻击，一个后面偷袭，这才导致关羽大败，失去了荆州。

综合以上的几个原因，得出的结论是，荆州被夺走不能说是关羽一个人的错误，但究竟哪一个才是丢失荆州最主要的原因很难说，也许是当时环境下政治时事等多方面的因素才导致的这一结局。

武圣变财神
关公的形象演化史

关公是三国时代的一个著名英雄，也是中国家喻户晓、人人皆知的人物。而财神是中国民间普遍供奉的神明之一。人们喜欢在新年的时候悬挂财神像，希望来年的时候财源滚滚。然而，一位历史人物又是怎么演化成世人供奉的财神呢？这就不得不从关公关云长的生平故事说起。

说到关公关云长，人们首先就会想到《三国演义》中那位叱咤在千军万马之间的英雄。他同刘备、张飞桃园三结义时义薄云天；他千里走单骑时豪气万丈；他过五关斩六将时声名四起；他单刀赴会时胆气过人。这一幕幕的故事情节将关羽的形象烘托得无比高大。但是这一切毕竟都是来源于《三国演义》这部小说，这一切也只是根据一定的故事背景所创作出来的文学作品而已。那么，我们不禁要问中国历史上是否真的有关羽这一历史人物呢？关羽又是否真如传说中那样神勇吗？根据西晋陈寿的《三国志》所记载，在中国历史上的三国时代的确有关羽这一历史人物的存在。他是那个时代的英雄，骁勇善战，义薄云天，侠肝义胆。后来因为荆州一战大意失守，死于现在的湖北安远一带。

关羽的一生都在沙场上征战，战功赫赫，先后被封赏无数，但大封有过两次：第一次是帮助曹操斩杀了颜良被封为"汉寿亭侯"；还有一次就是死后被蜀国追谥为"壮缪侯"。从这两次的封赏来看，关羽所封赏的爵位都是侯。那么，又是什么原因让关羽这个历史英雄同财神画上等号呢？

关羽，从最初征战沙场的将领到后来被封为财神，其间经历了漫长的过程。从三国开始直到清代才被最终确定下来，而随着时间的推移，关羽的封号也是越来越多，爵位也是变得越来越大。关羽之所以获得历代皇帝的各种封号，主要还是因为他侠肝义胆、忠心耿耿的形象，所以历代的皇帝都尊崇关羽来作为忠心爱国的典范楷模。

直到隋唐时期，关羽开始从一个众人口中的英雄走向了神坛，成为了"神明"的化身。根据唐代《重修玉泉关庙记》中的记载，里面详细记述了关羽帮助隋朝的代智大师兴建了玉泉寺的传说，由此可见，这个时候关羽已经被定性为"神明"一职。

到了北宋时期，关羽开始被当时的统治者加封为王。大观二年 (1108) 的时候宋徽宗封关羽为武安王，并在这之后又五次加封关羽。

到了明朝的万历年间，关羽开始被封为了"三界伏魔大帝"。至此，关羽再次封神。

到了清朝时期，关羽更是先后被加封 10 次。顺治元年 (1644) 的时候钦定祭祀关帝之礼；顺治九年 (1652) 的时候又被敕封为忠义神武关圣大帝；乾隆二十三年 (1758) 的时候又被加封为忠义神武灵祐关圣大帝。

到了光绪五年 (1879) 的时候，关羽再次被加封，这次的加封可以说是前所未有的，封号长达 24 个字，封号为"忠义神武灵祐神勇威显保民精诚绥靖翊赞宣德关圣大帝"，这样的封号实在是令人惊叹不已。

历代的统治者对于关羽的封赏和神化，自然而然也深深地影响了当时老百姓们的热情。最初的时候，关羽在民间还是被人们称为"关三郎"。主要的任务也就是监督寺庙里面的和尚。直到宋代的时候，随着人们对关羽崇敬的日益加深，人们开始为关羽在各地大量修建关帝庙。关帝庙也成了那个时候特有的一道风景。到了明代的万历年间，关羽更是获得了道教的最高封号——"三界伏魔大帝神威远镇天尊关圣帝君"。随着时间的推移，人们对于关羽的崇敬之情和对关帝庙的大量修建有增无减。甚至觉得这些还不足以体现他们对关羽的重视，于是人们决定让关羽担当他们心目中极为重要的"财神"一职。到此，关羽正式化身为财神，同财神之间画上了等号。但是，关羽一直被众人认为是忠义的化身，为什么会在清代的时候被人们供奉成为财神呢？这就要从当时的社会背景说起了。

康熙、乾隆年间，当时民间商业活动发展得非常繁荣，各行各业都供奉关羽为他们行业的祖师。相传，关羽在年轻的时候曾经卖过豆腐，于是豆腐行业就以此供奉关羽为他们行业的祖师；而理发行业、刀剪行业以及屠宰行业都需要使用工具刀，而关羽的兵器就是青龙偃月刀，所以就把关羽供奉为他们行业的祖师。

之后关羽的形象就更为神化了，民间各种有关关羽的传说更是将他进一步神化。根据杨庆茹的《问吧》所记载："几种专门神化关羽的财神形象之说，一种说法是关羽生前善于理财，曾经发明了计簿法，从而让记账变得清楚明白；还有一种说法是说关羽死后真神经常回到人间助战沙场，而且商人在生意失败之后如果能够得到关羽的帮助，就一定能够东山再起的。"

由此可见，商人之所以选择关羽担当财神一职，是因为关羽忠义的形象和惩恶扬善的性格，所以人们就希望关羽能够保护他们的财产安全和人身安全。

其实，除了因为关羽自身的忠义形象以外，关羽成为财神也是与山西的商人有着一定的关联。因为山西商人在闯荡江湖的时候彼此之间需要相互照应，从而共同面对所要发生的困难，所以他们就经常模仿当年刘关张桃园三结义的形式，结为异姓的兄弟，奉关羽为他们的保护神，并广建关帝庙。再到后来，晋商可谓富甲天下，其他各地的商人都开始纷纷效仿他们，关羽也就自然而然地成为公认的财神爷了。

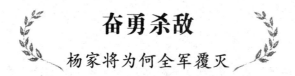

奋勇杀敌

杨家将为何全军覆灭

在中国，杨家将的故事流传千古。杨家将一门忠烈，"七子去，一子回"的传说更是激励了一代又一代人杨家将故事是否是真实的呢？他们真的如民间传说一般满门忠烈、功勋卓著吗？那么杨家将又是如何全军覆灭的呢？

杨家将的故事在历史中是有记载的。但是，民间一些带有传奇色彩的故事，并不能当作真实的历史来看待。真实的杨家将故事同民间传说中的杨家将有很大的出入。那么，历史上真实的杨家将故事是怎样的呢？为何会有杨门女将代夫出征的故事？

　　中国历史在唐朝灭亡之后，又一次进入割据混战的时代。"五代十国"时期，短短的数十年间，先后出现了后唐、后蜀、后汉、后梁、后周等多个朝代的更迭，同时吴越等十余个割据政权开始分裂。

　　在此期间，辽太祖耶律阿保机在辽河上流建立了大辽国，并以支持石敬瑭称帝为契机，占据了燕云十六州。赵匡胤在"陈桥兵变"后黄袍加身，他自立为帝，建立了宋王朝，逐步统一了分裂的中原政权。

　　天下之势分久必合合久必分，宋辽之争相持多年，北宋建立之前，中原政权四分五裂。云南建立了以苗族政权为主体的大理政权，西藏建立了以藏族人为主体的吐蕃政权。宋朝疆土只局限于中原、江南一带。为了恢复汉人的传统疆域，宋太祖在灭亡北汉之后，便率军北伐辽国，结果被辽军击败。公元 982 年，辽景宗去世，12 岁的辽圣宗耶律隆绪即位，由母亲萧太后执掌辽国政权。宋太宗采纳了大臣们的意见，想要趁辽国政局动荡、"主幼国疑"的大好时机，收复被辽国占领的燕云十六州，为了收复失地，北宋进行了第二次北伐辽国的战争。

　　这场战争，北宋并没有得到任何好处，辽军的勇猛让宋军始料未及。辽国这时候实际是萧太后在统治，这位太后是一位巾帼不让须眉的女政治家、军事家，在萧太后的反击下，宋军很快失去了战争主动权，宋太宗匆忙之下，只得命令各路大军后撤。

　　杨家将主将杨业，当时负责西路大军的战事，宋太宗在撤退时要求杨业在放弃四州的同时，把当地的百姓转移到宋朝的势力范围内。宋太宗的举动，表面上是仁义爱民，但实际上是另有图谋。因为在冷兵器的时代，军队的数量往往是克敌制胜的一大法宝。同时，一个国家的统治基础也在于人力。因为，百姓不光是军队士兵的来源，同时也是恢复发展、医治战争创伤和生产力的来源。三国时，曹操军队在同敌人交战时，常常屠城，为的就是不给自己的敌手留下生产力。宋太宗不将老百姓留给辽军，自然是不希望这些劳动力、军队士兵来源遗留给辽军。但若执行屠杀政策的话，显然又与宋朝廷仁爱万民的宣传不相符合。宋太宗下令将四州居民移走，可能就是出于此种考虑。

当时情形可以说是十分严峻，应、寰二州已失守，宋军想把四州百姓撤出来十分困难。杨业提议派精兵佯攻寰州，吸引寰州辽军注意力，并且派精兵埋伏在退路的要道，掩护军民先撤退。但是监军王优不认同，他认为，杨业的做法是畏敌怯战的行为，他仗着自己手中拥有精兵数万，便不怕辽军，主张沿着雁门大路走，而且要大张旗鼓地行军。杨业完全不赞同，他认为，现在敌强我弱，应当避敌锋芒。而王优却讥笑杨业胆小怕事，就连主将潘美也支持王优的主张。

杨业在无奈之下，只得带领手下人马出发。临行时，他伤心落泪，指着前面的陈家峪对潘美说："我在撤兵的时候会退到这里，希望你们在这个峪口两侧埋伏好步兵和弓弩手。等我退到这里的时候，你们就带兵接应，然后从两面夹击，这样也许能转败为胜。"可是，杨业率军退到陈家峪之后，太阳已经落山，空山荡荡不见宋军，宋军究竟去了哪呢？

原来，杨业领兵出战之后，潘美确实把人马带到陈家峪。后来等了一天，没听到杨业和宋军的消息，他们便认为辽军已经退兵，为了将这个不可靠的消息上报给朝廷，王优就催着潘美把伏兵撤去，离开了陈家峪。后来听闻杨业兵败的消息后，二人又领兵从小道逃跑了，留下杨业一人孤军奋战。杨业率军到了约定地点，根本不见援军的接应，杨业只得再次率军杀进辽军阵营中，他率领将士奋力抵抗辽兵，战况极为惨烈。辽军见到杨业是在孤军奋战，便派出越来越多的军队围剿杨业。战到最后，杨业身边只剩下了百余人。杨业想到自己的部下都已经跟着自己战死沙场了，实在不愿意看到大家跟着自己玉石俱焚，便奉劝自己的部下去逃生，他高声向兵士说："你们都有自己的父母家小，不要跟我一起死在这里，赶快突围出去，也好让朝廷得知我们的情况。"将士们听了杨业这些话，再看着杨业浴血奋战的情景，他们都很感动，很多人流下泪来。他们被杨业决一死战的精神所鼓舞，坚持留下来战斗，最终没有一个人活着离开战场。战到最后，杨业身边所有的士兵都已经阵亡，儿子杨延玉、部将王贵都在这场战斗中阵亡。这就是历史上真实的杨家将的故事。

民间传言，杨业与辽军拼杀到最后身中百余处伤，他感叹于壮志难酬，不愿意当辽兵俘虏，在绝望之下一头撞死在李陵墓碑之上。杨老将军奋起杀敌，最后壮烈殉国的事迹感动了很多人，以杨业抗辽故事为原型写成了《杨家将》，自此流传千古。民间传说中的杨家将，杨家一门忠烈金沙滩一战"七子去，一子回"，最后杨家一门孤寡，也跟着一起上阵杀敌，甚至还引出了另一位巾帼英雄的传说——穆桂英挂帅。时至今日，杨家将抗辽的故事，仍然感动着很多人，它的影响力仍是经久不衰。

出师未捷身先死

岳飞究竟被谁所害

　　岳飞是家喻户晓的民族英雄，他满腔热血保家卫国，最后却落得个"出师未捷身先死"的下场。历史上记载，岳飞之死是因为奸臣秦桧从中诬陷，事实真是那样吗？杀害岳飞的真凶除秦桧外会不会另有其人？

　　公元1140年，岳家军取得朱仙镇大捷，南宋抗金北伐迎来了前所未有的大好形势。据了解，当时打着岳家军旗号的义军达百万人，放眼望去，漫山遍野均是岳家军大旗。河北等地广兴义军，截断金军北归之路。据史料记载，岳家军胜利后，当时金军内部军心涣散，原来被大金降服的宋人，纷纷向岳飞暗示他们可以在大金军中做内应，甚至连一些女真族将领，也准备向岳飞投降。大金百战百胜的名将金兀术，也不得不发出"撼山易，撼岳家军难"的感叹。在此情形下，岳飞一边联络河北义军，一边上奏宋高宗，希望能派来援军，协助他直捣黄龙，雪洗靖康之耻。

　　正当岳飞踌躇满志地表示"直捣黄龙府，与诸君痛饮耳"的时候，高宗皇帝却连下十二道金牌诏令岳飞班师回朝。接到诏书的岳飞满含悲愤地仰天长叹："十年之功，毁于一旦！所得州郡，一朝全休！社稷江山，难以中兴！乾坤世界，无由再复！"一心对大宋王朝尽忠的岳飞，最终只得撤军南归。

当时北方百姓听到岳家军撤走的消息后，纷纷痛哭，哀恸之声响彻云霄。为了防止百姓被金兵报复屠杀，岳飞"留兵百日"，目的是为了掩护百姓撤离。得知岳家军撤走的消息后，金兵重新占领被岳家军收复的郑州、蔡州、陈州、颍昌。

皇帝宋高宗软弱无能，他提出议和。大金将军金兀术提出停战的条件是："先杀飞，方可和。"这其中的"飞"便是指岳飞。为了与大金议和，宋高宗于1141年剥夺了岳飞、韩世忠、张俊等人的兵权。同年四月，他任命岳飞为掌管兵权的枢密副使。仅过了四个月，岳飞又改任万寿观使的闲差。不久，秦桧唆使右谏议大夫万俟卨，以居功懒惰为名弹劾岳飞，最终岳飞被解职离京。随后不久，秦桧又诬构岳飞策动兵变、拥兵自重、意图谋反的罪名，将岳飞及他的儿子岳云、部将张宪逮捕下狱。

文献记载，当时岳飞"谋反"一案由宋高宗亲自审理，御史中丞何铸负责审讯，何铸知道岳飞的背上纹上了"尽忠报国"四个大字，他十分感动和佩服岳飞，于是上奏为岳飞鸣冤，宋高宗遂另派万俟卨审理此案。在狱中，秦桧一党用尽酷刑逼迫岳飞认罪，岳飞忠贞不屈，绍兴十一年的腊月二十九日，大理寺执法官再次威逼岳飞在供状上画押，最后被冤杀于风波亭。临死前，岳飞在狱中墙壁上留下了"天日昭昭，天日昭昭"八个大字。同年年底，宋金议和，合约规定：东划淮水，西以大散关为界。宋朝必须每年大量地向金进贡，并向金俯首称臣。

那么，在岳飞北伐节节获胜，即将收复失地、直捣黄龙的紧要关头，为何宋高宗会突然命令岳飞班师回朝呢？这其中有没有什么隐情？

有史料记载：岳飞打败金兀术的时候，金兀术在带兵撤离时，路上遇上一个书生，书生说道："自古未有权臣在内，而将领用兵于外者。"言下之意是暗示他，一定会有人阻挠岳飞的北伐，金兀术听了之后当即停止后退，果然见到岳家军撤军。没多久，岳飞的死讯传到了金兀术耳中，原来是秦桧告发岳飞谋反。

在一般的正史和民间评书演义之中，人们都认为是秦桧忌妒岳飞屡建奇功，生怕影响到自己的地位，于是便陷害岳飞，最终使得岳飞北伐功亏一篑，冤死于风波亭。当时，四大名将之一的韩世忠，就曾当面质问秦桧，岳飞到底所犯何罪？秦桧说："飞子云与张宪书虽不明，其事莫须有。"秦桧口中的"莫须有"就是不需要有理由，岳飞即便没罪也得死。韩世忠听后指责秦桧说："'莫须有'三字，何以服天下？"

由此可见，岳飞北伐的失败的确是要归咎于秦桧。但是，秦桧是何等聪明，他要置岳飞于死地，怎会找出一个连韩世忠这样的武夫都不能信服的理由呢？宋朝当时政治环境严谨，一个皇帝或者丞相，他们做什么事都要让全天下人信服，秦桧又怎么敢冒天下之大不韪，以"莫须有"三个字来堵住天下人的嘴？又或者，秦桧的话是一个暗示，想要杀岳飞的其实不是他，而是一个比他更加厉害的人物，这个人会是谁呢？

在中国历史上，常常将迫害忠良的事情归咎在奸臣头上。可是，封建王朝所有大权都在皇帝的手中，若非皇帝昏庸、怂恿、默许，那些奸臣怎能得逞？所以，学者们推测，在宋高宗时期，权力在秦桧之上的人只有高宗皇帝赵构。

宋高宗早就对岳飞大为不满，他早有杀岳飞的心思，但是不想背负残害忠臣的骂名，于是让秦桧替他背了黑锅。高宗要杀岳飞有几个理由。

第一，岳飞一心要直捣黄龙，迎回在靖康之变中被金人俘虏到北方的宋徽宗和宋钦宗。

众所周知，徽钦二宗是宋高宗的父、兄，按照封建王朝的继承顺序，若不是皇帝被擒，皇帝怎么都轮不到他来做，赵构只能做个亲王。岳飞如果真的迎回了二帝，他这个皇帝还能当下去吗？这是岳飞所犯的第一个忌讳。

第二，岳飞在建炎年间曾经建议高宗立嗣。

高宗当年为了躲避金人，他曾经有过近十年的逃亡生涯，在历史上有"逃跑皇帝"的骂名。

曾经，高宗在后宫，突然得知金人打来的消息，因为受了惊吓，又逃得匆忙，竟失去了生育能力。高宗此后没有儿子，为了皇位有继承人，他从民间收养了一个养子。岳飞请立太子的时候，无意中碰触到皇帝心中的伤痛，小心眼的皇帝便忌恨岳飞。

可事实上，岳飞请求立太子，正是出于对高宗的愚忠。因为当时徽钦二宗尚在北方，金人有意想将二宗送回南宋做傀儡，为了安定人心，岳飞才有此意，但是高宗却误解为岳飞居功自傲，干涉皇家之事。

第三，岳飞功高震主，这也是高宗杀岳飞的主要原因。

据了解，当时岳家军的兵力占了南宋武装力量的一半以上，加上岳飞功劳过高，时间久了，他就成了高宗皇帝的心腹之患。

这些理由综合到一起，岳飞只有死路一条。

还有史料记载，当时，南宋史官胡铨反对议和，并请求处死秦桧，秦桧也未能奈何得了胡铨。当然，这当中固然有宋朝"不杀士大夫，不杀上书言事者"的原因。不过手握重权的秦桧若想将胡铨贬官撤职，还是能够做到的，但是他没有那么做。由此可见，秦桧并没有排斥异己的能力。此外，秦桧曾上书请求免岳飞的儿子岳云一死，但最终岳云一起被冤杀。从这些蛛丝马迹中，学者们认为，真正杀害岳飞的可能就是宋高宗。

岳飞虽然被冤杀，但岳飞反抗侵略、坚贞不屈的民族气节却一直是中华民族精神意志的典范，影响了无数的中华儿女。在杭州西湖畔的岳坟，岳飞被铸成铜像，秦桧也同样被铸成铁人，双手绑缚，跪在岳飞像前，正所谓："青山有幸埋忠骨，白铁无辜铸佞臣！"

千古冤案

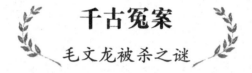

毛文龙被杀之谜

毛文龙，明末著名成边将领，天启元年，他在辽东巡抚手下任职。后金大军攻打鸭绿江边的镇江堡时，他立下了汗马功劳，然后升为总兵。天启三年明军攻下金州，毛文龙又升任左都督并挂将军印。崇祯初年，他被冀辽督师袁崇焕所杀。那么，袁崇焕为什么要杀毛文龙呢？

据了解，毛文龙家境贫寒，年轻时曾经学习麻衣相书，以为人测字看相来谋生，后来浪迹江湖。明朝因为与后金战事频频，经常看到颠沛流离、烧杀抢掠的事情，毛文龙在心底痛恨起后金。随后，毛文龙被好友推荐给辽东巡抚，之后在山海关外度过了二十余年的军旅生活。直到天启元年，毛文龙成为标下游击。后金大军攻陷辽阳，他率军由海路进攻，占据了鸭绿江边的镇江堡，然后升任副总兵，最后晋升为总兵。

有一次，朝廷派遣毛文龙驻守皮岛，当时皮岛位于辽东、山东登州、莱州等地的夹角处，战略地位极为重要，号称为"孔道"，又称为江东。毛文龙登岛之后，在岛上披荆斩棘，筹备防务，招集流民，恢复生产，不到数年，皮岛便成为一座重要的军事城镇，被称为"江东雄镇"，成为后金军南下入侵的一道绊脚石。天启三年，毛文龙率领部将张盘攻下金州，因功被提升为左都督。攻克金州之后，毛文龙命令张盘驻守，自己撤回到皮岛，与金州互为犄角之势，防御后金南下。当时朝廷内部，由于毛文龙在海外牵制住大量的后金军队，使明王朝压力大减，而对他颇有好评，天启帝在谕旨之中，对毛文龙不乏赞美之词。

　　崇祯帝即位之后，一些大臣以毛文龙在海外拥兵自重、飞扬跋扈为由，对毛文龙多有掣肘。毛文龙对此大为不满，上书陈奏，将自己势处孤立的状况向崇祯帝说明。崇祯帝再三宽慰，并沿用天启帝对毛文龙的优抚方针。当时新上任的冀辽督师袁崇焕认为，毛文龙在海外多年，不受人节制，其势如同割据。自己身为辽东最高大臣，又有钦差大臣的身份，毛文龙理应在自己的节制之下。在离开京城之前，袁崇焕和内阁辅臣钱龙锡谈到平定辽东事宜时就明确表示，要"先从东江做起"，对毛文龙的态度是：可用则用之，不可用则杀之。

　　袁崇焕到了锦州之后，为了使毛文龙就范，首先控制住了皮岛的经济来源，断了毛文龙的粮饷装备，又截断了海上贸易通道。毛文龙在无可奈何之下，只得连续给崇祯帝上奏折，可崇祯帝因为盼着袁崇焕能够"五年复辽"，而赐予袁崇焕尚方宝剑，他可以全权处置蓟辽及登莱天津一切大小事宜。崇祯帝含糊不清的态度让毛文龙倍感恐惧，他似乎意识到将要发生祸变。于是在上书中一再表述他自己孤撑海外的原因，他在奏折中称："诸臣独计除臣，不计除奴，丧江山而快私忿，操戈矛于同室。"这也是毛文龙对袁崇焕的评论。

袁崇焕向崇祯帝承诺"五年复辽"，所以崇祯帝答应袁崇焕，关于军中的所有事宜可以任他管理，朝廷绝不多出手。崇祯帝没有想到，袁崇焕和毛文龙二人矛盾已深，他只得出面调停，称军中一切事宜需得从长商榷。没过多久，崇祯帝便收到袁崇焕斩杀毛文龙的奏折。在斩杀毛文龙之后，袁崇焕写下了洋洋数千字的《蓟辽督师袁崇焕题本》，在文中一再表示"战惧惶悚之至"，"席藁待罪"。崇祯帝在感到震惊之余，也无计可施，为了安抚袁崇焕，只好表示支持袁崇焕。

那么，袁崇焕为什么非要杀毛文龙不可呢？作为明王朝最后的顶梁柱、名震一时的名将，袁崇焕就没有意识到，杀了毛文龙会给后金可乘之机吗？

仔细分析一下，袁崇焕要杀毛文龙已经是势在必行的事情了。他曾在崇祯帝面前夸下"五年复辽"的海口，手中掌握生杀大权，统揽辽东军务，自然不能容忍毛文龙在皮岛上拥兵自重的行为，更不能允许毛文龙阻碍他的军事行动。处置毛文龙，由此看来，是袁崇焕早就计划好的。

袁崇焕杀毛文龙是有步骤的，他先是极力劝说朝廷，撤销登莱巡抚两个建制。随后用计将毛文龙诱捕，当众公布毛文龙的十二条罪状，最后用尚方宝剑将他处斩。毛文龙最终没能死在后金努尔哈赤的手上，却被同僚杀死，这对毛文龙一生而言，真可谓是悲剧性的结果。袁崇焕斩杀毛文龙带来了一系列灾难性的后果，客观上加速了明王朝的灭亡，也为自己惹上杀身之祸。

袁崇焕斩杀毛文龙，对后金和明朝的对峙带来哪些恶劣的影响呢？

首先，毛文龙对后金而言有一种巨大的威慑力。后金军一旦南下入侵，毛文龙的军队就可以侵扰后金军后方，其间的战略意义不可忽视。而明朝内部"同室操戈"，无异于在内斗中消耗了自己的力量，袁崇焕"五年复辽"的军事行动尚未正式开始，他斩杀左膀右臂，无异于自剪羽翼。

其次，在国难当头的关键时刻斩杀大将，这是兵家大忌，犯了皇帝的大忌，也为袁崇焕自己埋下杀身之祸。在崇祯帝心中对袁崇焕留下了不好的印象，如果不是倚重袁崇焕收复辽东，崇祯帝肯定不会罢休。

再者，毛文龙占据皮岛，这对后金而言如芒刺在背，是后金南下入关侵扰的后顾之忧，毛文龙的存在牵制了大量的后金军队。后金早就将毛文龙视为眼中钉、肉中刺。后金无论是政治招抚，还是军事围剿，都未能成功夺取皮岛。袁崇焕斩杀毛文龙，他是在无形中帮助后金入侵中原。总而言之，袁崇焕斩杀毛文龙，这是将他自己逼上了绝路，更是将明朝送上亡国之路。

毛文龙的死，让后金大为高兴，毛文龙死后几个月就发生了"己巳之变"，后金军队兵临北京城下，他们围困北京，明朝走向灭亡。此外，袁崇焕斩杀毛文龙，客观上造成了毛文龙部将孔有德、耿仲明在登州的叛乱，这些部下投降后金，成为后金入关的开路先锋。

冲冠一怒为红颜

吴三桂降清的背后隐藏着什么玄机

熟知历史的人都知道，吴三桂"冲冠一怒为红颜"，他引清兵入关，并从辽东一直打到云南，为清廷南下入关和扫荡明朝残余势力开启了便捷之路，最终导致了明王朝的彻底覆灭。

然而，近年来有很多历史学者认为，吴三桂其实并没有投降清王朝，并为此提出各种证据。这让吴三桂"冲冠一怒为红颜"这一历史事件显得扑朔迷离，那么吴三桂到底有没有卖国呢？我们先来回顾一下这段历史故事。

崇祯十七年三月初，也就是公元 1644 年，李自成的农民起义军先后夺得大同、真定，京畿之地，然后从北京西部进攻，北京城成为农民军进攻的目标。在北京城危在旦夕的情形下，崇祯帝只得下诏，加封吴三桂为平西伯，将宁远地区划入吴三桂辖下，希望吴三桂可以率军救援北京城。

据《明史》记载，吴三桂连行十六日才抵达山海关，一路上"迁延不急行，检阅步骑"。当抵达河北丰润时，传来北京被农民军攻克、崇祯帝在煤山上吊自杀的惊天消息。同时又得知，居庸关总兵唐通投降农民军，为防唐通乘虚占据山海关，吴三桂只得撤回山海关。此后，吴三桂一直在投靠农民军首领李闯王建立的"大顺"政权和清政权之间游移不定。

按道理来说，吴三桂投降李自成也算符合当时的礼教。古人常言"天下乃天下人之天下"，改朝换代也是自古亦然。明朝开国皇帝朱元璋可以君临天下，李自成也可以做皇帝。况且，按照当时的观念，清廷是异族，如果投效清廷，就要遭到千古骂名。就在此时，李自成多次派人劝降吴三桂。在吴三桂有些意动之时，他接到了两封书信，其中一封是父亲吴襄的，劝他投靠李自成；另一份文书秘密告知吴三桂，老父吴襄是被李自成的人毒打才写下书信。更重要的是，吴三桂的爱妾陈圆圆也被李自成的部下霸占了。

吴三桂为此大怒，当即拔剑击案，将来使双耳割去，同时让他给李自成带信："李贼自送头来。"李自成听后也勃然大怒，率领二十万精锐兵马讨伐吴三桂。随后，两军交战，吴三桂初战兵败，他向大清摄政王多尔衮求救，多尔衮坚持要吴三桂剃发降清，然后才能出兵相救。无奈之下，吴三桂只得亲自到多尔衮军营，并剃发投降。

次日，吴三桂按照多尔衮的命令先行出战，双方几场大战后都疲惫不堪，就在吴三桂的军队体力渐渐不支时，清军趁势杀入农民军中。李自成完全没想到吴三桂会和清军勾结，结果兵败如山倒。《明史》称，当时的战场情景是"一时之间，战场空虚，积尸相枕，弥满大野"。吴三桂也因此获得战功，被清王朝册封为平西王。

根据明史的记载，很多学者认定，吴三桂是真正地投降了清朝，并提出几点理由。

首先，清廷直接视吴三桂为降将，多次对吴三桂发号施令。《清史稿》中有这样的记载："命三桂兵以白布系肩为号"、"命三桂军为先锋"，又"命吴三桂以步骑二万前驱追贼"。为表彰其功劳，"授三桂平西王大印"。

其次，吴三桂自己本人也曾多次拒绝明朝的拉拢。当时，明朝的福王派人送给吴三桂大量财物，以图收买吴三桂，但吴三桂却毫不犹豫地拒绝。吴三桂说"时势如此，我何敢受赐，唯有闭门束甲以俟后命耳"。尽管吴三桂一再拒绝，明朝朝廷也始终未曾断绝对吴三桂的拉拢，吴三桂以"破流贼，定陕、定川、定滇，取南明王于缅甸，又平水西土司安氏"等一系列的战绩来作为报答，同时又向清廷表明自己的忠心。

最后，吴三桂引清兵入关的时候，打的是为明朝的亡国之君崇祯帝复仇的旗帜，但被很多人认为是欺瞒天下的做法。在北京城被起义军攻破之后，吴三桂被农民军、清王朝两股强大势力包围，要想在夹缝中求生存，吴三桂当时只有两条路可以选择：一是降清，联合清廷镇压农民军；二是联合农民军，一同抗击清军的入侵。在吴三桂犹豫不决的时候，却传来吴三桂父亲被鞭挞、爱妾被人霸占的消息，吴三桂考虑前者也是人之常情，最终投靠清廷。

综合上述的几个理由，很多学者认为，吴三桂是真的投降清廷了。

除了提出吴三桂是自愿降服清廷外，也有人持反对的意见，根据部分史料记载，他们认为吴三桂只是联合清廷，而非降清。为此提出五条理由。

第一，吴三桂在此之前与清兵作战的时候十分英勇。在担任宁远总兵期间，吴三桂多次与清兵苦战。松锦战役是明清之间的一次最大决战，在战事后期，明军兵败如山倒，吴三桂抗清态度仍然十分的坚决，对清廷的劝降函都"答书不从"。

第二，在山海关战役之后，吴三桂发布追击农民军的檄文，檄文中称"周命未改，汉德可恩""试看赤县之归心，仍是朱家之正统"等口号，在这些檄文中，吴三桂处处透露明朝朱家才是正统的统治者。若吴三桂真的降清，清廷掌权者又怎会允许吴三桂发布这样的讨贼檄文？

第三，在山海关战役之后，吴三桂联合清军夺回北京城，吴三桂曾经要求立明朝崇祯帝的儿子为皇帝。当时吴三桂提出"约自成同军，速离京城，吾将奉太子即位"，又"传帖至今，言义兵不日入城，凡我臣民为先帝服丧，整备迎候东宫"。可惜，"多尔衮命其西行追贼"，让吴三桂这一筹划没能实现。

第四，在山海关战役之后，多尔衮一面安抚吴三桂，一面加强对吴三桂的控制。从这点也可以看出，吴三桂并没有降清的意愿。在山海关之役获得胜利的时候，多尔衮表面上册封吴三桂为平西王，又调拨给他一万精兵，其实都是在笼络和控制吴三桂。因为，多尔衮给他的一万兵马他自己也能调用，个中司马昭之心路人皆知。

最后一点，从吴三桂联络耿精忠、尚可喜等人一起反清复明，可以看出吴三桂降清只是一时的权宜之计。在得到了云南的封地之后，吴三桂一面招贤纳士，培植党羽，一面厉兵秣马，为将来的反清大业积蓄钱粮。不过，清王朝的根基已深，吴三桂想要取得胜利简直是难于登天。

自杀的大将军

年羹尧因何引来杀身之祸

年羹尧，汉军进士出身。康熙四十八年，不到三十岁的年羹尧被康熙帝任命为四川巡抚，成为清王朝的封疆大吏，其后又官至四川总督、川陕总督、抚远大将军。他曾经平复西藏、青海的叛乱，功盖天下，位极人臣。后来他又辅助雍正登上帝位，他自己被封为一等公，父亲也封一等公加太傅的头衔，两个儿子分别封为子爵、男爵，其家仆皆封四品顶戴副将，妹妹也是雍正帝最为宠爱的年妃。可谓一人之下万人之上。然而，仅仅时隔一年，情形逆转，年羹尧被雍正帝夺去所有官衔，并公布了年羹尧九十二大罪状，最终逼其自杀。

大家可能觉得很奇怪，雍正皇帝为什么要逼死这位大功臣呢？这其中又有哪些不为人知的秘密呢？

关于年羹尧死因，长期以来，史学界争论不休。有人说他罪不可恕，死有余辜；有人认为是雍正帝无法容忍年羹尧功高盖主，只能杀了他。除了这些说法之外，还有什么原因将年羹尧送上死路呢？学者们提出了这样几种说法。

第一种说法，年羹尧之死跟雍正帝篡权夺位有关。

持这一观点的学者认为，康熙帝的本意是让十四子允禵继承皇位，可雍正却篡改圣祖遗诏，时任四川总督的年羹尧也曾参与了夺位之争。十四皇子当时手握重兵，有"大将军王"之称，雍正帝指使年羹尧带兵震慑住十四皇子，让他无法带兵争夺皇位。待雍正帝登上皇位之后，雍正帝对唯一一个知道自己皇位真相的年羹尧大为猜忌，故而起了杀人灭口之意。他先对年羹尧大施恩宠，然后再罗织罪名，杀害年羹尧。

第二种说法，年羹尧之死是他自己居功自傲酿造的苦果。

《清史稿》中有这样的记载：年羹尧居功自傲、专权跋扈、胡乱弹劾贤能官吏，引起了朝野的公愤，雍正帝看在眼里，也不能不当一回事。《清代轶闻》也有类似的记录："年挟拥戴功，骄益甚。且年残暴对待部下，任人唯亲，乱劾贤吏，引起公愤，也为雍正帝所不容，故被杀。"更加严重的是，年羹尧在权势遮天之后，丝毫不知收敛，反而明目张胆地任命亲信胡期恒为甘肃巡抚、岳周为西安布政使、刘廷琛为广西布政使。清朝是中国封建王朝，是君主中央集权制达到顶峰的朝代，年羹尧此举自然要影响到雍正帝的中央集权，是对雍正帝权威的挑战，雍正帝自然大为恼火。后来，雍正帝曾经有过这样的朱批："大凡才不可恃，年羹尧乃一榜样。"

最让雍正帝无法忍受的，还是年羹尧有了反叛称帝的心思。当时，年羹尧在雍正帝面前，"无人臣礼"，大有藐视皇权之意。《清代轶闻》曾经记载了年羹尧被削夺兵权之后的一段轶事，称："当时其幕客有劝其叛者，年默然久之，夜观天象，浩然长叹。"而且还说道："不谐矣。始改就臣节。"可见，年羹尧确实有称帝的心思，但是因为自己的兵权被雍正皇帝夺走，才不得不打消了主意。乾隆年间，《永宪录》中也曾提及年羹尧与静一道人、占相人邹鲁密议称帝的事。

此外，年羹尧在西安任川陕总督之时，每逢官员逢五逢十到衙门办公时，辕门、鼓厅画上四爪龙，吹鼓手着蟒袍，如同宫廷一样。按照清朝祖制，皇帝圣谕所到之处，地方行政大员都要行三叩九拜大礼，跪请圣安。但是，雍正帝的圣谕到达西安之后，年羹尧竟然"不行宣读晓谕"的大礼。他的飞扬跋扈可见一斑。

再者，年羹尧在和督抚、将军来往的咨文中，竟敢擅用令谕，竭力模仿皇帝说话的语气。他向雍正帝上呈他自己出资刊刻的《陆宣公奏议》，雍正帝本想要亲自书写序言，但是年羹尧却以"不敢上烦圣心"为由，代雍正帝书写序言，然后颁布天下。年羹尧如此僭越无礼的行为，雍正帝自然对年羹尧大为不满。

年羹尧甚至利用手中职权大肆滥封官职，于是很多想要当官入仕的人，纷纷到年羹尧府上行贿。据闻，年府门前，前来行贿的人可谓是络绎不绝，门庭若市，年羹尧也因此聚敛了大笔的财富。

这种种劣迹，很快便传到了雍正帝的耳中。雍正帝在雍正二年十二月十一日发布的一道谕旨中，暗示年羹尧不可居功自傲，否则会给自己带来祸难。

那么，雍正帝又是用什么理由，在什么机会下，将年羹尧逼入死地的呢？有学者认为，是因为"虎入年家"一事造成了年羹尧之死。

雍正三年十二月，一只老虎突然闯进年羹尧在京城的住宅，被赶来的官兵杀死。而年羹尧出生时有白虎托生的说法，官兵们在年羹尧家中杀死老虎，显然是上天暗示，年羹尧该死了。于是，雍正帝便下令赐死年羹尧。

还有人认为，年羹尧死于文字狱。雍正三年二月，京城出现五星联珠的天文奇观，年羹尧上表庆贺，本想用"朝乾夕惕"一词来称颂雍正帝。却不慎用错了词，成为雍正帝杀年羹尧的借口。但是，年羹尧到底是犯了怎样的笔误，第一种意见认为，年羹尧将"朝乾夕惕"写成"夕惕朝乾"，这样写似乎并没有什么失误之处。第二种意见认为，年羹尧写成了"夕阳朝乾"。

早就想惩治年羹尧的雍正帝借题发挥，他认为年羹尧虽是一介武夫，却并非粗心大意之人，认为他这样做的意思是："直不欲以'朝乾夕惕'四字归之于朕耳……谬误之处，断非无心。"于是，早就等得不耐烦的雍正帝开始下手除去年羹尧。最后，朝廷内部以及地方官，他们一起定下年羹尧九十二条大罪，按照律例应该凌迟处死，雍正帝却只是让他自杀。由此看来，雍正帝早有预谋，因为他无法容忍年羹尧的权势，所以才罗织罪名。

当年四月，年羹尧交出抚远大将军的印章，改任杭州将军，雍正帝将年羹尧从他的"西北小朝廷"调出。五个月后，又逮捕年羹尧，押送北京会审。同年十二月，定下年羹尧九十二大罪，大逆之罪五条，欺罔之罪九条，僭越之罪十六条，狂悖之罪十三条，专擅之罪六条，贪罪十八条，侵蚀之罪十五条，忌刻之罪六条，残忍之罪四条。年羹尧被刑部判定的罪行大致有：作威作福、滥用职权、行事不谨、收贿纳赂、冒用军资、巧立名目、聚敛财物等等。

每一项罪名都足以置年羹尧于死地。年羹尧自己也说："臣今天一万分知道自己的罪了……臣的罪过不论哪一条都死有余辜，臣如何回奏得来？"

史学家杨启樵则站在雍正帝的角度提出雍正杀年羹尧三条理由：第一，雍正帝明察秋毫，赏功罚过，年羹尧的作为为自己引来杀身之祸。第二，年羹尧存在上述所说的问题，功高盖主最终导致了年羹尧的死。第三，雍正事派到年羹尧那里监视他的情报人员被年羹尧收买，忍无可忍之下，才起了杀心。

时至今日，关于年羹尧的死因，各派史学家众说纷纭，年羹尧到底犯了哪一桩人错惹来了杀身之祸，到现在也没有确切定论。

忠王不忠

李秀成自供状真伪之谜

　　1840 年，英国发动了蓄谋已久的鸦片战争，腐朽的清王朝和海陆两线战事皆呈溃败之势，并和英国政府签订了丧权辱国的《南京条约》。条约的签订，一方面使清政府在屈辱下苟且偷生；另一方面，由于清政府财政的亏空，为了赔偿巨额战争赔款，不得不加重了对中国底层农民的剥削。1851 年，爆发了以洪秀全为首的太平天国农民起义。

　　太平天国农民起义历时十四年，在洪秀全率军攻入南京后，太平军达到鼎盛的时期。但是在起义中期发生天京事变，之后，太平军内部开始走向衰败，石达开率领二十万太平军精锐脱离队伍，这使得天平天国实力锐减。后期的太平天国在清军同帝国主义的共同剿杀下，在清军攻克天京城后，忠王李秀成被俘，李秀成被俘后写下了投降书，这份投降书的真假在史学界广受争议。

　　据史料记载，兵败被俘后的李秀成，一改往日同湘军、洋枪队作战时的英勇，他在囚牢中写下长达六万字的《亲供》，这份《亲供》被后人称为《李秀成自述》。在这篇自述中，李秀成概述了太平天国起义的历程，为了迎合清政府，甚至刻意夸大在天京事变中太平天国诸王的内争。为了活命，李秀成在投降书中对镇压太平军的刽子手曾国藩大力吹捧。

这篇自述使得李秀成晚节不保，成为李秀成十多年来征战中的污点。也因此，很多研究太平天国历史的史学家对李秀成口诛笔伐，大力抨击。但是仍然有很多学者对李秀成的这份自述提出了质疑，他们认为清政府公布的这份投降书有很大的疑点。凭借这份投降书来认定李秀成是个贪生怕死的叛徒，这对李秀成本人也是有失公允的。

那么，李秀成真的是千夫所指的叛徒吗？清政府公布的李秀成投降书是真实的吗？史学界对此提出了很多质疑。

第一个疑点，李秀成投降书的原稿一直不为外界所知晓。

李秀成被曾国藩杀害后，曾国藩另行将他的《自述》删改、誊抄了一份，然后上呈军机处，这份誊抄的文本后来由九如堂刊刻，即所谓的"九如堂本"。至于原稿的去向，世传曾国藩并未曾将它上交清政府，同时也不肯公开示人，而是私下扣留。曾国藩的后人对李秀成投降书严加保管，对外人一概保密。当几如堂的刻本问世后，人们就对其真实性提出了种种怀疑。

有些史学家从根本上认为，这份投降书是清政府为了夸大战果伪造的。如《太平天国革命亲历记》一文说："1852 年，在太平天国农民起义军占领南京以前，清政府官方就已经秘密捏造了一篇名为《天德供状》的文件，清政府为了让叛军们屈服，谎称他们俘获了李秀成这个领袖。《忠王自述》很可能也是靠不住的。这篇文件或为某个著名的俘虏所伪造 (他可能因此而得到赦免)，或者是两江总督曾国藩的狡猾幕僚所伪造。"

学者认为李秀成投降书根本就是别人伪造的，甚至李秀成被俘虏一事也可能是伪造出来的。因为湘军在同太平军交战时，常常有意夸大太平军数量，造成湘军以寡击众，有着屡战屡胜的辉煌战果，这一点已经在史学界得到让实。那么，湘军谎称生擒了太平军名将李秀成，以此来夸大战果，也不无可能。

1944 年，广西通志馆的吕集义来到湖南湘乡曾国藩的老家，在吕集义的百般请求下，曾家后人终于将藏在藏书楼中的投降书原稿拿出来给吕集义看，原稿中比之先前流行本还多了五千余字，之后根据这些文字和原来"九如堂本"的两万七千多字，最终出版了《忠王李秀成自述原稿校补本》。罗尔纲先生根据吕集义的校补本和照片进行了仔细的研究与对比，写出了著名的《忠王李秀成自传原稿笺证》。罗尔纲先生曾经一字一句、一笔一画地拿曾家后人出示的"原稿"，然后和李秀成亲笔的真迹进行了仔细的校核，还征求了笔迹鉴定专家的意见，最后断定"原稿"是真品。

第二个疑点，从内容上看，曾家后人出示的原稿十分详细。

这份投降书讲述了太平天国自金田首义到天京陷落的 14 年历史，若非历史的亲历者，绝对不可能这么详细地了解太平天国运动的每一个细节，这也是曾国藩无法捏造出来的。

罗尔纲先生指出，"原稿"的称谓大都遵循太平天国的制度，若非太平天国的将领，其他人不可能了解得这么清楚。曾国藩是大清帝国的核心大臣，他又怎么知道太平天国的详细细节呢？此外，书中还用到大量的李秀成家乡方言，曾国藩是地地道道的湖南人，这也是不可能伪造的。罗尔纲的这一观点几乎成为对李秀成评价的盖棺定论。但是随着曾氏后人所存"原稿"的出版，更多人看到了李秀成《自述》的全貌。

这份李秀成投降书并没有因为罗尔纲先生的定论而定型，在 1980 年前后，史学界再一次掀起为李秀成"正名"的大论战。

荣孟源曾经两次撰文断定，曾家后人出示的这份"原稿"并不是忠王李秀成的真迹，而是"曾国藩修改后重抄的冒牌货"。为此，荣孟源提出了自己的几个观点。

其一，根据其他史料记载，李秀成的自述一共写了 9 天，每一天若干页。

按照书写文章的常理，李秀成写的《自述》，全文应该分为八段才是。但是，今天所见的《李秀成自述》原稿全文连接自然，行文流畅，完全无任何间隔。何况，既然是每天各交一些，真迹就应该是散页或分装成9本，但是今本却是一本装订好的本子。由此可以推测，所谓的"原稿"显然是曾国藩派人将李秀成每天所写的内容汇抄在一起的。而且，很多材料的记载，李秀成《自述》写了五万余字，然而今天的"原稿"影印本却只有三万六千多字。显然，有一万余字被曾国藩撕毁。可是，在影印本中，页码标注得十分明显，首尾衔接一点也不突兀，完全不见删改后的样子，人为的痕迹十分明显，显然是删节后的抄本。

其二，李秀成的写作形式也存有很大的问题。太平天国有严格的书写规定，而"原稿"的影印本中出现多处"上帝"、"天王"等词。在中国古代史上，人们对待文字的避讳很严格。

清朝雍正时代，一个主考官的考题为"维民而止"，其中的"维止"二字怀疑是藏有将"雍正"砍头的意思，于是雍正将那位主考官满门抄斩。清末年间，慈禧太后十分喜爱听戏，有一个戏班子在京剧中唱道"我好比那羊儿入了虎口"，被慈禧大加惩罚，因为慈禧太后的生肖是羊，慈禧认为戏班子是希望自己"羊入虎口"。

从清朝时期对文字的避讳看，那些书写时候应该避讳的理念早已经深入人心，太平天国也有着自己的一套书写规定。但是在李秀成的《自述》中，一些该避讳的称呼、字迹，他毫不避讳，但不该避讳的时候却避讳了。如凡"清"字均不避讳，而不该避讳的"青"却写成了"菁"等。这些显然都是违背太平天国避讳制度的。这样的笔误在"原稿"中出现的次数很多，李秀成作为太平天国的高级将领，不应该多次犯这种低级错误。针对荣孟源的观点，陈旭麓曾提出反对意见。他认为，我们不可能设想当时的李秀成像后来的作家一样，为每天要写的章节提前做好安排。至于书写形式，李秀成作为一个成年人早就已经形成了通行的书写习惯，尽管他熟悉太平天国的书写格式疏忽犯讳，但格式不对并不奇怪。而且，这也不能排除李秀成是为了活命而刻意迎合清政府。

第三个疑点，陈旭麓说曾国藩作假也不合情理。

曾国藩若真要作假，应该在上报军机处和刊刻的时候就已经完成，何必造个假东西当作宝贝传之后代?曾氏后人又何必要将这个显然会招来众议的假东西公之于众? 而钱远熔认为，这个"原稿"不仅是李秀成的真迹，也并未有任何的缺少，曾国藩只是对原稿进行了删改。对钱远熔"完整无缺"的观点，罗尔纲先生不同意，他认为"原稿"虽是李秀成真迹，但是仍然有很多地方被曾国藩撕毁。

在国际上，很多研究中国太平天国历史的史学家，他们同样对李秀成投降书之真伪存在很多争议。1978 年，国际友人路易、艾黎对李秀成真假降书发表了自己的看法："曾国藩为自己做事肯定考虑得十分周到，他俘获了李秀成，那他怎么会不去充分利用李秀成来进一步达到自己的目的呢? 他先鼓励李秀成写下他本人的历史，详细地描述投降的过程，然后再让他的幕僚在同样的纸张上，以同样的文风添加上有害于太平天国事业的东西。之后，再显示他本人宽宏大量，同时对全部东西加以剪裁，杜撰出真实性很强的投降书。"

这位友人还表示："由于这封李秀成的自首书是经过篡改的，所以，曾国藩对它的完整显得异常的神经过敏。他曾命令自己的家属不能给其他人看。我在上海的时候，曾亲耳听见过他的孙子说过这件事。"

国际上很多学者对此也同样持反对意见，认为今天所见到的《李秀成自述》确实是李秀成亲笔写的。

李秀成作为太平天国后期的主要将领，曾屡屡痛击清军和帝国主义组织的洋枪队，对太平天国后期的政治、经济、军事都有过重大的历史影响。后世争论了许久的《李秀成自述》的真伪，也是评判李秀成功与过的最好证据。但是，目前史学界中，各种争论不休的意见比比皆是，看来在短时间内，忠王李秀成《自述》的真伪之谜，还是很难解开。

第四章　古代文化

华夏的由来

中国人为何被称为华夏子孙

　　"华夏"是古代中国中原地区各族的合称，也称"华夏民族"，因此，中国人也被称为"华夏子孙"、"华夏儿女"。那这个人人习以为常的名称究竟从何而来呢？为什么要称古代的中原为"华夏"呢？

　　对于此问题，学术界说法不一，莫衷一是，归纳起来，大致有以下几种说法。

　　第一种观点是，"华夏"一名是以文化高低来定的。文化高的民族称为"华"，文化高的周礼地区称为"夏"，将二者合起来，即"华夏"，就是"中国"。而"华夏"以外的文化低的地区和民族，就被称为"东夷"、"南蛮"、"西戎"、"北狄"。后来，随着"华夏"的不断壮大，便将所有接受华夏文化的民族都纳入了传统华夏族的范畴。这时，"华夏"就代表整个中华民族了。

　　第二种说法是，在远古时代，中华民族主要有华夏、东夷、南蛮三大族。后来，华夏集团的首领黄帝兼并并统一了其他集团，成为中华民族共同祭奠的先祖。所以，整个中华民族便都归属于华夏集团，"华夏"自然就成为中华民族古老的代表。

第三种说法认为，"华"即花，原来是我国中原地区仰韶文化的玫瑰花的一种标志，后来和燕山脚下的龙图腾标志的部族，共同形成中华文化的主体。而"夏"指的则是历史上第一个王朝夏朝的先祖。大约在春秋时代开始，我国古籍上将"华"与"夏"连用，合称"华夏"族。

第四种说法见于《左传·定公十年》，文中记载："（孔子曰）：'裔不谋夏，夷不乱华'。"疏："中国有礼义之大，故称夏；有服装之美，谓之华。华夏一也。"意思是说，穿着华服，讲究礼仪的民族，所以称为"华夏"是一种骄傲的自称，认为自己发达、富裕，讲礼仪；相对应的叫蛮夷，是对四周少数民族的蔑称，认为他们野蛮、落后。

第五种说法见于《书·武成》，文中记载："华夏蛮貊，罔不率俾。疏："夏，大也。故大国曰夏。华夏谓中国也。"

还有一种说法认为，"夏"应该来源于中国第一个王朝，夏朝的名字。而既然称"华夏"，而不称"夏华"，则说明"华"应早于"夏"。而在夏朝之前的古籍中，我们查到与"华"有关的就只有中华始祖伏羲的故土——华胥国。所以，"华夏"一名有可能就源于此。

究竟"华夏"之名是由何而来？目前，尚无统一定论。

至高无上的尊色

中国古人为何以黄色为尊

黄色在中国封建社会里是法定的尊色，象征着皇权、辉煌和崇高等。至今，黄色仍是古老中国的象征。汉语里与"黄"有关的词语也多与帝王、宫廷相关，如"黄屋"代指帝王乘的车，"黄榜"是指皇帝发布的文告，"黄门"是汉代为天子服务的官署。是什么原因使得中国古代统治者皆以黄色为尊呢？

在中国古代文化系统中，黄色并非一开始就是尊贵之色。西周、东周时期，据专门记载此时典章制度的书籍《礼记·月令》记载，天子"着青衣"。中国历史上第一个幅员广大、民族众多的封建统一国家秦朝建立后，秦始皇立即着手推行一系列加强中央集权的措施，如统一度量衡、刑律条令等，其中也包括衣冠服饰制度。不过，由于秦始皇当政时间太短，服饰制度仅属初创，还不完备，只在服装颜色上做了统一。秦始皇深受阴阳五行学说影响，根据水、火、木、金、土与黑、白、青、赤、黄分别相配的"五德"说，相信秦克周，应当是水克火，因为周朝是"火气胜金，色尚赤"，那么秦胜周就是水德，颜色应当崇尚黑色。这样，在秦朝，黑色就成为尊贵的颜色，衣饰也以黑色为时尚颜色了。

宋朝王懋在《野客丛书·禁用黄》中讲："唐高祖武德初，用隋制，天子常服黄袍，遂禁士庶不得服，而服黄有禁自此始。"这说明黄色成为皇帝的专用色始于隋朝，唐以后延续下来。隋朝文帝、炀帝已经着黄袍，但尚未明令禁止他人穿黄色衣服。到了唐高祖时期，才开始在芒、官百姓中禁穿黄色衣服，黄袍遂成为皇帝专用之服。《新唐书》卷二十四《车服志》说："至唐高祖，以赭黄袍、中带为常服，接着天子袍衫，稍用赤黄，遂禁臣民服。"同时还规定了其他官员的服色：三品以上为紫，四品五品为朱，六品七品为绿，八品九品为青。

为什么古人会把黄色视为尊贵之色呢？现在通常有以下几种看法。

第一，黄色人种说。刘师培在《古代以黄色为重》一文中认为，中国人称初祖为"黄帝"，华夏文化的发源地为"黄土高原"，中华民族的摇篮为"黄河"，炎黄子孙的肤色为"黄皮肤"，因此崇奉黄色，而"黄帝者犹言黄民所奉之帝王耳"，这就是以中国人的肤色为解。

第二，中和之色说。萧兵在《中·中庸·中和》一文中提出一种看法："黄色介于黑白赤橙之间，自然而然地成了中央之色。"班固在《白虎通义·号篇》中讲："黄色中和之色，自然之性，万世不易。"《通典》注云："黄者中和美色，黄承天德，最盛淳美，故以尊色为谥也。"这说明黄色在中国传统文化里居五色之中，自古以来就是代表大地的自然之色，这种色彩代表了"天德"之美，也就是"中和"之美，所以成为尊色。

第三，土地依恋说。有人从中华民族的农耕经济及其对土地的特殊眷恋这一点上来找原因。华夏民族自古以来就属于黄土文化，世代居于黄土高原，靠土地为生。土地的肥沃保证了庄稼的丰收和人畜的兴旺，因而人们对供给他们衣食住行的黄土大地有一种特别崇敬而依恋的感情，由此而对黄土之色产生一种景仰、崇尚的心理。

第四，文化核心区域说。按五行学说，东木西金北水南火土中央，五行对应五色，木为绿色，金为白色，水为黑色，火为红色，土为黄色。因此我国古代文化核心之一是炎黄民族自以为身居天地的中央，一切都以我为中心，一切以我为最佳，甚至连黄土之神黄帝也成了"中央之帝"或"中央之神"。《礼记·月令》和《吕氏春秋》里所反映出来的五行观念，也异口同声地说中央土，其色黄，其神黄帝。这种文化中心的观念，使得炎黄民族把自己居住的土地视为中央之土，把中央之土的颜色视为中央之色。黄色作为它的主元素，便理所当然地享有独尊的地位，以后愈演愈烈，最后竟成为帝王的垄断色了。

第五，地神崇拜说。自远古时代中国西北地区出现人类以来，在黄土高原和黄河这片黄色土地上，人类聚集而居，狩猎、采集、织布、农耕，生儿育女，不断繁衍，造就了中华民族上下五千年的历史起源，形成了一个黄色皮肤的民族，就连被冠以人类祖先的黄帝的名称也来源于黄土地。这种对"地神"的崇拜直接影响了后世统治者的观念，他们认为代表黄土高原和黄河的黄色是人类文明的起源，孕育了华夏文明，因此，黄色理所当然应当被视为最尊贵的颜色。

专属的称谓

皇帝为何自称"朕"

我们在看古装电视剧时，经常会听到皇帝称呼自己的时候不说"我"，而说"朕"。为什么皇帝要自称为"朕"呢？"朕"到底具有什么涵义呢？

我国最早的一部解释词义的专著《尔雅·释诂》说："朕，身也。"意思是说，"朕"就是"我"，是第一人称代词。另外，东汉蔡文姬的父亲蔡邕在《独断》中也说："朕，我也，古代尊卑共之，贵贱不嫌，则可同号之义也。"这说明"朕"在最初时，不分尊卑贵贱，是人人可用的，人人都可以自称为"朕"。在《尚书》中，尧、舜、汤都自称为"朕"，这说明皇帝用"朕"来称呼自己；战国时期的屈原在《离骚》中写道："朕皇考曰伯庸。"意思是我的父亲叫伯庸，这说明古时的普通人也可以用"朕"来自称。

据《史记·秦始皇本纪》记载：秦既灭六国，议君主称号，王绾、李斯等议："天子自称曰'朕'。"从记载中我们得知，秦始皇统一中国后，将"朕"作为皇帝的专用自称。秦朝之后的历代皇帝也沿袭了这种自称，直至最后一个封建王朝结束。

而关于"朕"这个字的涵义，自古以来也经过了几次演变。

在《尔雅·释诂》中"朕"是"我"的意思；在甲骨文中"朕"字的样子是弯腰作揖的谦恭模样，因此是自谦的一种称呼；而周代毛公鼎上的铭文中"朕"字左边还与甲骨文中"朕"字的左边相同，而右边却不再是躬身状，这表明，此时的"朕"字之意已经发生了变化，应作"躬身"之意。在《周礼·考工记·函人》中有一句话："视其朕，欲其直也。"函人指的是做铠甲的工匠，这句话中的"朕"是工匠依靠它取直皮革上的缝。清代文字训诂学家、经学家段玉裁在《说文解字注》说："朕"在舟部，应解作船缝。这句话表明，"朕"字刚开始的部首是"舟"，是用木板制船时取直船缝时的依据。有点像带弯曲的尺子，延伸意即是"行为表率"。

而《庄子·应帝王》中的"体尽无穷而游无朕"中的"朕"又作"踪迹"之意；马王堆帛书《老子·德经》里的"牝恒以静朕牡"中的"朕"字又是"克"的意思，表示一种能量。当"朕"字有了表率、能量之意后，平民便不能用"朕"来称呼自己了。

秦始皇统一中国后，李斯率众臣建议他用"朕"作为皇帝独有的自称，就是在强调"朕"的表率之意。也就是从那时起，"朕"再没有躬身为民的意思了，而是有了至高无上，全国统帅之意。

值得一提的是，普通情况下，"朕"是皇帝的专用自称，但是也有特例，据《后汉书·和殇帝纪》记载："皇太后诏曰：'今皇帝以幼年，茕茕在疚，朕且佐助听政。"在这里，皇太后就自称为"朕"。

而在现代社会，没有了尊卑贵贱之分，所以"朕"字不再是某一类人的自称代词了，而只是一个普通的字而已。

猜不透的规矩

古代为什么禁止同姓之间结婚

　　我国法律规定，"禁止与直系血亲或者三代以内的旁系血亲结婚"，这项规定是出于伦理的角度，也是为了避免双方结合后生出的孩子是畸形儿或残疾儿。而在我国古代，有一条更为严格的婚姻禁忌，即"同姓不婚"，也就是凡是同一姓氏的男女，不论两者有没有血缘关系，一律不准互相婚配。为什么没有血缘关系的同姓也不能结婚呢？中国的古代人是出于什么目的而规定这一条婚姻禁忌呢？

　　据《魏书·高祖纪》记载："夏殷不嫌一姓之婚，周制始绝同姓之娶。"由此可见，"同姓不婚"这一规定最早始于西周初期，是周民族实行族外婚时遗留下的规定。在古代，凡是违反这一规定者，不仅会受到舆论谴责，而且会受到法律的惩处。大唐律法规定：凡同姓为婚者判处两年牢刑，同姓又同宗者以奸淫罪论处。明、清律法也规定说：凡同姓为婚者各杖六十，并判处离异。

　　由此可以看出，"同姓结婚"是古人相当避讳和痛恨之事。那么，他们禁止"同姓结婚"的缘由究竟是什么呢？通过收集诸家之观点，归结出下列几种说法。

第一种说法，"同姓结婚"不利于繁衍或后代的健康。即禁止同姓结婚是为了防止不育，以及造成后代的畸形。由此可见，早在周朝时期，人们就已十分清楚近亲结婚的危害，所以便作了"同姓不婚"的规定。这一点可以从《左传·僖公二十年》中找出答案，书中记载："男女同姓，其生不蕃。""蕃"的意思就是繁盛、茂盛之意，也就是说，同姓人结婚，生出的孩子会不健康。在《左传·昭公元年》中也记载说，男子在娶妻妾之时，要先得知女方的姓氏，同姓者万万不可结婚，否则两人会不生育，或者生出残疾的孩子。另外，《国语·晋语》中也有相关记载："同姓不婚，恶不殖也。"意思就是，同姓者不婚的目的，就是为了避免婚后不育。

第二种说法，"同姓结婚"是破坏伦理纲常之举。据《礼记·大传》记载，"同姓不婚"是最根本的礼法，对维系人伦起到了非常重要的作用。在《通典》一书和《白虎通·嫁娶》中，更是将"同姓结婚"视为兽行，"耻与禽兽同也"。据此我们可以得知，在古人的观念里，同姓就是血亲，同姓结婚与至亲、嫡亲兄弟姐妹之间通婚都是有违伦理的行为。

第三种说法，认为"同姓结婚"会破坏古代宗法制度的严谨性。在母系氏族社会结束后，就形成了以男权为中心的父系氏族社会，人们将宗法制度看得非常重。这时候，即使有着同一祖先的后辈们也有着严格的尊卑贵贱等级，而等级的划分则是根据其与祖先血缘关系的亲疏来判定的。而同姓男女虽然血缘关系很远，但很可能拥有同一个祖先，如果两者结婚，很可能打乱同姓内部原来的嫡庶、长幼、亲疏、尊卑秩序，使得传统的尊卑顺序无法延续。

第四种说法，禁止同姓结婚是出于政治需要。有学者认为，周人规定"同姓不婚"有扩大异姓联姻的用意，依据是《礼记集说》中的记载，即，

"夏商以前，容娶同姓，周公佐武王得天下，取神农、黄帝、尧、舜、禹、汤之子孙，裂土封之，以为公侯，而使姬姓子孙与之婚姻，欲先代圣王子孙共飨天下之禄也，乃立不娶同姓之礼焉。"意思则是，周公辅佐武王将姬姓子孙与神农、黄帝、尧、舜、禹、汤的子孙联姻，意在使圣王的子孙共飨天下之荣禄。而事实上，天子与诸侯、诸侯与大夫以及士大夫之间互相联姻，构成了天子的家天下，对于天子的统治极为有利。而禁止同姓成婚，则可以在客观上促进与异姓之氏族的联姻，进而扩充了统治者的势力范围，对统一天下起到了积极的推进作用。

第五种说法，"异类相生"的迷信。这种观点源自《国语·晋语》，书中指出，同姓结婚，会引发天灾人祸，故应避免。很显然，这种说法在现在看来是荒诞的，没有科学依据的。

除了第五种观点之外，上述四种说法都有一定的道理，或许，我们的先人在几千年前就知道了近亲结婚的弊端，所以才提出"同姓不婚"的禁令。但是若真是如此的话，为什么古人不禁止表兄妹之间的通婚呢？由此来看，"同姓不婚"的规定出于维护伦理纲常的可能性要大些。已经过去了几千年，我们还真难猜出当时的人们究竟是出于怎样的考虑。

扫墓祭祖

清明扫墓的习俗是怎么来的

众所周知，清明是我国的二十四节气之一，时间是每年公历的四月五日。每逢清明，人们都会扫墓祭祖，这也是我国流传已久的习俗。然而，你了解清明节的由来吗？你知道清明扫墓的习俗是怎么来的吗？

当代学者普遍认为，清明扫墓的习俗是承袭寒食节的传统。寒食节在清明节的前一天，这一天，禁止生火，吃的都是生冷食物，然后祭奠先人，为其扫墓。因为寒食节与清明节紧紧相连，所以"大致到了唐代，寒食节与清明节合二为一"。（此说法源于《中国传统文化大观》）这也就是现在的清明节。而对于寒食节扫墓的习俗起源于何时这个问题，自宋代以来人们就一直争论不休。

清代学者赵翼在其所著的《陔余丛考》第三十卷中指出，宋人欧阳修说："五代礼坏，寒食野祭而焚纸钱。"意思就是说，五代时，人们会在寒食节那天祭祖，为故去的先人焚烧纸钱，这是礼制废弛的结果。这说明，赵翼或者欧阳修认为寒食节扫墓的习俗起源于五代时期。

后来，又有人提出，最晚在中唐时期，寒食节扫墓的习俗就已流行。此说法的根据是：唐宪宗元和七年 (812) 诏："常参官寒食拜墓……"；在《旧唐书·玄宗本纪》中也有"寒食上墓"的记载。另外，在《湖广志书》中也记载说："（寒食节）墓祭，自唐明皇（唐玄宗）始。"而且这种说法也被不少介绍清明扫墓的著述所沿袭。因此，很多人便以寒食节扫墓始于盛唐玄宗时作为定论。

但是，这种说法却遭到人们质疑，因为在《唐会要》卷二十三《寒食拜埽》一文中查出"唐玄宗开元二十年 (732) 宜许上墓"诏令的原文："寒食上墓，礼经无文，近世相传，浸以成俗……宜许上墓……仍编入礼典，永为常式。"从此句可表明寒食节扫墓是"近世相传"的风俗，而这道诏令只是将寒食节上墓的风俗"编入礼典"。由此可见，寒食节上墓的风俗早在唐玄宗之前就已存在。

还有人认为，寒食节扫墓源自上古时期人们在春分时祭祀高禖（管理婚姻和生育之神）的习俗。在原始的母系社会，高禖就是祖先，而祭祀高禖实则是在祭祀祖先。而寒食节原本的时间与后来的时间不同，是在二月的下半月，这个时间与上古时期祭祀高禖的时间相一致，所以唐玄宗将寒食节称为祀祖节。由此来看，寒食节扫墓的习俗应追溯至上古时期。

除了上述学者们提出的观点之外，在民间也有两种关于寒食节扫墓起源的传说。

第一种说法，寒食节扫墓起源于三国时期。由于诸葛亮治蜀有序，深得民心，但是在其离世后，朝廷却没有为他修建庙宇。于是，在寒食期间（一共三天，包括寒食节，以及寒食节的前两天）老百姓自发地在田野道路上祭拜。后来，朝廷也知道对诸葛亮的后事安排不妥，便正式将诸葛亮的庙宇与先帝刘备的庙宇建在了一起。但此时，寒食野祭的风俗已经形成，并逐渐演变为人们祭扫先人的坟墓。

第二种说法，寒食节扫墓的习俗与寒食节是在春秋时期形成的，它来源于历史上的一个代表人物——介子推。

据说，晋国公子重耳与介子推等人一起流亡到国外，饥寒交迫。介子推为了给重耳充饥，便割下自己大腿上的肉给他吃。后来，这一行人回国后，重耳做上了晋国的国王，也就是晋文公。他执政后，便赏赐了当年与他一同流亡的部下，却唯独没有赏赐介子推。介子推什么也没有说，只是作了一首《龙蛇之歌》，便隐居在了绵山。晋文公听过《龙蛇之歌》后才醒悟过来，便立即派人去绵山请介子推出山，但介子推死活就是不肯出山。晋文公无奈之下，便派人放火烧山，想借此逼介子推出山。可谁知，介子推却抱在一棵树上，活活被烧死了。

晋文公既难过又后悔，为了纪念介子推，便命令在介子推被烧死之日禁火，人们只吃寒冷的食物，这一天就是寒食节。渐渐地，这一天就演变成了人们祭祖扫墓的日子。

上述几种说法或源于史料文献，或源于民间传说，但这些观点的共同点都是清明节的扫墓习俗源于寒食节。而有些人却提出了更大胆的说法，认为清明节这一天本就有扫墓的习俗，根本不是由寒食节扫墓的习俗转化而来。

坚持此观点的人认为，清明节扫墓的习俗在汉代就已经形成了。在唐代的章怀太子所注的《后汉书》中，引用了应劭（东汉时期人）的《汉官仪》中的语句："秦始皇起寝于墓侧，汉因而不改，诸陵寝皆以晦、望、二十四气、三伏、社、腊及四时上饭其亲。"这句话指出，要在晦、望、二十四气等时间来给先人"上饭"，即祭祀先人。持此观点者认为，"二十四气"应当包括清明在内。因为早在西汉时期所著的《淮南子》中，"二十四气"就与现在的二十四节气完全一致了。所以说，汉代时，皇室就有清明节墓祭的习俗。

而在汉代以后，有很多人还在寒食节扫墓祭祀，这就说明清明节的墓祭习俗与寒食节的墓祭习俗没有关系。

不过，也有人提出了一个问题，假如说清明墓祭真的起源于汉代，那么，汉代的清明墓祭又是承袭什么传统呢？它不可能是凭空而来的。而对于此问题，现在还没有一个确切的答案。

问题多多，如果不把这些问题的细节一一辨析清楚，"清明扫墓之由来"这个问题将会一直寻不到谜底。

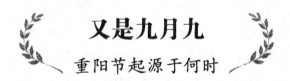

又是九月九

重阳节起源于何时

每年的农历九月初九是我国的重阳节，按《易经》的阴阳理论，有"六阴九阳"之说，九是阳数，是数的极致，所以二九就是重九，重九即为重阳。在民间，流行着在这一天登上高处、赏菊插茱萸等习俗，所以重阳节也叫"登高节"、"茱萸节"、"菊花节"等。另外，九月初九中的"九九"谐音为"久久"，有长久之意，故有些地方也会在这一天祭祖与举行敬老活动，所以重阳节又有"老人节"的别称。

重阳节是我国传统的节日之一，据说从很早很早起，古人就开始过重阳节了。而且古书中关于重阳节及其习俗的记载，自两晋就已经有了。但是，当问起它的起源，却很少有人能说清楚。当然，虽然很难说清楚，但古往今来的人们，还是给出过不少解释。

较早关于重阳节的传说，见于梁朝吴均的《续齐谐记》。文中说，东汉时，汝南有个叫桓景的人，他随费长房游学多年，某日，费长房对他说："今年九月初九，会有大灾降临你家。你赶快回家去，让你的家人缝制好小布口袋，将茱萸放于袋中，将口袋系于手臂上。然后登上高山，喝菊花酒。这样一来便可除凶化吉。"桓景听后，立即回家，并告诉家人一一照做。等天黑回家后，看到家里的牛、羊、鸡、狗都死掉了。费长房告诉他说："是它们代替你家人死了。"此事一传十，十传百。后来，每逢九月初九，人们便会登高、饮菊花酒，并带上茱萸香囊。由于此说在民间流传甚广，所以人们大都以为重阳节就是由此而来。

从上文的传说中，我们可以总结出来，这里所说的重阳节源于东汉时期，人们在重阳节登高、饮菊花酒、身插茱萸等行为的目的，是为了避免灾祸。至于古人在九月初九避灾的原因，有人认为这与九月初九时气候的变化有关，这时寒热交替，人很容易生病。晋周处在《风土记》中就阐述了这一观点，在九月九日这一天，茱萸"气烈成熟"，插茱萸可以抵御寒气，饮菊花酒可以驱除不祥之兆（因为在汉族的古俗中，菊花象征着长寿）。另外，登高既可以达到心旷神怡的目的，也可强身健体，远离疾病。

不过，据晋朝的葛洪所编著的《西京杂记》记载，重阳节在西汉时就出现了。文中说，汉高祖刘邦的宠妃戚夫人有个侍女名叫贾佩兰，她出宫后，曾对人说起宫廷中的趣事，"九月九日，佩茱萸，食蓬饵，饮菊花酒，云令人长寿。"于是，民间为了祈求长寿，也都学起了宫中的规矩，每逢九月初九，便佩茱萸，饮菊花酒。由此可知，重阳节早在西汉时期就已出现，而且是为了祈求长寿，而非避灾免祸，只是当时只有"佩茱萸、食蓬饵，饮菊花酒"的习俗，而没有登高之说。

为什么人们要在九月初九这一天祈求长寿呢？有人解释说，"九"代表阳，两"九"重合，则意味着"极阳"，代表更有力、更兴旺。这一天是个难得的吉日，所以人们会在这一天祈求长寿。魏文帝曹丕也在《与钟繇九日送菊书》中表达了这样的观点，原文是："……九月九日，九为阳数，而日月并应……宜于长久……辅体延年。"

除了上述两种观点外，还有人提出了一种新观点，认为重阳节俗的原型之一是远古时祭祀"大火"星宿的仪式。作为古人判断季节变换重要标志的"大火"星，在九月隐退。"大火"星的隐退不仅使古人失去了时间的坐标，同时也令古人十分恐惧。因此，古人便会在此时举行送"大火"星的祭祀仪式，就像"大火"星出现时他们必做迎"火"仪式那样。在以前，我国的江南地区就有重阳节用赤豆饭祀灶的习俗，灶神是火神，用赤豆饭祭灶实则也是祭"火"。此处的祭"火"行为或许就是古代九月祭祀"大火"的延续。

重阳节已有2000多年的历史，不管其间经历了多少次寓意的转变，但是人们在这一天所表达的愿望总是最美好的企盼，这一点是亘古不变的。只是我们在表达美好愿望的同时，只能一直猜测着重阳节起源之谜了。

正月十五观花灯

元宵灯节源于何时

　　每年农历的正月十五夜，是我国民间的传统节日——元宵节，也叫元夕、元夜，由于这是新年的第一个月圆夜，所以元宵节又称上元节。在这一晚有观灯的习俗，故此节又叫"灯节"。现在的元宵节，人们一般会放烟花，而在过去，不管是城里还是乡间，人们都会制灯玩赏，观花灯，猜灯谜，到处张灯结彩，盛况空前。直至今天，仍然有某些地方有元宵放灯、观灯的民俗。尽管人们是如此喜欢元宵灯节，但对于它的起源却很难断定，对于此问题，学术界也是议论纷纷，无一定论。

　　第一种说法，元宵灯节源于汉代。

　　在唐玄宗命令徐坚为太子所编纂的《初学记》中记载有："《史记·乐书》曰汉家祀太一，以昏时祀至明，今人正月望日夜游观灯是其遗事。"意思是说：当时人们在正月的"望日"（每月的十五或十六），从黄昏开始到天亮都要"夜游观灯"是汉家的"遗事"。《灯节小史》的作者也认为，元宵灯节是形成于汉初时期的一种特殊仪式，并非娱乐活动。

在"源于汉代"的说法中，又有几种不同的版本。

罗启荣、欧仁煊在 1983 年 9 月出版的《中国年节》中发表观点说，由于汉文帝是在周勃戡平"诸吕之乱"后才登上皇位的，而戡平之日正好是正月十五，所以在汉文帝登基后，每年的正月十五夜晚，他都会出宫与民同乐。"夜"在古时又称"宵"，于是，汉文帝便将正月十五这一天定为元宵节。不过，此时尚未有放灯的习俗。到了汉明帝永平十年 (67)，印度佛法传入大汉，为了提倡佛教，汉明帝便命令官员百姓在元宵节点灯，以示对佛教的尊敬。从此后，元宵节放灯的习俗便被一直沿袭。

在民间传说中，说元宵灯节源自汉武帝时期。相传，当时的宫女在过完大年之后，更是思念家园，但是宫规严格，不能外出与家人相见。东方朔在得知这一情况后，很是同情这些宫女们，于是，他便想尽办法去满足这些宫女们的心愿。足智多谋的东方朔找来一些亲信，让他们到处散布谣言，说火神君将要派人火烧长安城。这一消息很快便传遍城里的大街小巷，当然也包括皇宫。老百姓和宫中之人听说这一消息后，全都吓得紧张兮兮，人心惶惶。汉武帝自然也听说了此事，正当他为此事忧虑之时，东方朔又向武帝献计，说："正月十五晚上，让宫廷内人员一律外出避难，在城内的大街小巷，家家户户的庭院屋门都挂上红灯，天上的火神看到全城红红火火的一片，定会认为这是大火在烧长安城，他便不会再烧城了。"武帝听后，立即照做了，宫女们便在元宵节这一天与家人相会了。从此，每逢正月十五元宵节，民间都会放灯。

第二种说法，元宵灯节形成于唐代。明藏书家朗瑛在《七修类稿》中说："元宵放灯，起唐开元之间……从十四至十六夜，后增至五夜。"文中指出，元宵放灯的习俗源自唐玄宗在位时。而林达祖虽然也认为元宵灯节形成于唐朝，但是不是在唐玄宗时期，而是在唐玄宗的父亲唐睿宗时期就已盛行。其依据是《旧唐书》中有关睿宗记载的一句话："景龙四年，上元夜帝与皇后微服看灯，因幸中书令萧至忠之第。至丁卯夜又微行看灯。"

第三种说法，元宵节源于释道的宗教活动。《西域记》曰："摩竭陀国，正月十五日，僧徒俗众云集，观佛舍利放光雨花。"而《岁时杂记》记载说，这种在正月十五"观佛舍利放光雨花"的习俗沿袭的是道教陈规，道教中的正月十五不叫元宵节，而称为"上元节"。

第四种说法，元宵节源于隋朝。传说，隋炀帝色迷心窍，竟然非要娶自己的妹妹为妻。其妹妹在无计可施的情况下，便答应嫁给他，但是前提条件是：正月十五这一晚，只要出现繁星满地的奇迹。隋炀帝也知道这是妹妹在给自己出难题，但他还是想尽办法来破解此难题。他下令，在正月十五这天的晚上，京城周围的百姓每家每户都要燃起灯火，违令者斩立决。百姓们不知皇帝为什么要下此命令，但是为了活命，便都一一照做。所以在正月十五的夜晚，妹妹登上高楼，看见了满地灯火，她误以为这是繁星落地，便投河自尽了。为了纪念这位不甘凌辱的女子，每逢正月十五，民间百姓都会燃起灯火。由于这只有传说，没有史料依据，故此说法并不被学术界所接受。

第五种说法，元宵灯会源于民间的"放哨火"等农事习惯。每年正月十五左右，农民便开始为春耕做准备，某些地区的农民为了除掉虫害，便会在这天晚上到田地里将枯枝杂草拢在一起，然后放火燃烧。因此，有人认为，灯火即源于这些为除害虫而放的火。

第六种说法，元宵灯节最早起源于原始人对火的崇拜。此说见于1985年第1期的《民间文学论坛》所载的《灯节的起源与发展》一文，文中指出，自从人类使用火之后，一些野兽动物便对火敬而远之，原始人便将火看作是一种神秘之物，以为火能驱赶走一切妖魔鬼怪。后来，便逐渐形成了一种持火驱鬼的习俗活动——傩。持此观点者认为，元宵灯节可追溯至久远的上古时代。

关于元宵灯节的起源，民间还有许多传说，学术界人士给出的说法也众说纷纭。目前较被公众认可的是"元宵节起源于汉代之说"，但是事情的真相是否如此，我们就不得而知了。

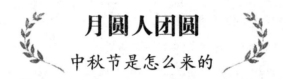

月圆人团圆

中秋节是怎么来的

农历八月十五是我国的传统节日——中秋节。其实，中秋原本叫"仲秋"，因为八月是秋季的第二个月，古时称为"仲秋"，后来，民间慢慢地就流传起了"中秋"一名。在中秋之夜，民间有家人团聚，一起赏明月、吃月饼、赏桂花、猜灯谜等多种习俗。

那么，人们为什么要定这个节日呢？也就是说，中秋节是怎么来的呢？经史料查证共找出了以下几种说法。

据唐代的《开元遗事》记载："中秋夕，唐明皇与杨贵妃临太液池望月。"后来，民间也开始效仿唐明皇，渐渐地，便有了中秋赏月的习俗。因此，有人就提出了中秋节赏月是从唐明皇开始的。

明代的凌蒙初根据此记载写成了通俗小说《唐明皇好道集奇人》，并将此文编入《初刻拍案惊奇》，他在文中将"唐明皇游月宫"作了神话描写，说唐明皇在月宫看见了"广寒清虚之府"的金字匾额，而且著名的《霓裳羽衣曲》也是从月宫的仙女那里学来的。另外，清代的程允升在其编纂的《幼学琼林》中，也有"中秋月朗，明皇亲游于月殿"的说辞，由于此书是幼儿启蒙读物，所以在民间影响极大，很多人都认为中秋节起源于唐明皇游月宫的传说。

此说虽然在民间流传甚广，但也引来了一些研究学者们的质疑。其中，明代学问家郎瑛就是反对者之一。他认为，"唐明皇游月宫"只是传说，不足为信，或许这只是一些宫里的人在以讹传讹，或许是某些民间艺人的杜撰。究竟此说是真是假，还有待查证。

另外一种说法跟"嫦娥服用不死之药"有关，但是有几种不同版本，这几种版本的不同之处就在于嫦娥因何服用长生不老之药。

据战国末年成书的《归藏》记载，嫦娥因为服用了西王母不死之药，奔月成了月宫仙子。而汉朝刘安在《淮南子·览冥篇》中记述，后羿（嫦娥之夫）在西王母那里求得了不死之药，嫦娥偷吃后奔上了月亮。另外，张衡所著的《灵宪》一书中，说是嫦娥偷吃了丈夫后羿的不死药后，飞到月亮后变成了蟾蜍。这些说法好像都是在贬低嫦娥。

在六朝后，人们对于嫦娥奔月的态度发生了转变，对她登上月亮后的孤苦伶仃表示深深的同情。这一点在李白的《把酒问月》一诗中就能体现出来，诗曰："白兔捣药秋复春，姮娥孤栖与谁邻?"另外，李商隐在诗中也写道："嫦娥应悔偷灵药，碧海青天夜夜心。"意在说明嫦娥有思凡归乡之意。

到宋代之后，人们不仅对嫦娥表示同情，而且赞誉嫦娥是一位美丽、聪明的贤淑女子。于是，人们便在一年中月亮最圆之时（中秋夜）向月亮祈祷，期盼嫦娥回归人间。此时，赏月就变成了祭月，而且中秋也被定为节日。人们对嫦娥的赞赏可以从《新编醉翁谈录》中找到依据，文中说，中秋之夜，人们对着月亮神焚香参拜，男子希望高攀仙桂，女子希望貌似嫦娥。

　　还有一种说法将中秋与"时令节气"联系在了一起。有人考证，早在春秋末年的《周礼》中就出现了"中秋"一词，即："中秋夜，迎寒亦如云。"同时《礼记》中也有"天子……秋夕月"的记载，"夕月"即是拜月，此句的意思是帝王在中秋祭月。到了魏晋，以及后来的唐朝时，民间开始普及赏月。到了宋代，中秋节成为全国上下热闹的节日。民国时期，中秋就成了"秋节"。真可谓久盛不衰，深入人心。持此说法者认为，"唐明皇游月宫"、"嫦娥奔月"等说辞，只是人们在赏月时遐想而编造的神话。

　　关于中秋节起源的说法如此种种，至今也不知孰是孰非。而且，除了中秋节的起源尚无定论之外，与中秋节密切相关的月饼的起源，在历史上也有不同的说法。

　　最早见到的与中秋月饼有关的史料文献是北宋苏东坡的一句"小饼如嚼月，中有酥和饴"，诗人描述了中秋节吃月饼的意境。但是我国民间流传的月饼起源的时间却是在元朝末年。据说，当时官府腐败，民不聊生。在某一年的中秋节的前几天，张士诚暗中派人将写有"杀鞑子、灭元朝；八月十五，家家齐动手"的纸条藏在小圆饼内挨家挨户地传送。到了中秋之夜，家家户户都吃圆饼，举行起义，终于推翻了元朝的腐败统治者。自此后，人们为了纪念张士诚，每年都会吃圆饼。而圆饼和圆月都是圆形，所以后来的人们便为圆饼起名为"月饼"，而"圆"也表达家家团圆的良好愿望。

　　说法不同，但各有依据，使得中秋节的起源之谜更加扑朔迷离。

处处都端阳

端午节的由来

　　"粽子香，香厨房。艾叶香，香满堂。桃枝插在大门上，出门一望麦儿黄。这儿端阳，那儿端阳，处处都端阳。"这首民谣描写的就是端午节的情景。端午节是我国汉族人民最重要的传统节日之一，人们在这一天会举办各种各样的活动来庆贺，比如包粽子、挂艾叶、赛龙舟等，真是好不热闹。

　　但是在玩乐之余，你有没有想过端午节的来历是什么呢？对于此问题，历来就争议颇多，归纳起来，可以将端午节的来历分为以下几种说法。

　　说法一，纪念说。纪念说中包括"纪念屈原说"、"纪念伍子胥说"、"纪念曹娥说"、"纪念勾践说"四种。

　　"纪念屈原说"是人们普遍认同的说法，影响也最为广泛。据史料记载，屈原是春秋战国时期楚国的大臣。他忠君爱国，一心想振兴自己的国家。当时楚国战败，楚怀王被关押在秦国长达一年多，最后客死异乡。屈原气愤之余，向楚顷襄王进谏，要他亲贤臣远小人，使楚国富国强兵，联合齐国抗击秦国。但是他此举却遭到尹子兰和靳尚等奸臣的仇视，他们在楚顷襄王面前散播谣言，说尽屈原的坏话。而不明是非的楚顷襄王听信了这些谣传，将屈原流放到湘南一带。屈原在流放中，写下了《离骚》、《天问》等不朽诗篇，最后深感自己在有生之年再难救国救民了，五月初五日他写下了绝笔之作《怀沙》后，便抱着石头投汨罗江自尽了。屈原死后，楚国人民哀痛至极，到江边打捞他的尸体，但却怎么也捞不到。为了不让水中的鱼虾吃掉屈原的尸体，人们便在江上划龙舟、敲锣打鼓，想借此吓走鱼虾；还用苇叶包上米饭做成粽子，投入江中喂给鱼虾吃，希望它们吃饱后不再吃屈原的尸体。以后每年的五月初五，人们便用吃粽子、赛龙舟、敲锣打鼓等形式来纪念屈原。

"纪念伍子胥说"是江浙一带流传甚广的端午节来历的传说。春秋时期的伍子胥是楚国人，其父亲和兄长都被楚平王杀害。为了活命，也为了报仇，伍子胥便投奔了吴国，助吴伐楚，攻破楚都后，伍子胥还掘了楚平王之墓，鞭尸三百，以报父兄之仇。后来，吴国的夫差即位后，吴国与越国交战，越国大败。这时，越王勾践请求和解，夫差便应允了。伍子胥为此很是气愤，强烈要求夫差一举除掉越国，但是夫差不仅不听取他的意见，反而听信了受了越国贿赂的吴国宰相的片面之词。于是，夫差便赐死了伍子胥。他死前，曾对家人说："我死后，请将我的眼睛挖出来，挂在吴国京城的东门之上，我要亲眼看着越国入城灭掉吴国。"夫差知道此事后，便命人将伍子胥的尸体装在皮制的袋子里于五月初五投入江中。相传，五月初五的端午节是后人为纪念忠臣良将伍子胥而设定的。

"纪念曹娥说"是说，端午节是为了纪念为救父而投江的东汉孝女曹娥。曹娥是东汉上虞人，因为自己的父亲溺水后迟迟寻不见尸体，年仅 14 岁的曹娥昼夜沿着江边痛哭。17 天后，即五月初五这一天也投江，不承想却在五日之后抱出了父亲的尸体。在今浙江绍兴，还立有"孝女曹娥之墓"。持此说者认为，端午节是为了纪念曹娥的孝节所设定的。

"纪念勾践说"很少被人所知，也是流传在浙江一带。有人说，端午节的赛龙舟活动，就是为了纪念越王勾践操练水师、打败吴国所设。

　　"纪念黄巢起义说"也鲜为人知。此说也源于一个故事。在唐僖宗在位时，黄巢领兵造反，官府造谣说起义军杀人无数，血流成河。老百姓为了躲避灾难，四处逃亡。有一年五月，黄巢率领的军队攻入河南邓州，黄巢在邓州城外勘察地形时，见一个中年妇女背着大包小包赶路，一手搀扶着老婆婆，一手还拉着一个孩子，一副落魄紧张的模样。黄巢自觉奇怪，便上前去探听缘由。这个妇人就告诉他黄巢军队杀人无数的传闻，并劝他也赶紧逃命。黄巢听后，心里为之一动，然后对她说："你不用逃难了，回家吧！回家后只需将菖蒲和艾草插在门上，起义军就不会伤害你了。"这个妇人信了黄巢的话，回到家后便将此消息告诉了街坊四邻，一传十、十传百，家家户户门前都插上了菖蒲和艾草。五月初五那天，黄巢带领军队攻城后果真没有伤害那些百姓。人们为了纪念此事，也为了保佑自家平安，每逢五月初五端午节这一天便会在门前插上菖蒲和艾草。

　　说法二，习俗说。此说有"源于浴兰节说"和"恶月恶日驱避说"两种。

　　"源于浴兰节说"见于南朝梁人宗懔的《荆楚岁时记》，书中记载："五月五日谓之浴兰节。"另外，在古时候，人们在五月采摘兰草，盛行用兰草汤沐浴，用以除去身上的毒气，此风俗一直流传至唐宋时期。所以，持此说者认为现在的端午节就是古时候的"浴兰节"，而现在有些地方确实称端午节为浴兰节。

　　持"恶月恶日驱避说"的人认为端午节源于对恶日的禁忌。在汉代时，人们认为五月初五是不吉利的日子，而且说在五月初五出生的孩子都不能抚养成人，如果将其抚养长大的话，那么，在这一天出生的男孩会妨害父亲，女孩则会妨害母亲。这种说法在东汉的《风俗通义》中都有记载，即"五月五日生子，男害父，女害母"；另外，在《史记》中还有关于这方面的例子，说孟尝君田文就出生于五月初五这一天，他的父亲认为这孩子不祥，便让其母将他扔在荒山野地。除了人出生在五月被汉代人认为不吉利之外，就连盖房、上任等事人们也都避讳在五月进行，因此就有了"五月盖屋，令人头秃""五月到官，至免不迁"的说法。所以，人们为了除瘟、辟邪，求吉祥，便在五月初五这天举行许多相关的文化活动，比如在端午节插菖蒲艾叶，就是为了驱鬼的；薰苍术白芷和喝雄黄酒是为了避疫的等等。

说法三，学者诸说。此说主要有"龙的节日说"和"夏至说"。

"龙的节日说"是闻一多先生所倡导的。他在《端午考》、《端午的历史教育》中写道，端午节的竞渡和吃粽子活动，都与龙有关。另外，他还提出，竞渡与古代吴越两国的关系很深，并说，当时吴越两国的百姓有断发纹身"以像龙子"的习俗，而端午节是吴越两国举行图腾崇拜的节日，是"龙的节日"。

黄石先生是"夏至说"的首倡者，1963年，他在《端午礼俗史》一书中提出，端午节起源于远古时代，三代汇为川流，秦汉扩为河，唐宋纳百川而成湖海。在黄石先生提出"夏至说"20年后，刘德谦先生在《端午始源又一说》中提出，端午来自夏、商、周时期的夏至，端午节的"斗百草"、"采杂药"等与屈原无关。2006年12月，何星亮先生在韩国首尔举办的国际学术会上，又提出"端午节即夏至"的说法。"夏至说"的提出，令许多人耳目一新，还有不少人表示赞同。不过，有人对黄石先生的"端午节出现于三代"的说法表示质疑，因为在三代时期的甲骨文和金文中只有春、秋两字，而没有夏至的概念，而且在其他三代时期的资料中也尚未发现有关夏至的记载。在战国时期，夏至才开始被当作节气，在汉武帝时代趋于完善，并于汉武帝太初元年（公元前104年），首次将夏至作为二十四节气之一编入太初历中，推行至全国。也就是从此时起，夏至才有了"合法地位"。所以，黄石先生的观点还有待考证。

关于端午节来历的说法确实不少，而这众多的说法中究竟哪一种才是端午节真正的来历呢？由于这种种说法都没有压倒性的证据，所以，端午节的来历之谜还将继续受到人们的关注和争议。

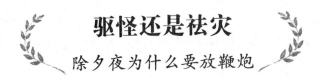

驱怪还是祛灾
除夕夜为什么要放鞭炮

自古以来，除夕夜放鞭炮就是中国人过春节的一种习俗。然而，却很少有人说清楚原因。民间主要流传着以下几种说法。

一是"驱赶怪兽"之说。此说主要有两种不同版本的传说：

传说一：相传，在远古时代，在深海里生活着一种名叫"年"的怪兽，它长得獠牙利爪，无恶不作。每逢除夕夜，"年"就会从海里出来，到村子里践踏房屋，而且见人就吃，使百姓们团圆的节日变成"家破人亡"的悲剧。为了躲避它，人们只好在除夕的夜晚将家里的老人、孩子和女人们送到深山里避难，家里只留下青壮年男子守护庄园。人们就这样战战兢兢地过了许多年，而村里的男青年也被"年"吃掉不少。

又是一年的大年三十，人们正慌张地收拾干粮包裹准备逃往深山，一个白发老人突然出现在一个农户家门口要水喝。这家农户让他喝过水后，告诉他"年"的事，并让他赶紧和村里人一起逃往深山。可谁知，老人听了农户的话后，不但没有害怕，反而微笑着对农户说："没事的，我可以赶走那个怪兽!"农户以为这个老人脑子有问题，便拉扯着老人往山上跑，但老人却挣脱他的拉扯，只身来到一个破院子里，关上了门。

天渐渐黑了下来，村里的老人、孩子和女人们都逃到山上去了，村子里只留下老人和几个壮年男子。半夜，"年"在村里出现了，虽然它看不见道路，但凭借自己敏锐的嗅觉朝壮年男子们所在的地方走去。壮年男子们听着"年"深深的呼吸声和沉重的脚步声，吓得大气都不敢出。而正在此时，老人所在的破院子里突然变得明亮起来，"年"立即转身扑向那里。当它跑进院子，迎接它的是一团大火和"啪啪"的爆响声。"年"被这巨响声和强烈的火光吓得掉头就跑，而且还发出"嗷嗷"的痛叫声。

听到"年"的"嗷嗷"叫声消失了，壮年男子们才敢走出家门。当他们跑到破院子后，正好看见老人身着红袍飞到了半空，大笑着消失在了夜空，而破屋的门上贴着红纸，院子里还有一堆正在燃烧的"啪啪"作响的竹子。第二天，这件事就传遍了整个村子。后来，老人托梦给那个农户，说自己是天上的紫微星，他下凡到人间就是为了拯救人们，消灭"年"的，现在，"年"已经被他用粗铁链锁住了。人们得知此消息后，自然万分高兴。

为了庆祝除掉"年"这个怪兽，也为了感谢紫微星老人，每逢除夕之夜，家家户户都会贴红纸、穿红袍、燃放爆竹。

传说二：据说，古时候，有一只四角四足的恶兽——夕，因为冬天缺少食物，它经常到附近的村庄里去找吃的。每次进村，它都会给村民带来一场大灾难，而且经常会吃人。所以，每年的腊月底，人们都会到附近的竹林里躲避一阵子。

有一年的腊月，村民们又急急忙忙往竹林里跑，而就在逃往山里的途中遇到一个七八岁的孩子因饥饿倒在路旁。有位老奶奶喂了孩子食物和水，孩子醒了之后，老奶奶便拉着孩子一起去了竹林。寒冬腊月，寒气逼人，大家便聚在一起烧火取暖。这时，这个孩子就问大家："竹林离村子那么近，夕会不会到这里来呢？"有位老人告诉他说："我小的时候就同家人和乡亲们在这竹林里躲避过'夕'，这个恶兽也曾追来过，但是奇怪的是，它每次看到我们就掉头跑了。"

这个孩子听完老人的话后，跟大家说："我有一个办法能除掉'夕'，以后大家就不用在大冬天跑到竹林里来逃难了。你们多砍一些竹节带回家，然后在家门前挂一块红布。如果'夕'来了，你们就赶紧往火里扔竹节。现在，你们就可以回家了！"

很多人都不相信，只有少数几个人随孩子一起回了家，并按照孩子的说法照做了：先生好火，再在门前挂一块红布。子夜时分，一声巨吼响彻山谷，"夕"来了，大家吓得缩成一团。这时，这个孩子让大家赶快将竹节扔进火里。由于竹节是潮湿的，所以一遇到火，便纷纷爆裂，噼里啪啦地响了起来！一听见这声响，再看到住户门前挂的红布条，"夕"吓得掉头鼠窜。

原来，"夕"害怕竹节爆裂时发出的声音和住户家门前挂的红布条。但是因为"夕"并没有被除掉，为了防止"夕"再来，所以每年的腊月三十，大家都会烧竹节，在门前挂红布条，渐渐地就演变成了现在的放鞭炮、贴对联。因为后来"夕"再也没有出现，所以腊月三十这一天就被人们叫"除夕"。

二是"避邪祛灾"之说。

西汉东方朔在其所著的《神异经·西荒经》中讲了一则故事。在一座深山里，有一种个子矮小、面目狰狞、长相似人的鬼魅，它常常在河里捕食鱼虾。当它看到有人在山里露宿时，就会趁人们熟睡之际，用火来取暖并烤食鱼虾吃，有时候还会偷人的盐。人们见到这个鬼魅后，就想抓住它，但是它跑得飞快，人们追不上。后来，人们根据它的叫声给它取名叫"山臊"。一次，一个猎人在山间焚烧竹子来取暖，山臊正好从此经过，它听到燃烧竹子发出的巨大爆炸声，吓得急忙逃走了。后来，民间便流传，燃烧竹子的声响有避邪祛灾的功能。

所以，持此说者推测，在以后每一年辞旧迎新的除夕夜，人们便会烧竹子，久而久之，就演变成了除夕之夜放鞭炮，用来避邪祛灾。

另外，持此说者又提供了一个论据。在《荆楚岁时记》中记载说："正月一日……先于庭前爆竹以辟山魈恶鬼。"从这句话可以看出，爆竹在古代是用以驱邪避鬼的工具。

除了这两种"避兽"、"驱邪"的说法之外，还有一种比较科学的看法。

在初唐时期，由于战乱四起，死人过多，造成民间瘟疫横行。有个名叫李田的人为了使家人平安，便想到用烧火放烟的方法来为家人祛病。于是，他将硝石装入竹筒里点燃，结果发出巨大的声响，同时还产生了强烈的浓烟。误打误撞，他们全家都没有生病。人们听闻此事后，纷纷效仿李田的做法，结果真的驱散了病毒，制止了瘟疫。有人说，这就是爆竹的最早雏形。

后来，道家之人为了炼丹，将硝石、硫磺和木炭按一定比例混合，做成了火药，人们将火药装入竹筒内点燃，便出现了"爆仗"。等到宋代普及纸的使用后，人们便用纸筒和细麻绳裹住火药，编成长长的一串，做成"编炮"。因为燃放"编炮"的声音像抽鞭子的声音，所以也叫"鞭炮"。

因此，在除夕之夜时，人们为了祛灾，便会燃放鞭炮。渐渐地，鞭炮的功能也由祛灾演变为节日的热闹和喜庆，成了老百姓庆贺新禧的工具。

究竟人们在除夕夜燃放鞭炮的初衷是什么呢？这么多的说法究竟哪一种是事实呢？虽然到现在这个谜团还未有确切的答案，但是我们可以肯定的是，在除夕夜放鞭炮反映的是人们企盼平安吉祥和健康的美好愿望。

门神信仰

中国有多少种门神

门神是我国民间极为流行的家庭守护神。每逢春节，家家户户都有贴门神的习俗。门神的信仰起源甚早，内容也几经变化。门神的演变不仅仅反映了社会习俗的变化，也是人们观念更新和演化的反映。在不同时期，门神会以不同的形象出现，既有被神化了的门神，有武士类的门神，也有鬼神类的门神。那么，门神到底经历了哪些演化过程呢？

门神崇拜

门神起源于何时已无从考证。目前可考的关于门神的记录在春秋时代，那时人们就在住房门上装饰怪兽神鸟，称"铺首"。这可以看作是原始门神观念的遗存。这时，祭门神已被列为"五祀"（古代五种祭礼）之一，在官方及民间都受到广泛崇拜和祭祀。但早期的门神信仰因为带有原始的泛神崇拜的性质，还不具备后世民间所奉祀的门神的形态，所以只能算是门神崇拜的萌芽。

大约从汉代开始，门神被赋予了具体的形象和姓氏，其中最著名的当数神荼、郁垒。在南阳汉画像石墓墓门上，就绘有神荼、郁垒的形象。可见，把神荼、郁垒作为门神在汉代已相当流行。汉代普遍流行鬼神信仰，将神荼、郁垒二神奉为门神，反映了当时人们对鬼极为畏惧的心理。由于自身无法将鬼驱逐，于是就想借助于神力，把具有捉鬼本领的神荼、郁垒贴于门上，作为保护神，以驱鬼避邪，便是再自然不过的事了。

武士门神

到了唐代，大将秦叔宝和尉迟敬德被奉为门神，门神的内容又发生了变化。那么武士是何时成为门神的呢？秦叔宝和尉迟敬德是最早的武士门神吗？

其实武士作为门神画像，汉代即已有之。据《汉书·景十三王传》记载，广川王刘去在殿门上画古勇士成庆像。在洛阳出土的北魏宁懋石室的门神画上，也可以看到身披金甲、高大魁梧的武士形象。但总体说来，唐代以前以武士作为门神，还只是个别现象，并不十分普遍。到了唐代，以武士作为门神像才逐渐普遍化。

传说唐太宗因发动玄武门政变杀了哥哥建成和四弟李元吉，继而登上了皇帝宝座，因此他心中有鬼。有一段时间，睡觉时常听到卧房外抛砖掷瓦，鬼魅呼叫，弄得太宗整日心神不安。他将此事告之身边的大臣，大将秦叔宝说："臣戎马一生，杀敌如切瓜，收尸犹聚蚁，何惧鬼魅？臣愿同敬德披坚执锐，把守宫门。"

唐太宗当即欣然同意，当夜果然无事。自此以后，二位将军便夜夜守在太宗的寝室门外。后来，太宗觉得二人长期夜夜守卫太辛苦，终非长久之计，于是便命画工绘制二人如往常守夜的全身像，悬挂在门口，鬼魅从此便绝迹了。

上行下效，以尉迟敬德、秦叔宝作为门神的事情很快便传到民间，民间也纷纷效仿，并一直沿袭至今。后来，借《三国演义》而在民间家喻户晓的张飞、赵云也被奉为门神。

"尊鬼为神"的门神

唐代不仅武士门神普遍出现，而且到了后来也有了尊鬼为门神的现象。门神本是驱鬼避邪的，却为何出现尊鬼为门神的现象？

传说唐明皇曾患恶性疟疾，某日昏睡中，梦见小鬼偷走了爱妃杨玉环的紫香囊及自己的玉笛，他又气又恼，正欲命武士捉拿小鬼，忽见一大鬼戴顶破帽，身穿绿袍子，腰里扎关角带，径直赶过去捉住小鬼，用指头抠出小鬼眼睛，一口吃掉。明皇问他是谁，他说："臣是终南山进士钟馗，因多次应试不举，在大殿台阶撞死，陛下恩宠赐我一绿袍安葬。臣愿为陛下除尽天下妖孽。"

唐明皇醒来，病居然痊愈。于是他让当时著名画家吴道子按梦中所见画出了《钟馗捉鬼图》，并"批告天下，于岁春图钟馗像，以驱邪魅"。到了宋代，钟馗作为门神已非常普遍。

在人们传统的观念中，神是真、善、美的化身，而鬼则是假、恶、丑的化身，其形象往往青面獠牙极端丑陋。尊鬼为门神说明人们观念的进步，认识到像钟馗这样的貌丑而心善者亦大有人在，不再以貌取人。

喜庆门神

明清时期，门神的内容更加丰富多彩，且驱鬼避邪的色彩逐渐减弱，祝福喜庆的含义逐渐增加。这一时期，以天官、状元、福禄寿星、和合二仙、财神等为门神，在民间蔚然成风。有些地方甚至取消了门神的祛邪义务，专事祈福，出现了所谓的"祈福门神"。

门神内容及其功能的这一变化，反映了明清实用意识的兴起。中国封建社会发展到明清，随着商品经济的极大发展，功利主义思想开始被人们普遍地接受，人们不再固守传统的"耻于言利"的道德观念，开始大胆地言利，以状元、财神为门神正是这一观念的反映。

现在春节贴门神的习俗在我国依然盛行。但因为物质文明和精神文明的高度发达，大多数人已完全不相信门神驱鬼避邪的迷信色彩了。贴门神主要是为了增加节日的喜庆祥和气氛，表达对美好生活的歌颂和赞美，成了节日欢乐喜庆的一种体现。

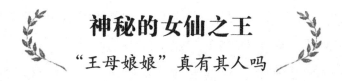

神秘的女仙之王
"王母娘娘"真有其人吗

我们从很多神话影视剧中，都可以看到王母娘娘，她是一个雍容华贵、端庄美丽，拥有着至高权力的女神。在《西游记》中，王母娘娘就是西王母，由于她掌管着瑶池蟠桃园，所以也称她"瑶池金母"、"瑶池圣母"；在《天仙配》等影视剧中，王母娘娘则是玉皇大帝的妻子，七仙女的母亲。而据晋朝葛洪所著的《枕中书》记载，王母娘娘是元始天尊与太原玉女通气结精所生，即她是先天阴气凝聚而成，掌管着昆仑仙山，是所有女仙之首领，而且要早于玉皇大帝出现，绝非玉皇大帝之妻。

近年来，我国一些研究专家经过长期研究，提出了一个大胆的推断，他们认为，被赋予了浓厚神话色彩的王母娘娘并非天仙，而是存在于历史上的凡人。那么，王母娘娘究竟是谁呢？

依据众多关于王母娘娘的神话和传说，人们找到了王母娘娘的发祥地——西北黄土高原甘肃省所辖的泾川县。泾川县城傍着泾河，在县城西郊一华里处有一座树木葱郁的小山，据说，这里便是王母娘娘的发祥地。据说，王母娘娘俗名"回"，这座山便被称作"回山"。正视回山，可见回山之形状犹如一座金字塔；侧视回山，则显现出一派西方白虎之象。回山的山顶上就有始建于汉武帝元封二年祭祀王母娘娘的王母宫。不过现在的这些景点则是后人在上世纪于废址上重建的。在正殿，有王母娘娘的塑像，一副雍容典雅的贵妇形象，左右还有青鸟、白虎坐镇。

而对于王母娘娘的真人，研究昆仑文化的学者李晓伟则指出，王母娘娘其实是青海湖以西游牧部落或部落联盟的女性氏族首领。这种说法在一些古籍资料中也有所呈现，据《穆天子传》记载，周穆王（即周武王的曾孙）在西征时，曾与西王母面对面，并向西王母敬献了礼物。据研究专家赵宗福考证，这一叙述极有可能是真实情况。另外，司马迁在《史记·周本纪》中也记载："穆王十七年，西巡狩，见西王母。"再者，东晋学者郭璞也曾断言："所谓西王母，不过西方一国君。"由此来看，李晓伟的推断并不是信手拈来，无凭无据。

经过多年的研究和实地考察，一些研究学者发现，几千年前，在现在的昆仑山与祁连山之间的广阔地带，曾存在过一个牧业国度——西王母国，当时的"国都"就在青海省海西蒙古族藏族自治州天峻县一带，而西王母国的首领就是王母娘娘。

虽然古国早已消失在历史的尘埃中，但人们还是在这里找到了一些它曾经存在的蛛丝马迹。在天峻县西南20公里处一座小山的西侧，有一个深十几米的山洞。据考证，这里就是 5000 多年前西王母古国女首领的住所，现已将其命名为"西王母石室"。在石室内，学者们发现了许多岩画、经文等。后来，考古工作者对这里进行了发掘，出土了写有"长乐未央"、"常乐万亿"铭文的汉瓦。考古学家们据此判断，这里曾是一座祭祀西王母的祠堂，而且汉瓦的铭文是皇权的象征。由此可以得知，早在汉代，人们就开始祭祀西王母了，并且得到了朝廷的认可和支持。

后来，专家们又在青海省上孙家寨村发掘出土了五女牵手舞蹈彩陶盆，五女的形象是虎齿豹尾，是西王母时代图腾的标志。据碳 14 测定，其年代在 5000 年前。李晓伟据此判断，西王母时代是一个母系氏族社会，同时也是图腾崇拜时代。

尽管已经得知王母娘娘是凡人这一事实，不过人们还是愿意将她想象成天姿国色、雍容华贵、仪态万千、母仪天下的女神形象，因为，这样的王母娘娘已经深深植根于人们的脑海中。

腊月二十四祭灶神

灶神究竟是谁

"二十三，糖瓜粘"，这是我国很多地区的习俗，意思就是在腊月二十三这一天，也就是俗称的小年，要吃粘牙的糖。传说，灶神爷就在每家的灶头。在旧岁逝去前夕，灶神爷会按例到天庭禀报他所在人家一年的善恶，以供玉皇大帝决定赐福或降灾时抉择。人们怕这位灶神爷向玉帝打小报告，便在送灶之前，用一些粘牙的糖封住他的嘴，以便他在玉皇大帝面前多说好话。一年一度的祭灶神活动，也就成了中华民族独特的带有幽默色彩的民俗文化活动之一。

据查证，祭灶习俗早在夏朝时就有了，秦朝之时，祭灶活动就被列入国家正典"七祀"，但汉代升级为"五祀"。然而，虽然祭灶习俗由来已久，但灶神爷究竟是谁这个问题却没有人能说清楚。

一是上古帝王或其后裔说。在《事物原会》一书中，称黄帝作灶，死为灶神。在《淮南子·氾论篇》中说："炎帝作火而死为灶。"高诱注：炎帝以火德为管理天下，死后以灶神的身份享受祭祀。而在《周礼说》中，又说，颛顼氏之子"祝融"死后成了灶神。此说认为，由于炎帝为"火德之帝"，祝融为"火官之神"，所以都被奉为灶神。灶神爷原是一位，具体指谁，各家说法不同。

二是负心汉之说。《酉阳杂俎·诺皋记上》记载说："灶神名隗，状如美女，又姓张名单，字子郭。夫人字卿忌，有六女，皆名察洽。"文中指出，灶神是一位名叫张单的状如美女的男子。民间关于张单有一个传说，据传，张单有个妻子名叫丁香，是个贤惠孝顺的好女人。后来，张单靠做生意挣了一大笔钱，便移情别恋，在有了新欢后便抛弃糟糠之妻。后来，张单和他的第二任妻子整日寻欢作乐，坐吃山空，最终沦为乞丐，流落他乡，他的妻子也离他而去。一日，张单饥寒交迫，就在奄奄一息之时，被一位妇人所救。待他吃饱穿暖后，才发现这位妇人就是他的前妻丁香。这时，他心生愧疚，又倍感无地自容，便一头钻进灶坑自杀了。由于他是玉皇大帝的本家（传说玉皇大帝姓张），玉帝便封他为灶神。现在有些地方有"男不拜月，女不祭灶"之说，就是因为传说中的灶王爷相貌姣好，但喜新厌旧，为了避免败坏门风，所以不让女子祭灶。

三是穷蝉演变说。穷蝉又名"灶马"，实则是蟑螂。此说认为，灶神就是灶头边常见的蟑螂。此说见于袁珂的《神话论文集·漫话灶神和祭灶》一文，文中说："这种常见于灶上的小生物，古以为神物（或鬼物），崇而祀之，将它作了灶神。现在，人们见了蟑螂就心生厌恶，因为它不仅蹭吃蹭喝，而且极易传播疾病，但是古人却不知道这些，他们见蟑螂常在厨房出没，便以为这是一种神物，对它颇生敬意，故还经常在鼎上描画它的纹理。"

四是宋无忌之说。《史记·封禅书》索隐《白泽图》所述："火之精曰宋无忌。"在《三国志·魏志·管辂传》中也说："王基家贱妇生一儿，堕地，即走入灶中。辂曰：'直宋无忌之妖，将其入灶也。'"从文中得知，管辂把宋无忌当作灶神。

五是贪官之说。传说，民间有一个大贪官，生性嘴馋，搜刮百姓钱财，只为享受美食，因此吃得是油头肥耳。为此，老百姓对他深恶痛绝。后来，一位神仙得知此事后，便化身一位民女将他一巴掌摁到了灶台上，成为"灶王"，只能眼睁睁看着别人享用美食。范成大在《祭灶词》中刻画的灶神形象，就很像一位贪嘴的胖老头。

六是姜子牙封神说。此说也源于民间传说。据称，姜子牙帮助周武王伐纣、打下江山后，裂土封侯。姜子牙奉师父之命，立下封神榜。将牺牲的有功将领——封神，但是那些冲锋陷阵、战死沙场的士兵们却都没有受到封赏。于是，这些士兵的冤魂便不安分，经常闹事。得知此事后，姜子牙想了又想，便将广大的战死的士兵封为灶神，每家都有一位灶神。这样一来，既可制止鬼魂闲荡寻衅，又可将家家户户管理起来，可谓一举两得。

由于民间供奉的灶神多是一男一女并坐，即灶王爷与灶王夫人的画像，所以有些地方就传说灶王爷、灶王奶奶就是《封神演义》中姜太公所封的张奎和其夫人高兰英。

灶神究竟是谁呢？实在是众说纷纭，这也是我们的老祖宗留给我们的一大难解之谜。

哪有不平哪有我

济公是人还是神

　　"鞋儿破，帽儿破，哪里有不平哪有我。"这句歌词唱的就是人间活佛济公。有关济公的传说，在南宋时就已开始流传，直至现在，还盛传着济公的故事，而且还被改编成了影视作品。那么，济公究竟是一个活生生的人，还是人们塑造的神呢？

　　明代的田汝成就认为史上确有济公其人其事，他在《西湖游览志余》一书中，就十分肯定地说："南宋确有济颠其人。"另外，商务印书馆出版的大型工具书《辞源》的"济颠"条目下，这样写道："济颠，公元 1129~1202年。宋末僧人。天台人，名道济，俗姓李。佯狂不饰细行，饮酒食肉，游行市井间，人以为颠，故称济颠。始出家灵隐寺，为寺僧所厌，遂居净慈寺，嘉泰二年端坐而逝。"生卒年月、出生地、性格特征如此确切，由此来看，历史上确有济公其人，他与传说中的济公形象相差无二，是南宋时期一个喜酒喜肉，玩世不恭，在嬉笑怒骂中扶危济困、抱打不平的疯疯癫癫的僧人。由于他经常解救贫苦人于危难，锄奸诛恶，是弱者的救星，因此，深受百姓爱戴。他的故事至今仍流传于民间。人们为了纪念这位爱打抱不平的活佛，还在西湖的虎跑建有"济颠塔院"，并塑有济公石雕，在雕像两侧还有"济公斗蟋蟀"、"古井运木"、"飞来峰传说"、"装疯扫秦"四幅浮雕。

此观点虽然源于权威性的典籍辞书，但一些学术界人士还是对此结论持怀疑态度。乌青镇敬元潘恒在《济公全传》一书的《原版序言》中写道："至今江南太湖流域一带，尤其是杭县附近，一提起济公活佛和雷鸣陈亮，正像三国里的诸葛，水浒里的宋江……一般都认为实有其事，津津乐道……在今西子湖边，还有多少古迹，传说是当时济公活佛留存下来的……再则净慈寺中，还有不少踪迹呢。"作者在文中只是借他人之口承认有济公其人其事，而且在说到济公的"踪迹"时，还用了"传说"二字，这些都可以表明作者是持"不确定"的态度。

除此之外，还有不少学者坚决否认史上确有济公其人。在《花朝生笔记》中，说南宋根本没有济公其人，他的形象乃是人们根据六朝的释宝志的原型所塑造的。关于释宝志，在《南史》中有记载，说释宝志是南北朝时期大名鼎鼎的和尚，他说话语无伦次，经常披头散发，穿着破烂，有时还会披上棉袍，经常带着铜镜剪刀和挂杖，有时候会索要酒肉，有时候会连着几个月不进食，于是人们都称他为"颠和尚"。该文认为，人们是将宝志误传为宝济，将志公误传为济公。

在"济公本无其人，原是释宝志的原型"这一观点出现后，全国高校古籍整理研究委员会会员、中山大学中文系教授黄天骥对此观点做了大胆而谨慎的考证。后来，他在《评〈济公全传〉》一文中发表了自己的观点，他认为，历史上并无济公活佛其人，传说中的济公形象，除了是以释宝志为原型之外，还将历史上一些古怪和尚或者癫疯头陀的行为都加之于济公身上，济公的故事远比原型释宝志的故事要生动、丰富得多，他还指出，人们在流传原故事的基础上，又将自己所熟知或者想象的事件加之于原故事，构成一个新的、更为生动、更为丰富的新传奇故事，正是我国民间文学的特质。

究竟孰是孰非，济公到底是不是真人？看来，此问题还需要新的考究给我们提供更确切的答案。

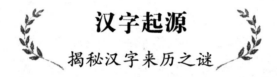

汉字起源

揭秘汉字来历之谜

中国的汉字有着悠久的历史，早在几千年前就有了。从古至今出现的汉字有很多种，如：甲骨文、金文、小篆、草书、行书、楷书等……汉字作为一种记录语言、交流信息的重要记事方式，给我们的生活带来了便利，记录下了中华民族古老的历史文化，传承了黄土地上悠久的文明。但是，对于汉字的起源，却很难准确说清。而自古以来，对于汉字起源的说法也众说纷纭，归纳起来，主要有结绳说、八卦说、河图洛书说、仓颉造字说和图画说等。

持"结绳说"者的论据是，《北史·魏本纪》记载："（北朝魏的先世）射猎为业，淳朴为俗，简易为化；不为文字，刻木结绳而已。"文中记录了在文字出现以前，原始社会的一些部落以"结绳"来记事。在更早的《周易·系辞下》中也有关于"结绳记事"的记载，原文是："上古结绳而治，后世圣人易之以书契，百官以治，万民以察。"因此，有些学者据此推断，认为文字起源于结绳。

持"八卦说"的学者也给出了理由。据《尚书》序中记载："古者庖牺氏之王天下也，始画八卦，造书契，以代结绳之政，由是文籍生焉。"文中指出，八卦和书契是在"结绳"记事后出现的，这时产生了文字。《易纬·乾·凿度》中认为："乾卦，天字的古文；坤卦，地字的古文；离卦，火字的古文；坎卦，水字的古文；巽卦，风字的古文；震卦，雷字的古文；艮卦，山字的古文；兑卦，泽字的古文。"也就是将各种文字归结为八卦。

而持"河图洛书说"者提供的依据是，《易·系辞上》记载："河出图，洛出书，圣人则之。"持此说者认为，这里的"图"与"书"可以理解为图画和书录，更精确地说，就是《易经》与《尚书》，而这里的书录就是最早的汉字记载。不过，由于此说带有神话传说色彩，赞同此观点者为数不多。

"仓颉造字说"是最为流行的一种汉字来源的说法。仓颉是何许人？传说，仓颉乃黄帝的史官，由于当时部落联盟之间外交事务频繁，迫切需要建立一套各个联盟共享的交际符号，身为史官的仓颉便担任起搜集与整理文字的工作。传说，《淳化阁帖》中卷五载有的古篆书二十八字就是仓颉所写。另外，在《吕氏春秋·君守》中也有"仓颉作书，后稷作稼"的记载，《荀子》和《韩非子》中也有类似记载。东汉的许慎在《说文解字》中也说："仓颉之初作书，盖依类象形。"

不过，有人对此说也提出了异议，认为汉字绝非仓颉一人之力所能创造的。当然，汉字肯定不是仓颉凭空杜撰的，但他肯定起到了收集、归纳、总结、发展的作用。

"图画说"是很多现代学者主张的说法，他们认为，一些出土文物上刻画的图形与文字有着一定的渊源。在陕西华县泉护村遗址出土的彩陶盆，被鉴定是公元前 4000 年左右，新石器时代仰韶文化的文物，当时正处于母系制向父系制过渡的氏族社会阶段，这个彩陶盆上有四个鸟形图案，而这些图案与古汉字中的"鸟"和"隹（短尾鸟的总称）"十分相似。另外，在出土的晚商青铜器上的鱼形图案，与古汉字中的一些"鱼"字进行比较后，发现它们也极其相似。因此，持此说者认为，汉字应是从原始图画演变而来。

不过，由于汉字的出现并非一朝一夕之事，而是经历了长达几千年的发展演变过程，而最远古的文献资料又非常少，从考古发掘中得到的依据尚且不足，所以迄今为止，汉字的起源仍是一个谜。

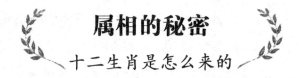

属相的秘密

十二生肖是怎么来的

十二生肖，是中华民族传统文化的重要部分，每个中国人都有一个属相，而且根据某人的属相我们还能推断出他的年龄。不能不说，十二生肖与每个中国人都密切相关，对中华民族几千年的文化产生了深远的影响。可是，古人为什么要用十二种动物来表示人的生肖呢？十二生肖究竟是怎么形成的呢？

而且为什么人的生肖用这十二种动物来表示，而不是用其他动物呢？关于生肖的问题，也成了中国文化史上的一大谜案。

在民间，关于十二生肖的形成有一个神话传说。相传，玉皇大帝要选十二个不同种类的动物来守卫宫廷。猫得知此事后，因为有事去不了，便托老鼠给自己报名，可谁知老鼠只想着自己，把给猫报名的事情忘记了，结果猫落选了，从此猫便与老鼠结下深仇大恨。后来，大象也来报名了，可是淘气的老鼠不小心钻进了大象的鼻子里，大象难受得逃跑了。牛也来报名了，并且想排在首位，而身手敏捷的老鼠却一下子蹿到了牛背上，成为了第一。而猪在与牛争抢第一的时候，被牛踹到了最后。眼看着瘦小的老鼠和老实的牛分别排了第一和第二，山中之王老虎与水中之王龙虽然心有不甘，但为了表现自己的大度，只好排在牛的后面。兔子不敢与老虎争，便与龙赛跑，结果跑在了龙的前面。狗见兔子也排在前面，一怒之下便咬了兔子的尾巴，结果受到了玉帝的惩罚，让它排在了倒数第二位。由于蛇与龙是本家，龙便拉了蛇一把，使它排在自己身后。后来，马、羊、猴、鸡也经过一番较量，最后确定了自己的位置，形成现在十二生肖的排列次序。

不过，神话终归是不可信的。自古以来，就有许多人对十二生肖的由来作出了自己的解释。归纳起来，主要有以下两种说法。

第一种说法，时辰相配说。最早提出此观点的是明朝的朗瑛，他在《七修类稿》中将十二生肖与每日的十二个时辰联系在了一起，他认为，子时，老鼠最为活跃，于是"子"与鼠相搭配；丑时，牛吃饱了准备农耕，于是"丑"与牛搭配；寅时，老虎最凶猛，于是有了"寅虎"；卯时是太阳刚刚露脸的时候，这时月亮还在天上，而玉兔是与月亮密切相关的，所以便有了"卯兔"；辰时是群龙行雨之时，便有了"辰龙"；巳时，蛇会隐蔽起来，不会伤人，于是人们便将"巳"与蛇搭配了起来；午时是阴气即将产生之时，而马是"阴"性类动物，这便有了"午马"；由于羊吃未时的草，不会影响草的生长，故"未"时归羊；猴子喜欢在申时啼叫，所以猴与"申"相搭配；"酉"时，鸡回到窝里，便有了"酉鸡"；狗在戌时开始值班看门，于是"戌"与狗相搭配；亥时是猪睡得最熟之时，于是"亥"就归了猪。

第二种说法，十二生肖源于中华民族的祖先对"图腾"的崇拜。多数人都认可这种说法。在解释这一观点之前，我们先来了解一下什么是"图腾"。

所谓"图腾"，指的是在生产力低下的原始部落的先民们由于无知，以为某种动植物与自己有血缘联系，便将其当作自己氏族的标志或象征。

持"图腾之说"者认为，十二生肖的 12 种动物就来源于原始人类所崇拜的各种动物图腾。也就是说，中华民族的祖先有许多氏族，每个氏族都有自己崇拜的动物图腾，其数量远远不止 12 种，而十二生肖中的这 12 种动物只是原始人所崇拜的"图腾"中的一部分。那么，我们的祖先为什么单单选择这 12 种动物，而没有选择其他的动物呢？

在原始社会，生产力极为低下，人们的认知能力也十分有限。原始人选择本氏族的图腾的条件也很简单，就是某种动物或植物等经常出现在他们的世界，并且与本氏族的生产、生活等方面息息相关。当然，这种相关的条件可能是好的，也可能是坏的，比如某种动物能给本氏族带来安全感或者食物，那该氏族就会将这种动物看作是本氏族的"图腾"，如羊、牛等；如果某种动物会毁坏生产或者伤及人命，也有可能被该氏族看作是本氏族的"图腾"，这是因为人们对其除了畏惧之外，还会产生一种敬仰和崇拜之情，进而将其当作神灵来膜拜，希望它们会保护本氏族，如虎、蛇等。一个氏族在选择好本氏族的"图腾"后，便会将"图腾"看作是本氏族的祖先。

那么，十二生肖中的这 12 种动物为何会在众多的图腾中脱颖而出呢？它们各自有着怎样独特的魅力呢？下面，我们来逐一分析这 12 种动物的特性。

鼠图腾。老鼠是一种破坏性很强的动物，特别是在生产力低下，食物缺乏的原始社会，老鼠对原始人类的生存构成了一定的威胁。而且其繁殖力强，经常出没在人们居住的地方，给人一种恐惧感。与老鼠有着相似特点的动物还有虎、蛇。在原始社会，老虎的出没是很频繁的，原始人在狩猎时，经常会遇到老虎这种既凶猛又伤人的动物，令人恐惧，但是它的强大与威风也着实令人钦佩，将其作为图腾加以崇拜是理所当然之事。蛇行动迅速、生命力极强，且常常伤人，令人望而生畏。

牛图腾：牛与兔、马、羊、鸡、狗、猪都有着极为相似的特点，因为它们都属于家禽（畜），对古代先民的生产和生活起着举足轻重的作用。人们对它们的崇拜都是源于对它们的喜欢和依赖。

龙图腾：龙是由蛇身、兽足、马首、蛇尾、鹿角、鱼鳞（须）组合起来并被赋予了自然属性的综合物，属于特殊的变形图腾。龙与凤凰、麒麟等动物一样，不是单独作为某一氏族的标志，而是包含了无数氏族的联合体，是人类历史发展过程中的一种综合图腾。

猴图腾：将猴列入十二生肖，是因为它在外貌、动作、发声等方面与人最为接近，将其与人类联系起来是自然而然的事情。

而其他的动物之所以没被列入十二生肖，则存在种种原因。或许是较为罕见，或者是与人类的生产活动没有太大关联，也或许是没有强大到令人崇拜的地步，也或许是没有被人们驯养为家畜。

不管是传说也好，现实性的论据也罢，都未能完全解开十二生肖之谜，但我们不得不承认，它们的存在不仅丰富了生肖的内容，而且促进了生肖文化的传承和发展。关于生肖的研究还会继续……

高尚的艺术

舞蹈的前身是什么

　　舞蹈是世界八大艺术之一，是一种以有节奏的动作为主要表现手段的艺术形式。舞蹈一般有音乐伴奏，也会借助于其他道具，它通过人体动作美与人性美来表现人的内心世界，使观众激发共鸣。

　　舞蹈的种类多种多样，有古典舞、芭蕾舞、踢踏舞、拉丁舞、街舞等等，每种舞蹈的风格不同，给人的感觉和心灵震撼也不相同。当你在欣赏或者在伴随着音乐而起舞时，脑中是否会闪现出这样一个问题：舞蹈这种高尚的艺术究竟是怎样发展起来的？我国舞蹈的前身又是什么呢？

　　一个问题的出现，自然就会有不同的答案，这是一个普遍规律。对于舞蹈的前身这个问题，自然也有种种不同的说法，而且每种说法都各有依据、各圆其说。

　　第一种说法，劳动是舞蹈的前身。费秉勋在其编撰的《古代舞蹈史话》中就直接指出，劳动群众是第一个舞蹈家，因为劳动群众从事着丰富的生产实践活动，劳动产生舞蹈，人们又在劳动中不断地给舞蹈增添新形式和新内容。无论是宫廷舞蹈，还是专业舞蹈家的舞蹈表演，大多都源自民间舞蹈，如果没有民间舞蹈的启发和推动，专业舞蹈家也是无所作为的。费秉勋所述很有说服力，因此，赞同此说法的人不在少数。

第二种说法，中国舞蹈的前身是巫术。持此说者提供的论据是：在春秋战国时期，民间流行着一种舞蹈——"街舞"，而这种舞就是民间巫师驱邪时跳的；另外，中国第一个舞剧也是由法师所跳。这一点从《西京杂记》中也可以体现出来。在《西京杂记》中记载了西汉时期陕西民间的一个舞剧——《东海黄公》，《东海黄公》的情节是：黄公自幼生活在东海，年轻时学会一些法术，可以降伏猛虎和毒蛇。在他作法时，用绸带束起头发，佩戴金刀，吞云吐雾；随着年纪越来越大，他的精力日渐衰退，加上饮酒过度,在一次作法时被老虎吃掉了。后来，这个舞剧被汉武帝引入宫中，经常在皇家宫廷表演。《西京杂记》中说，这个舞剧就是陕西老百姓根据黄公施法的故事编成的。所以，持此说者认为，中国舞蹈的前身是巫师施法时所跳的舞。

不过有人对此说法表示反对，反对者认为，在此之前中国就已出现了舞蹈，但是尚未表演故事情节，所以《东海黄公》这种施法舞只能说是中国舞剧的发端之作，而不能说是中国舞蹈的前身。

第三种说法，中国舞蹈是人类从掌管舞蹈的女神那里学来的。这种说法显然是迷信的传说故事，不足为信，不过对于前人的这种归结于神的思维我们应当予以理解。我们知道，古代的先民往往把一些具有不凡才能的人、超乎一般人智慧和力量的人，还有一些为人类作出大贡献的人都看作是神的化身，或者是与神有关之人。所以他们通过想象，就将舞蹈的起源归结于神仙。

第四种说法，中国舞蹈的前身是武术。武术的起源可以追溯到原始社会的狩猎和部落之间的互相械斗，当武术训练形成"套路"后，便成为一种供人欣赏的表演技艺了。后米，古代武术家为了便于教授士兵或弟子学习武术，将各种技击动作和兵器的使用编成一套一套的动作，然后示范给学习者看。这样，武术就成了单人的表演技艺。持此说者认为，这时的武术就是中国舞蹈的前身。其提供的论据是：在舜的时候，出现了《干戚舞》，也就是拿着干（盾牌）、举着戚（斧头）跳舞，这就说明中国舞蹈与武术关系密切。在殷商时期，武术已形成"套路"，开始演变为乐舞。周代的周公旦根据《干戚舞》和殷代《戚舞》，结合他那一时期的战争生活，创作了奴隶社会中最著名的大型舞蹈《大武舞》。《大武舞》的表演者就是手执盾牌和斧头进行表演的。由此可见，中国现代的舞蹈是在古代武术的基础上演变而来的。

述及于此，我们终于知道了，作为艺术之一的舞蹈，原来与世界闻名的中国武术有着很深的渊源，它们二者还拥有着一个共同的"祖先"呢！

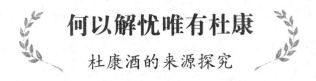

何以解忧唯有杜康

杜康酒的来源探究

"对酒当歌，人生几何？譬如朝露，去日苦多。慨当以慷，忧思难忘。何以解忧？唯有杜康。"曹操在这首《短歌行》中提及的"杜康"，就是"杜康酒"。后世一直认为，杜康酒就是以杜康之名来命名的，即，杜康乃中国酿酒业的始祖。

关于杜康其人，据史料记载，他是东周时期今陕西渭南白水人。由于在河南汝阳杜康村发掘有大量的酿酒器物和杯灶等，故这里已被确定是杜康当年造酒之地。

不过对于杜康酒的发明者，学者们说法不一，归结起来，主要有以下两种。

一种观点是，杜康酒乃少康所酿造。

据史料记载和民间传说，夏朝第四位国王帝相在位时，发生了一次政变，帝相在政变中被杀。当时，帝相的妻子后缗氏已怀有身孕，有人为她通风报信，告知她帝相已遇难。于是，后缗氏为了给帝相留下后代，便逃到了一个叫作"虞"的地方，并生下一个男婴。后缗氏希望孩子长大后能像他爷爷仲康一样有所作为，便为他取名"少康"。

从此，少康与母亲相依为命。少年时的少康便开始做事，每天都到山上放牧。放牧时经常将从家里带来的饭食挂在树上，又常常忘了吃。过了一段时间后，少康猛然发现，挂在树上的剩饭变味了，而且还流出来一种味道甘美的汁水。好奇的他便反复琢磨此事，并有意识地再重复进行这些事，后来又经过不断改进，终于酿造出了味道甘醇的美酒，并研究出了一套完整的酿酒工艺。后世把他所酿造出来的酒命名为"杜康酒"。

还有一种说法是，杜康酒的酿造始祖就是一个名为杜康的人。

杜康本来是黄帝的一位臣子，主要负责粮食的生产和管理。由于那时没有粮仓，也没有科学的储粮方法，恪尽职守的杜康苦思冥想，最后把粮食堆在了山洞里。可是，夏天一到，山洞里异常潮湿，粮食全都发霉了。黄帝得知此事后，异常愤怒，便降了杜康的职，只让他做保管粮食的小卒。

某日，杜康在森林里散步，突遇一片开阔地，开阔地周围的几棵大树都枯死了，只剩下空空如也的粗大树干。虽然杜康被降了职，但他还是心系粮食，当他看到空大的树干后，突发奇想，要是将粮食放入树洞，粮食可能就不会发霉了。

于是，他把这些空树干又进行了掏空处理，将里面弄得干干净净的，然后，又将干燥的粮食放进了树洞。本以为这下没事了，但谁知两年后，装在树洞里的粮食还是发酵了。一天，杜康上山查看粮食时，发现在他装粮食的枯树旁躺着几只山羊和兔子。杜康本以为这些动物都死了，但走近一看，发现它们都闭着眼睛呼呼睡觉呢！眼前的情景把杜康弄糊涂了，这些动物的警惕性都很高的，平时大老远就能听到四周的动静，这次有人走到它们身边，它们怎么还呼呼大睡呢？正在他纳闷之时，山羊、兔子陆续醒来了，它们一见有人，便马上钻进林子里去了。

杜康还是丈二和尚摸不着头脑，一边想着这事，一边往回走。可他还没有走出开阔地，就又看到了两只山羊，它们正在装着粮食的树洞前低头舔着什么东西。杜康正准备走近山羊，谁知这两只山羊舔了一会儿后便摇晃了起来，还没走两步便都倒下了。杜康急忙跑到山羊跟前，发现山羊也只是昏睡了过去。他又飞快地跑到山羊刚才舔东西的树洞一探究竟，这时他才发现，树洞里的粮食都变成了水。杜康这时心灰意冷，该怎么向黄帝交代啊？正在他懊恼之时，一阵清风吹来，风中还夹杂着一股清香，令杜康忍不住多吸了两口气，真是沁人心脾啊！他此时才明白过来，这清香正是山羊刚刚喝过的水发出来的。杜康也被这水的清香所吸引，忍不住也尝了一口。味道有些辛辣，但却特别醇美。他尝了一口又忍不住尝了第二口，后来竟连着喝了几口。这一喝不要紧，霎时，他只觉得天旋地转，扶着大树干滑下去，晕晕乎乎地倒在地上昏睡了过去。等他醒来时，已是黄昏时分，他便用自己的水袋盛了满满一袋这种味道浓香的水带了回去。

回去后，杜康便将自己这一天的所见所闻都一五一十地汇报给了黄帝，并将带回来的这种清香水交给了黄帝，黄帝和众大臣尝过这种水后，一致认为此水味香甘醇，饮而得神。于是，黄帝不但没有责罚杜康，反而命他继续观察和琢磨这件事，又让仓颉为这种清香水取了名字——酒。因为这酒是杜康发明的，所以便有了"杜康酒"一名。

究竟少康是否就是人们一直认为的"杜康"？杜康酒的鼻祖究竟是何人？此问题尚待进一步研究。

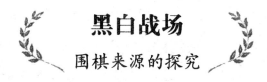

黑白战场
围棋来源的探究

围棋作为东方文化的精粹，深受大众的喜爱，但是却很少有人知道围棋究竟起源于何时何地。这个问题至今都还没有非常确切的答案。

第一种说法，围棋起源于中亚地区。这种说法源于日本学者，他们认为，围棋在最初只是当地的一种盘戏，这种盘戏传到西方后演变成了象棋，来到东方则受到中国天文及其他科学的影响，成为围棋。

第二种说法，围棋源于中国，是中国的国粹。这是我国学者持有的看法。不过，持此观点者又对围棋的起源时间产生了分歧。

有人说，围棋源于古代部落会议。当时，部落与部落之间经常会有战争，部落首领为了商讨对敌策略，一般就地画图，用两种不同颜色的石子代表敌我双方，并据此来筹划和制定作战方案。由于这种方法能启发人的心智，渐渐地它就演变成了一种供人们消遣的智力游戏。

也有人说，围棋起源于上古尧、舜、禹时代。在《路史后记》、西晋时期的《博物志》，以及先秦的《世本·作篇》中都有"尧造围棋"一说。故事的梗概是：

尧与其妻散宜氏（也有说是富宜氏）生下一个儿子，名叫丹朱。虽然此时尧已统一了各部落，人民安居乐业，但是尧还是很忧虑，因为丹朱都十多岁了却整天不务正业，招惹是非。散宜氏对儿子也是无可奈何，便让尧想办法管教儿子。尧对此事也很头疼，他想了又想，认为：要想使丹朱归善，必要先稳其性、娱其心，让他在玩的过程中学会几样本领。于是，他便命人将丹朱带到平山去打猎。

丹朱很快便被尧的几个卫士强行带上平山，并被告知父亲要他在此打猎。后来，年迈的尧也被人搀扶着上了山。丹朱望望满山的荆棘和高高的天空，对父亲尧说："兔子跑那么快，鸟儿飞那么高，你让我怎么打猎啊？"尧生气地说："你个不肖子，你都十七八岁了，每天就知道玩耍惹事，现在连打猎都不会，你是不是等着将来饿死啊？"谁知，丹朱却得意地说："天下的百姓都听你的话，现在天下也被你治理得井井有条，哪还用儿子我操心啊？"尧见丹朱说出如此不思进取的话，深深地叹了口气，说："你不愿意学打猎，那就学行兵征战的石子棋吧。石子棋包含着很深的治理百姓、军队和江山的道理，如果你能学会石子棋，以后也会大有用处的。"丹朱见父亲有些不悦，而且听说学石子棋有这么大的用处，便答应了父亲。尧拿起箭，用力在地上划了纵横十几道方格子，让卫士们捡来一堆石子，又分给丹朱一半。然后，他手把手地把自己率兵征战时怎么用石子表示前进后退的作战策略讲授给了丹朱。丹朱这次倒是真的听了进去，而且还显得很有耐心，以后也不去外面游逛了，而是专心致志地学习石子棋。尧和散宜氏为此倍觉欣慰，尧还想让丹朱接替他的帝位。

但是不承想，丹朱还没有将石子棋学精学透，就听信了坏人的教唆，觉得下棋太无聊而且没有自由，不如出去游逛更为潇洒。就这样，他的老毛病又犯了，并且还想方设法用诡计来夺取帝位。散宜氏为此十分痛心，得重病去世了。尧对丹朱也是失望透顶，便将其遣送至南方。后来，舜在尧的培养下，成了一个德智才俱全的人才，尧便将帝位禅让给了他。据说，后来，舜也学尧用石子棋教其子商君。

不仅在一些史书中有"尧造围棋，以教丹朱"的记载，而且在属于仰韶文化的彩陶上也有类似古代棋局的图案。这些文物也在一定程度上为此说提供了实物佐证。

还有人说，围棋起源于我国战国时代末期。唐代人皮日休在其所著的《原弈》一文中就提出，围棋是战国纵横家们的创造。持此观点者认为，战国以前的史籍中虽然谈及围棋，但并没有谈及其起源，春秋时期的史籍中没有关于围棋的记载，在战国以后的史籍中，才明确地记述了围棋的起源，并且越往后记述得越详细。另外，持此说者还对围棋进行了分析，每颗棋子就代表一座城池，棋盘代表地，线条代表官道，整个围棋就是两国争地的战略棋局，他们认为这是春秋战国时期纵横家们必备的智力素质。除此之外，这些学者们还找出了实物证据，即在汉墓中发现的石制棋盘殉葬品、唐代的围棋仕女图、辽代古墓中的围棋方桌，他们认为，这些文物都可以作为围棋起源于战国末期的佐证。

那么，究竟哪一种说法才是历史的真相？目前这仍是一个难解之谜。

神秘的算盘

算盘起源之谜

算盘是中国传统的计算工具，是中国古代的一项重要发明，即使是在计算器普遍使用的今天，古老的算盘也没有退出历史舞台。

古时，人们用小木棍即算筹作为计数工具进行计算，后来，随着生产力的发展，算筹计算受到了限制，于是，比算筹更先进的计算工具算盘便应运而生。不过，对于算盘出现于何时这个问题却没有人能回答上来。从清代起，就有许多算学家对这一问题进行了探究，但是由于证据不足，算盘的起源问题迄今仍众说纷纭，莫衷一是。归纳起来，主要有以下几种说法。

第一种说法认为，算盘起源于东汉、南北朝。

据我国东汉数学家徐岳所著的《数术记遗》记载："珠算，控带四时，经纬三才。"此书中共记述十四种算法，其中第十三种就是"珠算"。到了北周时期，数学家甄鸾对《数术记遗》中"珠算"的部分作了注解，即，"刻板为三分，其上下二分，以停游珠，中间一分，以定算位。位各五珠，上一珠与下四珠色别，其上别色之珠当五，其下四珠，珠各当一。"这些文字，被认为是最早关于珠算的记载。另外，1954 年从山东"沂南古汉墓"中出土有拓片，其中第六幅与第七幅的拓片中有"长方形盘，盘中有三格，每格排列八颗珠"的东西，持此观点者认为，这些东西与现在的算盘极为相似，是《数术记遗》中所提到的"珠算"的一个形象佐证。

不过有些学者认为，根据《数术记遗》一书中的描写，那时的珠算只不过是一种记数工具而已，也就只能做简单的加减法，与后来能做加减乘除法的珠算不可相提并论。而对于拓片上的"长方形盘"，反对者认为，那并不是算盘，而是卜卦一类的东西。

第二种说法认为，算盘产生于唐代。

此说的依据主要是北宋名画《清明上河图》中出现的算盘图。持此说者认为，一种新事物的出现和确立，绝非一朝一夕之事，而是要经过长期的发展。既然算盘已出现于宋代的画作上，由此可推想，算盘在唐代时就已得到了逐步推广。另外，唐代是我国历史上经济繁荣、文化鼎盛的时期，这时商业日盛，计算日繁，不论算盘是否起源于唐代，但如此发达的经济社会不可能没有计算工具。除此之外，持此说者又提出了兴起于唐朝中后期的"一位算法"，他们认为这种算法就是珠算产生的重要标志。

不过，由于《清明上河图》的画面老化，色彩模糊，画上的"算盘"尤其小。所以有人认为这并非算盘，而是钱盘，还有人认为是水牌，无一定论。退一步讲，即使画上画的真是"算盘"无疑的话，此说也很难服众，因为其依据都只是根据这个所谓的"算盘"作出的推想而已，并没有实实在在的佐证。

第三种说法，算盘源于宋代。

1921 年，考古学家在河北巨鹿出土了一颗算盘珠，经考古鉴定，确认是宋徽宗年间的文物。这颗算珠是木材质，形状为鼓形，中间有孔，与现代算珠形状相同，这是算盘源于宋代说的重要实物佐证。另外，持此说者又举出了史籍证明。北宋元丰年间的算书《算珠集》和南宋绍兴、淳熙年间的算书《走盘集》二书虽已失传，但从书名便可推断出，此二书都是与"算盘"有关的书籍；北宋钱易所著的《南部新书》一书中也有"鼓珠"、"鼓珠之术"等词句，持此观点者认为，"鼓珠"指的就是算珠或拨珠动作。

但有人也对此说提出反驳，反驳者认为，从巨鹿出土的算珠仅有一颗，而且出土地又没有发现有算板之类的东西，且没有其他旁证。所以，此算珠虽然与现在的算珠很形似，但是它究竟是不是真正的算珠，还有待进一步考证。另外，因为《算珠集》与《走盘集》这两本书中都没有算盘图，也没有珠算的算法，所以就更不能作为此说的证据了。

第四种说法，清代学者钱大昕等人的元朝说。此说认为，算盘出现于元朝中叶，到元末明初时已普遍使用。

钱大昕在其所著的《十驾斋养新录》中说："今用算盘，以木为珠，不知何人所造，亦未审起于何时。按陶南村《辍耕录》有擂盘珠、算盘珠之喻，则元代已有之矣。"也就是说，钱大昕的依据是元代陶宗仪（号南村）所著的《南村辍耕录》第二十九卷《井珠》。陶宗仪在文中引用了当时的一句形容奴仆的谚语，即："凡纳婢仆，初来时曰擂盘珠，言不拨自动；稍久，曰算盘珠，言拨之则动；既久，曰佛顶珠，言终日凝然，虽拨亦不动。"文中将老资格的奴婢比作算盘珠，拨一拨动一动，说明当时的算盘已很普及。另外，持此说者又列举出了宋末元初人刘因在《静穆先生文集》中，以《算盘》为题的五言绝句作为算盘在元代出现的佐证，绝句的内容是："不作翁商舞，休停饼氏歌。执筹仍蔽簏，辛苦欲如何。"再者，在元曲《庞居士误放来生债》中也有算盘的唱词。由此可见，在元朝时算盘已经相当普遍。

在明代初期的《魁本相对四言》一书中绘有梁上二珠下五珠的十档算盘图；在明朝永乐年间编写的《鲁班木经》中，也已有制造算盘的规格与尺寸；

另外，明朝大数学家程大位在《直指算法统宗》一书中完整而系统地介绍了珠算的用法。由此可见，算盘在明代已被广泛使用。

还有一种说法是近几年提出来的新说法，将算盘的起源时间追溯到了西周时代。

1978年，考古学者在陕西岐山古周原区西周宫室遗址发掘出90粒陶丸。专家们通过对陶丸出土的位置、形制、颜色，以及数量组合进行分析研究后，认为这是西周早期宫廷内所用的一种计算工具，也就是我国最早的珠算。故有些专家学者认为，珠算应在距今三千多年的西周时期就产生了。

不过，有些专家在考证过这些陶丸后，认为这些陶丸并不是算珠，而可能是周代人打鸟用的弹丸，或者是玩具之类的东西。

直到现在，算盘的起源问题还是一个谜，但无论如何，算盘出现的时间应该不晚于祖冲之生活的年代，试想祖冲之进行圆周率那么复杂的计算，没有计算工具是不可想象的。

因为中国历史上除算盘外又没有其他重要的计算工具。因此这个问题仍然需要中外专家的关注和研究。

说学逗唱

相声是怎么来的

相声，是人们在日常生活中喜闻乐见的一种表演艺术，是综合了"说、学、逗、唱"的一门艺术，演员直接跟观众交流感情，在观众的默契配合之下进行演出。它通过"笑"来揭露矛盾、塑造人物、评价生活等，而且用"笑"拉近了演员与观众之间的心理距离，所以，在我国，相声可谓风靡全国，妇孺皆知，人人喜爱。

然而，在你被精彩的相声艺术逗得大笑之时，你是否想过，相声是怎么来的？相声艺术历史悠久，但是关于它的记载却异常贫乏，因此这个问题就成了学术界争论不休的话题。

一种说法是，"相声"即相貌和声音，也就是说，是模拟形态的"相"与模拟声音的"声"的结合物。不少学者认为，这种观点只是对"相声"一词的解释，并没有说出相声的根源。

还有一种说法是：相声来源于"象声"，即口技。据《清稗类钞》记载，"口技为百戏之一种，或谓之曰口戏，能同为各种音响及鸟兽叫唤，以悦座客。俗谓之隔壁戏，又曰肖声或曰象声。"由此得知，口技就是在布幔中表演的隔壁戏，在声音模拟中穿插人物故事，制造笑料，也叫相声、象声或像声。由此来看，象声不仅与今天的"相声"音同，而且意思也很接近。在康熙年间李声振的《百戏竹枝词》里有一首《口技》，作者也自注道："（口技）俗名'象声'。"而乾隆年间翟颢辑在《通俗篇》里"相声"条下则如此写道："今有相声技，以一人做十余人捷辨，而音不少杂，亦其类也。"从文中可知，翟颢辑所说的"相声"就是口技，也即"象声"。此后乾隆年间的《京师乐府十六首》、嘉庆年间的《燕台口号一百首》、光绪年间的《燕京岁时记》等史籍中都有类似的记载。故，持此观点者认为，现在的相声不仅受到口技，即"象声"的影响，而且其名称也是由"象声"转化而来。

不过，有学者认为，相声中虽然有模拟人言鸟语之类的因素，但并不占有主要地位，因此，此说并不足以为信。

还有一种说法是，相声来源于"像生"。据宋代吴自牧的《梦粱录》记载："旧有百业皆通者，如纽元子，学像生、叫声、教虫蚁、动音乐……"由此可知，在吴自牧之前的北宋就已出现了"像生"这种模拟声音的口技。又据史料查证，在南宋时，还出现了"像生叫声社"这样的艺术团体。可见，"像生"在当时是很盛行的。高承在《事物纪原》中说，人们将市场上抑扬顿挫的叫卖声采集起来，再进行艺术加工，使之成为"像生"技艺。在元代杂剧《风雨像生货郎担》中也出现了"像生"一词，并且里面还穿插了说唱艺术的成分，带有浓郁的喜剧色彩。持此观点者认为，"相声"就是继承和发展了"像生"的这些特点，包括"像生"的音。

此外，还有一种说法是"相声源于参军戏"，此说在很长时间以来都一直被相关研究人员所支持。唐代时，兴起了一种戏曲形式——"参军戏"。"参军戏"的内容以滑稽搞笑为主，一般有两个角色，一个是被戏弄者叫"参军"，性格比较痴愚；一个是戏弄者叫"苍鹘"，性格比较机灵。后来，参军叫作副净，苍鹘叫作副末，副末可以打副净，两人的表演就和相声中的"逗哏"和"捧哏"一样。中国科学院文学研究所研究员吴晓铃在《略谈相声的创作问题》中说道："由古代'参军戏'发展、衍变出来的相声，是中国讽刺文学的一种。"中国著名戏剧家、戏曲史研究专家董每戡在《说"丑"相声》中也说道："'参军戏'还另行单独存在，及今仍保留其遗迹，那便是杂耍类的相声。"他们认为，参军戏就是相声的老祖宗。

当然，也有人对此说法提出异议。任半塘在《唐戏弄》中就明确指出："实则唐宋'参军戏'之滑稽，寓于表演故事之中，终是戏剧，并非说话或讲唱。而清代滑稽相声，即使有表演，甚至小小涂面，终是说话而已，且无故事，并非戏剧。"他的意思是，参军戏属戏剧，重在唱；而相声不是戏剧，重在说。故两者没有什么关系。

但坚持认为相声源于参军戏的学者又对此提出了反驳意见，他们认为，说相声源于参军戏，绝不是要在参军戏与相声之间画等号。虽然参军戏有着更多的戏剧成分，但并不排斥它蕴含着某些相声因素，对后世的相声艺术产生过一定影响。

在侯宝林、薛宝琨、汪景寿、李万鹏所著的《相声溯源》中也阐明了参军戏与相声之间的渊源，说在后世的相声中有许多参军戏的特点。由此可见，此说在相声起源这一课题的研究中有着广泛的影响力。

相声究竟源于什么？相声本身也许是吸收、学习了以上各门艺术的精髓发展而来的哪。所以哪种说法都有据可依。当然，这只是猜测，看来，这个问题还有待有心的相声爱好者做更深入的探索和研究。

电影的历史

第一部中国电影是谁拍的

电影对于我们来说已经非常熟悉了，现代的电影不仅内容丰富，而且画面清晰流畅，给人们带来一场场的视觉盛宴。最新出现的 3D 电影更是先进，观众戴上特制的偏光眼镜，眼前便会呈现出一幅幅连贯的立体画面，让人产生一种身临其境的神奇感觉。万物都会有一个发展过程，电影当然也不例外，它也经历了从无声到有声，从黑白到彩色，从模拟到数字，从传统到现代的长期技术变革进程。

1895 年 12 月 28 日，法国卢米尔兄弟在巴黎卡普辛路 14 号咖啡馆放映成功，这正式标志着电影时代的来临。最初，中国没有自己的电影，放映的影片都是一些国外的纪录性短片和搞笑的滑稽短片。而就在电影传入中国不久，中国便出现了中国人自导自演的电影。那么，第一部中国电影是什么戏呢？它诞生于何时？拍摄者又是何人呢？

通过查阅历史资料和分析研究，专家学者一致认为，中国第一部国产影片诞生于 1905 年，影片就是由开设在北京的丰泰照相馆拍摄的京剧片段《定军山》，而其拍摄者就是当时北京丰泰照相馆的老板任庆泰。下面，我们就来看看中国第一部电影的拍摄过程。

1870 年前后，任庆泰在奉天 (今沈阳) 的一家照相馆中当伙计。那时，先进外国货在许多中国人眼中是非常稀奇古怪的东西，任庆泰也对那些洋玩意儿倍感好奇。为了满足自己的好奇心，也为了多学点手艺，他便经常偷学一些照相原理与技术。4 年后，他又自费去日本继续深造照相技术。1879 年，他回国后，便在北京琉璃厂土地祠内创办了京都第一家照相馆——丰泰照相馆。后来，他又在前门外大栅栏开设了大观楼戏院，并在里面放映电影。

虽然当时任庆泰的生意也不错，但上进心很强的他却不满足于现状，自从外国电影传入中国后，他便开始研究电影的摄制。他不惜花重金买摄影设备，然后又精心研究，想的就是能拍摄出中国人自己的电影。可是要拍谁演的戏呢？拍哪一出戏呢？

最终，任庆泰把目光瞄准了"伶界大王"——谭鑫培。谭鑫培是京剧界著名的谭派创始人，也是当时最出色的文武老生，在当时的戏曲界颇有威名和声望。于是，任庆泰找到谭鑫培，将自己的想法告知于他，令他高兴的是，谭先生对他的想法表示大力支持，并答应任庆泰拍自己的戏，而拍摄的内容就定为《定军山》中的三个精彩的动作片段，即"黄忠向军师诸葛亮请缨迎敌"、"黄忠当众舞刀"、"黄忠与魏军大战"三个片段。由于那时的电影是无声电影，为了弥补观众无法从电影中听到演员唱腔的不足，只好拍摄一些精彩的动作片。

任庆泰得到谭先生的支持后，急忙从德国商人的洋行购买了一架法国造手摇摄影机和 14 卷电影胶片，开始拍摄中国人的第一部电影。

1905 年夏末秋初，《定军山》在丰泰照相馆院中的露天广场上开拍，任庆泰本人亲自筹划和指挥拍摄过程，也就相当于现在的导演。由于当时的摄影技术有限，任庆泰也没有摄影经验，摄影时，摄影机架设的位置是不变的，光线也是自然日光。身穿戏服的谭鑫培在摄影机前唱念做打，精气神十足。摄影师刘仲伦用手摇动把柄，摄影机对着全景不停地拍摄。用完胶片后，令演员停下休息，装好胶卷后再接着拍。三个简短的片段就这样停停拍拍连续拍摄了 3 天才终于拍完，完成片长度为 3 本，约 600 英尺，放映时间只有 10 分钟左右（按照当时的放映速度）。

拍好后，任庆泰在大观楼戏院放映。如果演员动作不快的话，可以很清晰地看到人影，一看便知是谭鑫培。但是当他来回舞动大刀做较快的动作时，问题就出现了，不是看不见人影，就是人影被截成两段了，影像残缺不全。原来，这种情况主要是摄影机位置固定不动，镜头焦距不变换造成的。

虽然这部影片的效果不是很好，但毕竟是中国历史上第一部由中国人自己自拍自演的影片，是中国电影史上具有划时代意义的开山之作。

后来，任庆泰又陆续拍摄了其他一些京剧影片，如俞菊笙、朱文英的《青石山》，许德义的《收关胜》，俞振廷的《白水滩》、《金钱豹》等戏曲的片段。当然，这些也都是武打动作激烈、舞蹈场面精美的片段，因为这比较符合无声电影的特点。

只是可惜的是，任庆泰所拍摄的这些中国最早的影片没能保留下来。1909 年，任庆泰的丰泰照相馆和这些影片被一场原因不明的大火烧成了灰烬。这场大火也终结了任庆泰的电影拍摄活动。

虽然这些最早的影片没有保留下来，但它们已经在中国电影与纪录片史册上写下了永远不能抹去的一笔。而任庆泰这个名字也永远刻在了"中国电影诞生地纪念碑"上，因为是他"揭开了中国电影的第一页历史"。

蝴蝶双飞情似海

梁祝爱情故事真假之谜

梁山伯与祝英台的故事在民间流传已有一千四百多年，在我国可以说是家喻户晓、妇孺皆知的故事，被誉为爱情的千古绝唱。从古至今，有无数人被梁山伯与祝英台的凄美爱情所感动。但是，对于历史上是否真有梁祝其人其事，后世的学者一直猜测、争议不断。

那么，历史上到底有没有梁祝其人其事呢？如果有，梁祝之间的故事到底是怎么一回事呢？是不是道听途说的小说家所杜撰的一个故事而已呢？对于梁祝是否有其人其事，史学家们众说纷纭、莫衷一是，但是大致可以总结为以下几种看法。

否认梁祝真有其人其事的学者认为：梁祝的故事和白蛇传、孟姜女、牛郎织女的故事一样，是中国四大民间故事。后来演变为小说和戏剧等各种版本，虽然戏剧和整个故事非常感人肺腑，但是毕竟只是一个传说而已，所以事实上根本就不存在梁祝其人其事。这些学者还进一步推论：梁祝死后怎么可能会双双化成蝴蝶？孟姜女又怎么可能会哭倒万里长城？至于织女和白娘子更是仙女和白蛇转化为人，根本不可能是事实。

但是，认为梁祝确有其人其事的人也不在少数。江苏某报上就有一篇短文说道，祝英台原本是明代的一位侠女，而梁山伯是前朝的一名书生。原本两人互不相识，但是祝英台为民造福，死后人们为祝英台安葬，在挖掘墓穴的时候发现下面居然是梁山伯的墓，于是只好将他们二人合葬，由此才演化出梁祝的故事。

其实，研究"梁祝"是否确有其人其事这一问题由来已久。历史上的一些学者也曾进行过多方考证和探索。清代乾嘉时著名经学家焦循就是研究"梁祝"的代表人物。根据焦循在《剧说》卷二中引宋元之际刘一清的《钱塘遗事》中的记载和自己的亲身见闻，说全国至少有四座所谓的"梁祝墓"。

第一处梁祝墓葬在河北林镇，刘一清的《钱塘遗事》就有此记载。

第二处梁祝墓葬在山东嘉祥县，焦循曾经亲眼见到祝英台墓的碣石拓片。根据焦循在《剧说》中的记载："乾隆乙卯 (1795)，学使阮公 (即阮元) 修撰《金石志》，各个州县都要送碑本来。嘉祥县有祝英台墓，碣文是明人刻石。"

第三处梁祝墓葬在浙江宁波，这一说法是嘉庆元年 (1796) 焦循到宁波，"听闻这个地方有祝英台的墓穴，当地的地方志中有详细记载：梁山伯、祝英台墓，在鄞西十里接待寺后，古时候称义妇冢。"焦循在记载中虽然没有提及自己曾经亲眼看见这座墓，但是根据浙江一位老新闻工作者说，以前这个地方除了有梁祝墓说法以外，还有梁山伯庙，当地的乡间还流传有"若要夫妻同到老，梁山伯庙到一到"的俗语，庙中的香火非常旺盛。

第四处梁祝墓葬在杨帅祝英台墓，对此，焦循基本上持否定态度。清代另外一位著名的学者毛先舒在《填词名解》卷二引《宁波府志》，和焦循记载鄮城 (今鄞县) 梁祝墓的描述也非常接近，只不过毛先舒多了"今吴中花蝴蝶，盖橘蠹所化，童儿亦呼梁山伯、祝英台云"这么一句话而已。

根据焦循、毛先舒引地方志中的记载，梁山伯在历史上确有其人，而且那个时候的女子还没有缠足的陋习，所以为祝英台女扮男装提供了一定的便利，而且根据地方志上的详细记载，也不能排除历史上确有梁山伯、祝英台其人其事的可能性。

同时在祝英台所在村庄九曲村发现了大量的汉代石碑，有学者就在"梁山伯祝英台墓记"碑出土后，又发现了新的重要线索，就是从九曲村找到了一小块残破的汉代石碑，上面刻有几个祝姓字样。这就说明汉代九曲村的确曾经有祝姓人氏生活过。

一直以来，梁山伯和祝英台的故事都是被世人传诵的爱情悲剧。而梁祝两人之间的爱情故事也早已被改编成戏曲、影视等各种版本广为流传，最终成为家喻户晓的动人故事。但是历史上究竟有没有梁祝其人？梁祝的故事究竟是真是假，恐怕会成为一桩难以破解的千古之谜。

传奇的巾帼英雄

花木兰代父从军的真相解读

花木兰是我国南北朝时期一个极富传奇色彩的巾帼英雄，以女扮男装替父从军击败外族的入侵而闻名天下，唐代皇帝追封她为"孝烈将军"。花木兰的故事传唱至今，应归功于《木兰辞》这一北方民谣的传唱。花木兰的传奇事迹也早已被改编成电影、电视剧、歌舞、豫剧等版本广为流传，从而成为家喻户晓的故事，使人们对"花木兰"这位巾帼英雄充满了敬仰。

传说中的花木兰自幼就随父亲读书写字，骑马射箭，练就了一身的好武艺。一日，县衙的差役送来了一张征兵通知，根据当时的征兵要求，规定每家必须出一名男子上前线。但是木兰的父亲年纪大了，没办法上战场，家里的弟弟年纪又小。所以，木兰决定女扮男装，替父从军。木兰的父母虽然百般不舍，但又无可奈何，只得同意木兰替父出征。

去边关打仗，对于很多男人来说都是艰苦的事情，更不要说木兰既要隐瞒身份，又要与伙伴们上阵杀敌了。最初，木兰跟随着军队，到了北方的边境以后，开始担心自己女扮男装的秘密被人发现，所以处处小心谨慎。每到夜晚休息的时候，也从来不敢脱衣睡觉。上阵杀敌的时候，她却非常勇敢，总是拼杀在最前面。这场战争一共持续了12年，由于木兰作战有勇有谋，在军中也是屡立奇功，因此从一名普通的士兵晋升为一名将军。

最终，花木兰完成了自己的使命，在12年后随大军凯旋而归。皇帝论功行赏，封木兰为尚书郎。不过，花木兰拒绝了，她请求皇帝能让自己回家，去孝敬父母，和亲人团聚。皇帝答应了木兰的请求，并派使者护送木兰回家。木兰的家人得知木兰回家，欢喜异常，杀鸡宰羊迎接木兰。木兰回家以后，换上女子的装束，那些护送木兰回家的同伴们发现木兰原来是位女子，都惊诧不已。木兰女扮男装、代父从军的故事就这样被广为传颂。

但是，在我国的正史里面却没有任何关于花木兰的记载。最早记载木兰代父从军故事的是南北朝时期的《木兰辞》。那么，根据《木兰辞》中的记载，"木兰代父从军"这个故事究竟是文学杜撰，还是历史上确有其事呢？后世学者对于历史上是否真的存在花木兰这样一位巾帼英雄，出现了两种截然相反的观点。

一种观点认为，最早出现"花木兰"这个人物的是民歌《木兰辞》中的记载，并无正史记载，木兰其实只是古代文学作品所塑造的一个文学形象，并非是根据真人记载。

另外一种观点却认为，正史中没有记载"花木兰"这个人物并不代表她就不存在。

提出上述观点的依据就是，不是古代所有有名的人都会记载到正史当中去。并且，古代文学作品中所记载的真人真事也是数不胜数，木兰女扮男装、代父从军的故事就是来源于真人真事，而且木兰所生活的时代就是在唐朝时期。

这些学者之所以认为《木兰辞》中所叙述的故事是发生在唐朝，主要是依据以下几方面的考证：第一，《木兰辞》中有"可汗大点兵"一句，根据史料记载，有着天子和可汗兼称的就只有唐太宗一人。第二，《木兰辞》中还有一句"从此替爷征"，只有唐朝初期实行的府兵制，才有代父出征的规定。另外，《木兰辞》中还有很多描写府兵制的诗句。例如"愿为市鞍马"、"东市买骏马"、"西市买鞍鞯"等等。这种自备粮草兵器的规定只有唐朝初期的时候才有可能产生。《木兰辞》中还有"出门看伙伴"等句，这只有唐朝初期的折冲府才规定十人为伙，由此可以证明木兰的故事应该是发生在唐代。那么，《木兰辞》里面所记载的唐朝女子花木兰女扮男装、代父从军的故事会不会只是杜撰呢？

根据宋代的文学家程大昌在《繁演露》中的记载：乐府有一名女子，叫木兰，代父从军，十年之后凯旋而归，没有接受任何赏赐，有人为她作诗称颂，但是却没有说明她是哪个朝代的人物。除此之外，明朝的田艺蘅在《留青札》中也有相似的说法。他们都是根据白居易和杜牧的诗句，不仅认定历史上存在花木兰这样一个巾帼英雄，而且还肯定花木兰就是唐朝人，因为《木兰辞》就是在唐朝这点毫无争议。所以，唐代人对于自己所生活的朝代的史实也是非常了解的。同时，不容忽视的一点就是，杜牧的祖父杜佑是修过《通典》的著名史官，杜牧的《题木兰庙》一文相去初唐只不过几代人，因此，木兰的故事是经由杜佑考证之后再传给杜牧的。由此可见，木兰代父从军的故事是真实可靠的。另外，如果说木兰代父从军的故事仅仅只是杜撰出来的文学故事的话，那么为什么唐代众多的学者对此不产生怀疑呢？这就可以说明，唐代的民众是非常熟悉花木兰的，花木兰也确实是历史上真实存在的人物，而非虚构杜撰的文学作品。

千百年来，花木兰一直是受中国人尊敬的一位女性，因为她勇敢又孝顺。《木兰辞》一文也被列入了中小学的课本，木兰女扮男装、代父从军的英雄事迹也被搬上了舞台，长久不衰。

西湖佳话

白蛇传说从何而来

作为中国四大民间传说之一的白蛇传说可谓源远流长，家喻户晓。白蛇传说以曲折优美的情节、生动鲜明的形象和充满人情味的动人场景，将许仙和蛇仙的爱情故事讲述得活灵活现，使世人为之感动。最开始时，白蛇传说只是口头相传，后来又出现了评话、小说、戏剧、影视剧等多种艺术形式。虽然后世对白蛇传说演绎甚多，但是人们对于它的起源却难以搞清楚。白蛇传说究竟是源于事实还是只是传说呢？如果源于事实，那它的起源又是什么呢？长久以来，这个问题一直是白蛇传说研究中一个热门的话题。

有关白蛇的传说最早的成型本见于明代冯梦龙所编的《警世通言》中，文中记载，传说在南宋绍兴年间，一个千年修炼的蛇妖化身为美丽女子白素贞，后又遇到青蛇化身的小青，两人结拜为姐妹。两人在杭州西湖遇到开药铺的许仙，白素贞与许仙同舟避雨，一见钟情，遂心生情愫，便嫁与许仙。婚后，两人经历了风风雨雨，许仙屡次见白娘子现出怪异之状。后来，镇江金山寺的高僧法海便赠予许仙一个钵盂，让他用此罩住白娘子。结果，白娘子被罩住后，现出原形。法海便将钵盂放到雷峰寺前，命人在其上砌成七级宝塔，名曰雷峰塔。从此，白娘子便被永远镇压在雷峰塔下。

另一种说法认为《白蛇传》起源于北宋，发源地在河南汤阴黑山之麓、淇河之滨的许家沟村。黑山，又名金山、墨山，古时为冀州之地，是太行山的余脉之一。这里层峦叠嶂，淇水环流，鸟语花香，环境清幽。持此观点者认为，白蛇传的故事来源于魏晋时期左思在《魏都赋》里记载的"连眉配犊子"的爱情故事传说。文中说："犊子牵黄牛，游息黑山中，时老时少，时好时丑。后与连眉女结合，俱去，人莫能追……"此说认为，犊子与连眉女就是白蛇传中的许仙和白娘子。

近年来，较多的专家学者对白蛇传说的起源有了较为一致的说法，他们认为白蛇形象与远古民族"人首蛇身"的图腾崇拜有关。在《山海经》、《帝王世纪》、《竹书纪年》等古籍中，都记载有人蛇合体的"人物"形象，比如我们所熟知的"女娲"，文中记载："女娲，古神女而帝者，人面蛇身。"还有伏羲氏家族，文中有记载说："生伏羲……亦人首蛇身"，还记载有，长龙氏、潜龙氏、居龙氏、降龙氏、上龙氏、水龙氏等都属于伏羲系统，这些都是龙蛇。

除上述观点之外，还有人提出了一个新的观点，认为白蛇传说是由真人真事演化而成。他们认为，白蛇传说的内容与现实生活密切相关，应是源于生活。据说，上海的一个许姓人氏，声称是许仙和白素贞的后裔，并说在他家的家谱上曾有记载，遗憾的是，家谱在战争年代已经被毁了，因此没有资料可以查证。

究竟哪种说法是真的呢？目前尚未有一致答案。

七月七日得一会

牛郎织女传说的来历

　　"迢迢牵牛星，皎皎河汉女。纤纤擢素手，札札弄机杼。终日不成章，泣涕零如雨。河汉清且浅，相去复几许？盈盈一水间，脉脉不得语。"《迢迢牵牛星》将织女思念牵牛的凄苦表现得淋漓尽致，使人也随之伤怀，不禁发出疑问：为什么要让相爱的牵牛和织女分开，只能在每年的七月七日见上一面呢？

　　牛郎织女的传说是我国古代传说中最美丽动人的故事之一，从很早以前就开始流传，不过，在我国的民间传说和文学作品中，关于牛郎织女的故事却有着不同的故事版本。

　　我国古籍中最早关于牛郎、织女的记载是《诗经·小雅·大东》篇，但是文中只说织女和牵牛是天河中相近的两颗星宿，两者并没有什么关联。直到汉时，这两颗星宿才被转化为具体人物，班固在《两都赋》中说："临乎昆明之池，左牵牛而右织女，似云汉之无涯。"意思是说，汉宫昆明池边有牵牛、织女两座石人像。最早记载牛郎织女是夫妇的文学作品，要算《文选·洛神赋》了，文中说："牵牛为夫，织女为妇，织女牵牛之星，各处一旁，七月七日乃得一会。"

由此来看，牛郎、织女的故事并不是原本就有的，而是渐渐被古人所意会的。现在所见的版本主要有以下几种。

版本一：《荆楚岁时记》云："天河之东有织女，天帝之子也，年年织杼劳役，织成云锦天衣。天帝哀其独处，许配河西牵牛郎，嫁后遂废织纴，天帝怒，责令归河东，唯每年七月七日夜渡河一会。"这种说法与一则民间传说极为相似。相传，牛郎和织女原本都是天上的星宿，牛郎放牧，织女织布，两人兢兢业业，十分勤劳，深得玉皇大帝的喜欢。于是，玉帝便赐婚于他们两人，让两人结为夫妻。但不承想，牛郎和织女在婚后如胶似漆，以致荒废了工作。玉帝盛怒之下，让乌鹊传旨只准他们每七天相会一次。但是乌鹊却误传成每年七夕相会一次。据说，在民间，每当七夕过后，乌鹊身上的羽毛就会脱光，这是对乌鹊传错命令的惩罚，罚它脱毛为牛郎织女相会时搭桥。

版本二：相传，织女是玉帝与瑶姬的女儿，她在见到牵牛后，两人一见钟情，情投意合，便私订终身，但是天条律令是不允许男欢女爱、私自恋爱的。于是，王母娘娘便将牵牛贬到了人间，并惩罚织女不停地织云锦。织女坐在织机旁常常泪流满面，但她还是会尽心织好云锦，为的就是博得王母娘娘大发慈悲，让牵牛早日返回天庭。某日，几个仙女见织女整日苦闷，便恳求王母娘娘让她们一起去人间的碧莲池一游。王母娘娘心情正好，便应允了她们。

话说牵牛被贬到凡间后，生在了一个农民家中，取名"牛郎"。由于父母早逝，哥哥和嫂子待牛郎非常刻薄，于是牛郎便与一头老牛相依为命，一同生活。殊不知，这头老牛就是当年为牵牛求情，被王母娘娘贬到人间的金牛星。一天，老牛突然对牛郎说："你今天去碧莲池一趟，那边有几个仙女在洗澡，你把那件红色仙衣藏起来，红色仙衣的主人就会成为你的妻子。"牛郎见老牛会说话，知道它是个神物，便照着老牛的话做了。那件红色仙衣的主人正是织女，虽然牛郎已经记不起织女，但织女认出了他就是牵牛。于是，织女答应了牛郎的求婚，两人结为夫妇，开始了幸福的生活。不久，他们还生下了一儿一女。

可是，好景不长，王母娘娘知道了此事，速派天兵天将将织女捉回天庭。这一天，织女正在做饭，下地回来的牛郎告诉她说："老牛死了，它说让我剥下它的皮，紧急的时候可以披着它飞上天。"织女听后，自然明白老牛的意思，便让牛郎剥下牛皮，埋葬了老牛。就在这时，刮来一阵大风，织女被天兵天将带走了。牛郎见状，便赶紧披上老牛的皮，挑上一对箩筐，箩筐里坐着他们的一对儿女。眼看就要追上织女了，王母娘娘正好赶来。她见状，便拔下她头上的金簪，在牛郎和织女中间一划，顿时，一条波涛滚滚的天河横在了牛郎和织女中间。

牛郎带着两个孩子在天河这边哭，织女在天河的另一边望着夫君和儿女也哭得声嘶力竭。王母娘娘也被这场面感动，便让牛郎和两个孩子留在了天上，只准每年的七月七日让他们在鹊桥相会。

现在，我们在秋夜天空的繁星中，还可以看到银河两边有两颗较大的、明亮的星星，这便是织女星和牵牛星，在牵牛星的两边还有两颗小星星，这便是牛郎织女的一对儿女。

版本三：《太平御览》卷三十一引《纬书》云："牵牛星荆州呼为河鼓，主关梁；织女星，主瓜果。尝见道书云：'牵牛娶织女，取天帝钱二万，备礼，久而未还，被驱在营室是也。'"文中说，由于牵牛在娶织女时，借了天帝两万钱，因为久久未还钱给天帝，才造成了两人分隔两地的结局。可见，当时作为统治者的蛮横无理。

版本四：传说，织女是天神，而牛郎是凡人。一次，织女在人间游玩，后在湖中嬉水，被一旁路过的牛郎捡走了衣服。两人一见钟情，结为夫妇，并生下一男一女。但是人神恋爱是违反天条的，玉帝命令织女必须离开牛郎。牛郎在看到妻子被抓走后，便马上用扁担挑起一对箩筐，将一对儿女分别放入筐内，去追织女了。眼看就快要追上了，一条大河忽然挡在了他的面前，这就是王母娘娘划的银河。王母娘娘见他们感情真挚，便破例让他们每年的七夕相会一次。

版本五：此说认为牛郎、织女是梁山伯、祝英台死后的化身。梁、祝在凡间没能结成夫妻，双双殉情，化为蝴蝶飞去。马家人闻讯后便派人掘墓，结果没有发现尸身，只发现了两块石头。他们便将两块石头扔在河的两岸，不久后，两块石头竟变成了两棵树，而且枝叶紧紧缠绕在一起。马家知道此事后便又烧树，谁知，树化为两只翠鸟飞上天去了，变成了牛郎星和织女星，分别列于银河两岸。天帝听说此事后，也被他们的故事深深打动，便准许他们七天相会一次。谁知两人却听错了，以为是七月七日相会一次。在唐代白居易的长诗《长恨歌》中有一段："七月七日长生殿，夜半无人私语时。在天愿作比翼鸟，在地愿为连理枝。天长地久有尽时，此恨绵绵无绝期。"有人认为，白居易的这首诗中就是描写的这个故事。

虽然神话故事中的牛郎和织女会在每年的七月七日相会，但神话终归是神话，相距甚远的牵牛星与织女星是不可能在一夜之间相会的。

第五章　地底秘密

神秘的蝌蚪文

禹王碑的碑文究竟是什么意思

4000多年以前，我国的黄河流域洪水泛滥，当时的部落首领便让大禹负责治水工作。聪明的大禹在对全国的主要山脉和河流做过精心的测量和考察后，确定了"疏导河道"的方法。经过大禹长达十几年的努力，洪水终于被他制服了，他也因此受到了人们的崇敬和爱戴。

伟大的治水英雄禹除了为后人做出治水的榜样之外，也为后人留下了一道难题，这就是神秘的禹王碑。之所以说它神秘，是因为碑上刻有难解的碑文。几千年来，所有的文人墨士都未能成功解读此碑文的内容。

相传，禹王碑最先发现于衡山的岣嵝峰上，所以又称其为岣嵝碑。唐德宗时期（779~805），著名诗人刘梦得记述说"祝融峰（衡山的最高峰）上有'神禹铭'古石"，他肯定衡山上确实有禹王碑，但此碑不在岣嵝峰，而是位于祝融峰。

据记载，南宋宁宗嘉定五年（1212），有个名叫何致的人在衡山上终于找到了这块禹王碑。他便照原样临摹了下来，回到长沙后便刻了一块与禹王碑一样的石碑，并且将其树立于岳麓山。明嘉靖十二年（1533），临摹禹王碑便盛行于世。现今，在西安碑林、绍兴禹陵、云南法华山等处都有此碑的临摹版本。

据描述，禹王碑碑面宽 140 厘米，高 184 厘米，碑文分 9 行，一共 77 字。碑文字形好似蝌蚪，既不同于甲骨文，又不同于钟鼎文，是一种从未见过的字体，苍古难辨。我国著名历史学家、甲骨文专家郭沫若先生对此碑文做了三年的研究后，只辨识出三个字。对于碑文的大致内容，自古以来就有许多猜测，一些文人学士不惜耗费毕生的心血来解读此碑文。其中多数人认为碑文讲述的是"大禹治水"的经过，并且还为岳麓山上的禹王碑编织了一个动人的传说。

相传，当年大禹曾经到长沙来治水，并以岳麓山为营地。在大禹的领导下，长沙先民终于将洪水治好。为了感谢大禹，人们纷纷要求在岳麓山的山顶上立一块石碑，并在碑上记下大禹治水的功绩。谦虚的大禹不想将此事传扬出去，便没有答应人们的请求。可是长沙先民却执意要立，否则就不放他回家。无奈之下，大禹只好答应，但却提出了一个条件，那就是碑文要如天书一般，让老百姓不能认识才行。后来，人们便按照大禹提供的字样将"天书"刻在了岳麓山山顶的石碑上。

几百年后，一位老道士云游至此，他看到此碑文后，便好奇地辨认了起来。他辨认了一天，终于认出了 76 个字。正当他为此兴奋之时，突如其来的洪水竟然漫过了山顶，他吓得惊慌失措，一下子把辨认出的碑文内容全部忘记了。而此时，洪水又突然消退了。老道士想着刚才的情景，心想：这碑文一定是天书，百姓不得相认。

传说中的"洪灾"并没有阻挡住人们解读碑文的脚步，相反，人们对"天书"更加感兴趣了，并且还有少数人跳出了"大禹治水"的范畴，他们认为此碑并非禹碑。

杭州的曹锦炎认为这块碑与大禹无关，这碑文上的内容记录的是战国时期越国的太子朱句代表其父越王不寿，上岳麓山祭山的颂词。而刘志一先生却认为此碑是楚庄王三年（公元前 611 年）所立，碑面上的文字为夏代的官方文字，要早于商周的金文。战国时期，此文字逐渐消亡，等到了秦汉时期，绝大多数人就不识得此文字了。刘志一花了 10 年心血终于破译了此碑文，译文的大致内容是楚庄王灭庸的历史过程。他的研究成果得到了一些考古专家的肯定。

众所周知，造字是离不开具体时间和具体环境的；同样，解读文字也要根据具体的时间和环境来推断，所以仅凭碑上的这些文字是考证不出内容的，"禹王碑"也会成为一个无法破解之谜。

青铜器之谜

司母戊鼎留给世人的未解之谜

　　1939 年 3 月，一件巨大的青铜器出土了，这就是国之重宝——司母戊鼎。司母戊鼎是迄今为止出土的最大最重的青铜器，由商代后期的王室所铸。

　　司母戊鼎鼎身呈长方形，上竖两只直耳，下面还有四根圆柱形的鼎足。整个鼎重约 832.84 千克，高 133 厘米，口长 110 厘米、宽 79.2 厘米，鼎足高 46 厘米，壁厚 6 厘米。因为此鼎的形状有点像马槽，所以又俗称"马槽鼎"。

　　司母戊鼎纹饰美观，工艺精湛。除鼎身四面的中央部分是无纹饰的长方形素面外，其余鼎身各处都有纹饰。长方形素面周围的鼎身部分以饕餮纹作为主要纹饰，四面交接处，则饰有扉棱，扉棱上饰有牛首，下面饰有饕餮。鼎耳上也有纹饰。鼎耳外廓有两只面对面的猛虎，虎口中含有人头，鼎耳侧则以鱼纹为饰。四只鼎足上各饰有三道弦纹，弦纹之上各饰以兽面。其造型、纹饰和工艺均达到极高的水平，堪称商代青铜文化的杰出代表作。

　　司母戊鼎无疑又是个千古之谜，从它的发现到保存，以及它的铸造过程，再到其鼎身内的铭文，无不充满神奇色彩。也正因如此，人们对它才更为关注，更加充满好奇。现藏于中国国家历史博物馆的司母戊鼎并非完美之作，因为这座鼎的一只鼎耳是后来补上去的。那么，司母戊鼎的那只鼎耳为什么会丢失了呢？要回答这个问题，还要从司母戊鼎的发现和出土说起。

1939 年 3 月的一天，河南安阳五官村的村民吴希增在吴培文的田地里用探杆探寻文物。突然，他的探杆触到了一个硬物，并且硬物还使得坚硬的探头卷了刃。吴希增心想，这个硬物很可能就是宝物。他和吴培文商量了之后，便召集了几个村民于当天深夜开始了秘密的挖宝行动。到了半夜时分，他们终于看到了宝物——司母戊鼎。可是这只鼎只有一只鼎耳，他们在泥土中寻找了半天也没找到另一只鼎耳。他们估计此鼎在埋入地下时，鼎耳也许就是断的。

司母戊鼎出土后，它又遭遇了许多劫难，还差点落入日本人手中。

虽然方鼎的挖掘是秘密进行的，但消息还是泄露了出去。当时正驻守安阳的日军得知此事后，曾经前来"参观"。后来北平的一个古董商还说愿意以高价收买此鼎，但条件便是要求村民将鼎肢解成小块，以便于他携带。但是村民们意识到这个方鼎是国宝，便没有将其肢解，而是将其秘密藏了起来。也不知是谁泄了密，此事被当地的日本宪兵队知道了，他们曾多次前来搜寻。村民们为了防止国宝落入日本人之手，便将方鼎又移到了别处，而在原来埋藏方鼎的地方，埋藏了其他不太贵重的文物。后来日本宪兵队真的找到了原来藏鼎之处，不过他们得到的却是别的文物，而非司母戊鼎。这样，司母戊鼎才得以保存了下来。1946 年，司母戊鼎才再次出土。

近年来，专家们在对司母戊鼎进行考究后，提出了这么一个问题：司母戊鼎是如何铸造的？虽然在商朝时青铜器的铸造技术已经到了炉火纯青的地步，是我国青铜文化的第一个高峰。但是根据当时的生产力，要铸造这么大的一个方鼎也是极为困难的事情。后来有人推测，当时铸造此鼎的过程大致应该是这样的：

商代时期，冶炼青铜用的是陶制坩埚，其形状如同后来倒置的头盔，因此也有人称其为"将军盔"。据估算，每个"将军盔"可以熔炼约 12.7 千克铜，只能铸造中小型的铜器。如果想要铸造司母戊鼎这样的庞然大物，至少需要同时熔炼 70 多个"将军盔"的铜水，这也意味着要求几百人同时操作。这时，有人便提出了质疑：如此浩大的工程该怎样施工呢？还有人认为当时的奴隶们先分别铸好鼎耳、鼎足和鼎身，然后再把这些部分合铸在一起，最后终于铸成了司母戊鼎。

不过上面所述也只是猜测，还都没有得到论证。司母戊鼎的铸造过程的确是一大谜团，因为即使是在科技发达的今天，都没有人能再现铸鼎的盛况。

司母戊鼎除了给后世留下铸造之谜外，还让人们对它鼎身腹内的"司母戊"铭文产生了种种猜测。

2011 年 3 月 6 日中午 12 点，央视新闻频道《新闻 30 分》播报的一条简单的文物新闻引起了大家的热议。原来，主持人都将"司母戊鼎"播成了"后母戊鼎"。这又是怎么回事呢？

原来，早在上世纪 70 年代，学术界就建议将"司母戊鼎"更名为"后母戊鼎"。司母戊鼎的铭文原本就是"司母戊"三个字，但是因为商代的字体较为自由，可以正写，也可以反写，所以"司"和"后"的字形是差不多一样的。专家们经过深入研究后认为，此鼎很有可能与商王王后有关，因此将其读为"后母戊鼎"更为恰当。不过，在刚刚发现此鼎的时候，并未对其仔细推究，便按照现代人的读法将其命名为"司母戊鼎"了，后来的教科书中也沿袭了"司母戊鼎"。不过在 2011 年的 3 月底，收藏于中国国家博物馆内的"司母戊鼎"正式更名为"后母戊鼎"。

既然称其为"后母戊鼎"，那么这只鼎究竟是为哪位王后所铸造的呢？

在甲骨文中提到过，商朝时，一共有 4 位商王的王后为"戊"，他们是大丁、武丁、祖甲和武乙王。而大丁不在殷墟的 12 位商王之列，所以被排除了。武乙王属于殷墟三期，而考古专家确定后母戊鼎属于殷墟二期的器物，根本不属于同一时期，所以武乙王的王后也被排除。剩下的就只有武丁和祖甲王的王后了。

在上世纪七八十年代，考古人员在后母戊鼎出土地的下方发现了一座殷墟王陵墓群，这里共有 11 座大墓。这些大墓的规模几乎都差不多，考古学家们推测，这些大墓很可能都是商王的墓葬群。不过，这里还有一座仅次于"商王墓"的墓葬，这就是武丁王的王后"戊"的墓冢。可是在此之前发现的武丁王的另一个王后妇好的墓葬却根本不在王陵区。另外，在王陵区也没有发现别的商王的王后之墓，为什么仅有王后"戊"享有此特殊待遇呢？那后母戊鼎会不会就是武丁王为这位特殊的王后"戊"所铸造的呢？这也成为历史留给我们的另一个谜题。

司母戊鼎的种种迷雾增添了它在世人心目中的分量，相信随着考古和科学技术的进一步发展，司母戊鼎的谜团一定会有真相大白的一天。

楚墓中的越王剑

破解越王勾践剑千古之谜

　　1965 年，考古学家们在发掘湖北江陵（今荆州市荆州区）的一座古楚墓时，发现了两把珍贵的宝剑。其中一把便是传说中的"天下第一剑"——越王勾践剑。此剑通长 55.7 厘米，宽 4.6 厘米，柄长 8.4 厘米，重 875 克。剑身雕刻着黑色菱形花纹，正面有"越王鸠浅（勾践），自作用剑"八个鸟篆铭文，专家正是通过对这八字的解读，才确定了此剑的"身份"。

　　勾践剑的出土令考古学家兴奋不已，但随之而来的也有诸多疑团。这把青铜宝剑为何在沉睡了两千多年后未见丝毫锈斑，而且还锋利无比？它千年不锈的原因究竟是什么？另外，越王勾践的宝剑为何会出现在楚墓中呢？

　　越王勾践剑重见天日之后，在学术界曾引起了不小的轰动，人们对宝剑千年不锈的原因颇为关注。刚开始有些人认为，古代工匠们对勾践剑的表面采用过硫化处理的工艺。但是这种说法很快便被推翻了。因为将青铜剑硫化过后，会形成一种叫硫化铜的物质，硫化铜结构不稳定，人们在用剑时，很容易使剑身触碰到其他东西，硫化铜很容易就被磨掉了。既然如此，用此方法来保护宝剑是不太可能的。

一些专家在对勾践剑的成分和其出土的墓地进行研究后，对此问题做出了以下两种解释。

勾践剑不锈的原因之一是此剑的主要成分是铜，而铜是一种不活跃的金属，在一般情况下不容易发生化学反应，也就不会生锈；第二个原因也是最为主要的因素，这与勾践剑所埋藏的特殊环境有关。勾践剑出土前，被放在一座墓棺外的椁室内，椁室周围是用一种质地细密的白膏泥填塞的，白膏泥致密性好，使墓室几乎成了一个密闭的真空。另外，该墓室曾经长期被地下水（地下水基本呈中性）浸泡，几乎完全与外界隔绝。我们知道，在完全隔绝氧气的情况下，金属就不会被氧化，所以即使是在中性或弱酸性水中，铁都不易生锈，更别说不活跃的铜了。

为了证明勾践剑的不锈之谜是由它所埋藏的环境所致，专家们还列举出了几条证据。

第一，勾践剑出土后就被放在囊盒（专门存放文物的器具）中妥善保管，但是在出土后还不到半个世纪，该剑的剑身就不如刚出土时那么明亮了。这说明，目前这么好的保管条件也不如它埋在地下时的条件好。

第二，当时与勾践剑一起出土的还有一把青铜剑，但是它却没有勾践剑明亮。后来查明，虽然此剑与勾践剑同放在一个墓棺的椁室内，不过它所处环境的密封度却不如勾践剑好。

第三，1983 年，在江陵马山楚墓出土了一件与勾践剑时代相近、制造工艺也相近的吴王夫差矛。由于该墓地的保存情况不好，夫差矛在出土时锈得几乎不成样子了，表面布满了绿色的锈斑。

至此，古剑的千年不锈之谜算是解开了，那越王勾践的宝剑为何会在楚墓中出现呢？

刚发现勾践剑时，考古专家兴奋不已，但随之又陷入了困惑。古越国位于现今的浙江一带，那越王勾践的宝剑，又怎会出现在远隔千里之外的江陵楚墓中呢？

香港考古学家吕荣芳和中山大学的专家在对随勾践剑一起出土的竹简进行研究后，一致认为此墓就是楚怀王时期的邵滑（也被称作淖滑）之墓。据《史记·甘茂列传》和《韩非子·内储说下》记载，楚怀王曾派邵滑前往越国，邵滑凭借自己的聪明才智成功实施了离间计，使越国内部的矛盾越来越激化，最后使越国发生内乱。楚怀王就是趁其内乱之际，才一举消灭了越国。吕荣芳认为，很可能是楚怀王为了表彰邵滑这位灭越的大功臣，便将从越国掠夺而来的勾践剑赏赐给他。勾践剑是"天下第一剑"，邵滑自然十分珍爱，另外，这也是他显赫功绩的象征，所以其死后，便将这把宝剑殉葬。

吕荣芳的观点出来后，陈振裕先生又对其提出了反驳意见。他在对勾践剑出土之墓的形状、陪葬的器物，以及出土的竹简进行分析后认为此墓的主人并非邵滑，而是邵固（淖固）。邵固生活在楚威王时期，或者更早些，他生前的社会地位并不很高，只相当于大夫级别，而此墓的陪葬物正符合他的等级。但是邵滑生活在楚怀王时期，地位显赫，这些陪葬物与他的身份不太匹配。另外，史书和墓中的竹简都有记载，在楚威王之前，楚越之间的关系密切，越王勾践曾将自己的女儿嫁给楚昭王为妻。所以陈振裕认为，勾践把自己的宝剑送给女儿作为陪嫁品也是很可能的。据查，邵固是楚悼王的曾孙，对楚国忠心耿耿，楚王便将此宝剑赐予他，其死后便作为随葬品，也是极有可能的。

已故的著名考古学家夏鼐先生则认为，春秋末年，楚国曾联合越国一起攻打吴国，勾践剑也很有可能是作为两国的互换礼物，才流入楚国的。而这次楚墓发掘的主持者，也是著名考古学家的方壮猷先生却说，在被楚国灭掉之前，越国正处于强盛时期，越王勾践最心爱的宝剑是不太可能流入他国的。因此也有可能是越国被灭之后，越国的王子带着勾践剑投奔到楚国，后来又客死异乡，宝剑自此落入他人手中，成为楚国人的随葬之物。

其实，勾践剑之谜还不止这些，比如宝剑埋于地下两千多年为何还锋利无比，轻轻一划就能将20层白纸划破？另外，古人是如何在剑柄上铸出只有0.2毫米间隔的11个同心圆的？这些疑惑都有待破解。

消失的传国之宝
和氏璧到底去哪里了

在语文教材上我们都学过"完璧归赵"一文，故事中的"和氏璧"被战国时期的各诸侯国视为"无价之宝"。各诸侯国为了将和氏璧据为己有，不惜发动大规模的战争，可见和氏璧是多么珍贵和重要。但是令人意想不到的是，这块被各诸侯国争相抢夺的"传国之宝"最后竟没有了踪影，至今下落不明。

关于和氏璧，还有一段曲折的故事，这还要从和氏璧的发现开始讲起。

春秋时期，楚国有个名叫卞和的人，一天，他在荆山下偶然发现了一块璞玉（未经加工的玉料），为了聊表自己的忠心，他将这块璞玉献给了楚厉王。楚厉王找来玉工鉴定了这块璞玉，玉工却说这是一块普通的石头。楚厉王认为卞和在故意欺骗他，盛怒之下便命人砍掉了卞和的左脚，并把卞和逐出楚国。

后来，楚厉王离世，楚武王继位，卞和便又赶紧回到楚国，又将这块璞玉献给了楚武王。但是这次的玉工仍鉴定此璞玉是普通的石头，楚武王又以欺君之罪将卞和的右脚砍下。

等到武王之子楚文王继位后，卞和又想将璞玉献给楚文王，但此时的自己双脚都没有了，无法前去进献璞玉。卞和想着一块珍贵的宝玉就要被埋没了，不禁痛哭流涕，他就这样怀抱璞玉在荆山下哭了三天三夜，到最后眼泪都流干了，泪水变成了泪血。楚文王得知此事后，以为卞和是因为被砍掉双脚而伤心，但不承想，卞和却是因为宝玉被误认为石头，忠贞之士被当作欺君之人而哭泣。文王听后，便命玉工再次鉴定玉璞，玉工当众剖开璞玉，最后得出结论：这是一块世间少有的宝玉。楚文王高兴之余，也为卞和的忠君之心所感动，于是，他便将此璞玉命名为"和氏璧"，并将其奉为国宝珍藏起来。

又过了 400 多年，公元前 333 年，楚威王为了表彰相国昭阳灭越有功，便将和氏璧赐予了他。谁知和氏璧竟然在相国昭阳的手中被偷走了，传国之宝的不翼而飞，令楚国朝廷内外十分震惊。楚国上下便开始了寻找和氏璧的行动，但是最后仍一无所获。

而就在和氏璧失踪几十年之后，突然有一天，赵国一个名叫缪贤的宦官在集市上用重金购买到了一块玉，经鉴定，此玉就是当年不翼而飞的和氏璧。后来，和氏璧就落到了赵王的手里。此事自然是瞒不住的，早就对和氏璧觊觎良久的秦昭王很快就得知了此事。于是，秦昭王便派使者送信给赵王，说要用十五座城来换取和氏璧。赵王对秦昭王的用心自然明了，知道秦国只是借"用城换玉"的幌子来强取豪夺，但是无奈自己国家弱小，抵挡不住势力强大的秦国，正在无计可施之际，蔺相如自告奋勇奉璧出使秦国，并向赵王保证会将和氏璧完好无损地带回赵国。

于是，"完璧归赵"的传世故事就此上演。

蔺相如到秦国后，将和氏璧献给了秦王，可秦王在看到玉璧后爱不释手，蔺相如见秦王无意割城给赵国，便以"璧上有瑕疵，要指给秦王看"为由将和氏璧从秦王手中取回。为了使秦王不逼迫自己交出和氏璧，蔺相如便做出"与和氏璧同归于尽"之状，要一起撞向柱子。秦王怕和氏璧毁损，只好作罢。后来，蔺相如又以"赵王斋戒五日送璧，秦王也要斋戒五日接收璧"为由，让自己的随从乔装打扮，趁机将和氏璧送回了赵国。

五日后，秦王在宫廷内设九宾之礼接待蔺相如。蔺相如便对秦王如实相告，说："如果秦国先割十五城给赵国，赵国自然会给秦国留下和氏璧。但是现在，和氏璧已经被我派人送回了赵国，所以就请秦王治我欺君之罪，将我杀死吧！"秦王虽然对蔺相如恨得咬牙切齿，但杀了蔺相如也得不到和氏璧，并且还会使两国的关系恶化，而假如厚待蔺相如的话，自己也可得一个明君的美誉。于是秦王便以隆重之礼款待了蔺相如，并将他送回赵国，和氏璧果真完好无损地回到了赵国。

但好景不长，公元前 228 年，秦国便攻占了赵国，赵幽王投降，献出了和氏璧。秦始皇统一天下，建立了秦王朝，和氏璧最终落入秦始皇手中。但从此以后，历史资料中就没有了关于和氏璧的记载，和氏璧从历史中消失了。对于它的下落，人们也是众说纷纭，各执一词。

第一种说法是说，秦始皇统一中国后，用和氏璧做成了传国玉玺，代代相传。为了证明此说法的可信性，还有人找到了用刻玺的边角料所做成的玉块。但是这种说法很快就被否定了，因为历史文献中对秦国传国玉玺的记载比较详细，指明它的材质是蓝田玉。因此，用和氏璧做成传国玉玺的说法是没有根据的。

第二种说法认为，秦始皇极度奢侈，和氏璧应该被他带进了秦始皇陵里。当然，这只是一种猜测，我们也很希望这种猜测是真实的，这样的话，至少在将来发掘秦始皇陵地宫的那一天，我们或者我们的后人还有机会一睹和氏璧的风采。

第三种说法是，和氏璧有可能在秦末战争中遗失在垓下（今安徽灵璧）或被项羽夺去了，如果被项羽夺去的话，和氏璧或许就藏在项羽的都城彭城（今江苏徐州）。此说法的依据是：秦末时期，项羽率兵攻入咸阳，对咸阳大肆掠夺，焚烧秦宫殿，挖掘秦陵墓，掠走了大量的宝物，而和氏璧很可能就在其中。

近年来，还有一种说法，说和氏璧流传到了日本。但是由于证据有限，所以仍旧不能考证。

不管人们怎么猜测，和氏璧的遗失都是我国文物界的一大遗憾。不过，也正是因为如此，和氏璧才显得更加神秘。

"灰头土脸"的兵马俑

兵马俑出土"失色"之谜

在秦始皇陵内，最为著名的是皇陵的陪葬坑——秦始皇兵马俑坑，这是世界最大的地下军事博物馆，被誉为"世界八大奇迹之一"。

秦陵内共有 3 个兵马俑坑，俑坑中最多的是武士俑，另外还有将军俑、立射俑、跪射俑、战车等。这些秦俑雕塑栩栩如生，千人千面，其脸型、身材、表情，乃至眉毛和眼睛都不尽相同。这么逼真的雕塑真是令人咋舌，但唯一令人遗憾的是，整个俑坑远远望去，只是灰蒙蒙的一片，绝大多数兵马俑都呈铅灰色，看起来颇显单调。

据曾参与发掘秦俑的工作人员披露，那些兵马俑刚出土时并非现在这般颜色，而都是彩色的。可是就在出土后五六分钟内，这些兵马俑绚丽的色彩便顿时消失殆尽。一些尚留有残余色彩的秦俑，在后来的岁月中也慢慢剥落了，最后便呈现出了我们现在所见到的这种单调的铅灰色。

为什么这些昔日色彩斑斓的秦俑在出土后，一遇到空气就会"黯然失色"呢？这和秦俑身上彩绘的材料有关吗？为此，专家组展开了一系列的深入考查和研究。

专门负责研究兵马俑的考古学者袁仲一先生为了弄清兵马俑的原貌，对不同兵种的武士俑的服装颜色进行了仔细的研究。他发现，当时秦朝政府除了给士兵统一发放铠甲外，士兵的其他衣物都是自备的。同一兵种、相同地位的士兵所穿铠甲的形状和颜色是一致的，铠甲片均为褐色，甲带则是统一的红色。至于其他的衣物，士兵们可以根据自己的喜好随意搭配。所以，兵俑铠甲内的上衣、下衣、护腿的颜色各不相同，异彩纷呈。

袁仲一先生在对武士俑身上衣物的颜色进行分类统计后，得出这样一个结论：兵马俑在入坑时，服装的颜色以绿、红、紫、蓝四色为主，另外还有少许白色和黑色，但未有黄色。也许是秦人偏爱彩色装扮的缘故，秦俑的上、下衣并非是统一的颜色，有的穿绿色上衣，天蓝、粉紫或红色的裤子；有的着红色上衣，下穿深蓝色或浅绿色的裤子。上衣的袖口、领口的色彩也不相同，有的着绿色上衣，但上衣的领口和袖口却是朱红色的；而着红色上衣者，其衣服却有着绿色、粉紫或天蓝色的镶边。

由此可以想象，秦俑在入坑时，其衣着的颜色应是何等的明快和鲜艳。至于这绚烂之景象消失的原因，秦俑博物馆与德国巴伐利亚州文物保护局曾一起合作，对此问题展开了长期的研究。

经过多年的大量实验和模拟，中、德研究专家确定秦俑彩绘的主要成分是中国生漆，是一种天然的矿物颜料，而秦俑彩绘颜料的黏合剂则是动物胶。至于秦俑彩绘损坏的主要原因，著名文物保护专家吴永祺是这样解释的，因为彩绘颜料的颗粒之间，以及彩绘和层次之间的黏附力很微弱，黏附在秦俑底层的生漆又惧怕失水，而出土后的空气比地底下的空气要干燥，所以秦俑在出土后，其底层的生漆会剧烈收缩，起翘卷曲，从而造成整个彩绘层脱离陶制的秦俑。

后来，袁仲一又阐述了他对此问题的看法。他认为秦俑遭水浸泡是彩绘剥落的原因之一。秦陵的陪葬坑在建成后，骊山曾遭遇多次山洪，大量的洪水进入俑坑内，致使秦俑遭受长时间浸泡。其二是自然侵蚀的结果。兵马俑埋藏在地下已有两千多年，遭受了长期的重土压迫和自然侵蚀。他的第三个理由是人为火焚。据史料记载，项羽在入关时曾攻入秦始皇陵，他的大军曾焚烧了秦陵内的许多建筑物，包括兵马俑。他认为，秦俑失色很可能与火焚有很大关系。

这时，又有人提出了质疑，为什么没有遭到水浸和火焚的兵马俑也难逃"失色"的厄运呢？那些没有被水浸火焚的兵马俑在刚刚出土时还是色彩绚烂，可出土后刚一接触空气，很快便失去了色彩。

后来学术界得出了比较可靠也令人信服的一个答案。阳光中的紫外线对色彩的影响很大，秦俑刚一出土，便遭到了紫外线的"破坏"，彩色的雕塑马上起皮卷翘。另外，秦俑在地下"生活"了两千多年，它已经适应了地下的环境，而出土后环境的改变打破了原来的平衡，所以它会不适应，便发生了各种快速的变化。

叙及于此，我们只能叹息，兵马俑失色的原因是因为我们现在的技术有限，没有保护好它。为了不使更多珍贵的兵马俑遭到破坏，现在已基本不再进行大范围发掘了。并且还将一号俑坑已发掘的大部分秦俑又进行了回填，而二号俑坑和三号俑坑也只是在试探性地挖掘。我们若想一睹兵马俑的全部景象，只有等我们掌握了完善的保护技术后，才能将埋在土里的秦始皇的"地下兵团"全部呈现于世人眼前。

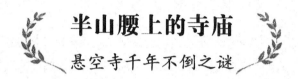

半山腰上的寺庙

悬空寺千年不倒之谜

在距大同市 65 千米处的山西浑源县，有一座看似岌岌可危的古刹——悬空寺。为什么说它岌岌可危呢？单从它的名字就能得知一二，因为这座寺庙是悬在半山腰的。

悬空寺始建于 1500 多年前的北魏王朝后期，"悬挂"在北岳恒山金龙峡西侧翠屏峰的悬崖峭壁间，距地面约 60 米，它的两边是直立 100 多米如斧劈刀削般的悬崖峭壁。在山崖下仰望悬空寺，给人的感觉就像几十根筷子似的木柱支撑着一个层层叠叠的殿阁，好像空中楼阁一般。这座古刹已经历经 1500 多年的风风雨雨了，但仍然保存得十分完好。那么，悬空寺何以历经千年而不倒呢？古人又为何将一座寺庙建在半山腰呢？种种的谜团给悬空寺披上了一层层神秘的面纱，让人禁不住心驰神往。

对于悬空寺不倒的原因，专家们认为主要有以下几点。

第一，悬空寺的巧妙选址。

从侧面看翠屏峰，是一个内收的弧形，而悬空寺正好就建在翠屏峰凹进去的部分，它的全身都被石崖峰顶的突出部分所遮盖。当地震来临时，从山上滚落的岩石只会从悬空寺前面直接落到谷底，根本砸不到悬空寺；当下大雨时，从山顶倾泻而下的雨水只会给悬空寺做一个水帘，不仅淋不到它，而且还会使它更加美丽和神秘；当山下的洪水泛滥时，悬空寺又免于被淹；阳光普照时，四周的大山会为悬空寺遮挡烈日，减少了阳光对悬空寺木质结构的破坏。优越的地理位置是悬空寺千百年来安然无恙的重要原因之一。

第二，木质选材。

悬空寺是一个典型的古代木结构建筑，楼阁本身的框架结构和支撑楼阁的柱子用的都是当地产的铁杉木。支撑楼阁的一根木头凸出的部分插入另一根木头相同尺寸的凹槽里，当地震来临或者受到巨大外力的作用时，部件会彼此错动；当外力消失时，部件又能恢复原状，将破坏力减到最小。这里运用的就是铁杉木弹性强，防震能力强的优点。

另外，悬空寺建筑所用的木料都经过特殊的处理，就是用桐油浸泡过，又刷过多遍漆，所以寺里的横梁虽然已经开裂了，但却没有腐烂，也没有被虫蚁蛀蚀过。这也是其完好无损的一个重要原因。

第三，建造技巧。

有专家认为，表面上看，支撑悬空寺楼阁的是十几根碗口粗的木柱，其实有的木柱根本不受力，真正的重心撑在坚硬的岩石上。也就是，先在山崖上开凿好窟窿，再将木柱插到这些窟窿里，真正支撑楼体的是插到岩石里的木柱，而露在外面的那部分木柱并不受力，起不到多少支撑作用，充其量只是起到保护和防范的作用。所以有人用"悬空寺，半天高，三根马尾空中吊"来形容悬空寺。这样一来，使悬空寺看上去好像是空中楼阁飘忽在山腰间，给人一种"危"与"险"的感觉，但实际上楼阁的重心在山体。所以，悬空寺虽然每天都接待很多香客和游客，但依然能千年屹立不倒。

第四，窄楼道的作用。

悬空寺内多采用狭窄楼道，特别是楼阁处，大多采用狭窄廊道和悬梯相连。这样，香客和游人只能按顺序缓慢而行，避免了拥挤现象的发生，继而减轻了游人对廊道和悬梯的压力，使悬空寺"长立不倒"。

第五，经常性的修缮。

悬空寺是我国仅存的佛、道、儒三教合一的寺庙，在寺院北端的最高层，有座供奉着释迦牟尼佛、老子、孔子的三教殿。有专家认为，正是由于悬空寺三教合一，所以自古以来，不管是信奉佛教的统治者，还是信奉道教或者儒教的统治者，都会因为悬空寺有自己信奉的教派而对其倍加爱护。据史书记载，悬空寺自建成之日起至今曾经历过多次大规模的修缮，现存的悬空寺有大部分建筑都是在明朝时重建的。

或许，正是选址之巧、选材之精、设计之奇这种种原因杂糅在一起，才造就了悬空寺这朵中华建筑史上的奇葩。可是，悬空寺为什么要建造在悬崖绝壁上呢？对于这个问题，人们的说法也不尽相同。

有人说，以前这里雨水很大，洪水也经常泛滥，因此只好将寺庙建在位置较高的悬崖上。在选址时，建筑师见翠屏峰的山势好像一口挂起来的锅，中间凹了进去，于是他便想，将寺庙建在凹陷处的话，石崖顶峰的突出部分便可为寺庙遮挡住雨水的冲刷。而山下的洪水泛滥时，寺庙也可免于被淹。于是，便有了我们现在所见到的建于悬崖上的悬空寺。

也有人说以前这里是去五台山和大同的交通要道，为了方便来往的信徒进香，便决定在此处建一座寺庙。但是，当时经常暴雨不断，浑河泛滥成灾，迷信的人们以为是金龙在捣鬼，便将寺庙建在了浑河的悬崖上，以此来镇压金龙。

关于悬空寺的谜团还不止这些，而正是这一个个谜团和悬空寺独特的建筑风格和文化内涵吸引着古往今来众多的游人。如今，悬空寺就像一个智慧的老者在细数着历史的沧桑轮回，它历经千年风雨却风采依旧，更演绎了一个千年不倒的不老神话。

不着一字，尽得风流

女皇武则天为何要立"无字碑"

人们前往乾陵参观时，除了要去看看那61尊谜团重重的无头石像之外，必然还要凭吊一番武则天的"无字碑"。

在唐高宗李治和武则天的合葬墓前，并立着两块巨大的石碑，即西侧的述圣碑和东侧的"无字碑"。述圣碑是武则天为丈夫唐高宗歌功颂德所立的石碑，石碑上有武则天亲自撰写的碑文，黑色碑面配上金字碑文，使述圣碑在阳光的照耀下金光闪闪，光彩照人。而在述圣碑的映衬下，武则天的"无字碑"看起来却是那么的暗淡无光，因为这座石碑上没有刻一个字。

整个"无字碑"是由一整块石头雕琢而成，碑额无题碑名，正中间刻有一条螭龙，左右侧各四条，共有九条螭龙；在碑两侧有升龙图，各有一条腾空飞舞的巨龙；碑座仰面还有线刻的狮马图；除此之外，碑上还有许多花草纹饰。

树碑立传，自古以来已成惯例，自秦汉以来，帝王将相无不希望死后能树碑立传，将自己一生的丰功伟绩都铭刻于墓碑上。然而，武则天作为中国历史上唯一一位女皇帝，生前虽风光无限，死后却立了一块"无字碑"，很是耐人寻味。碑上为何不刻字？对于这道谜题，自树立"无字碑"以来，人们就开始了揣测。

一说，武则天立"无字碑"是想借以夸耀自己的功德无限，表示自己的功德是无法用语言来表达的。武则天前后执掌朝政长达 50 年之久，在她统治大唐期间，她大力推行改革，通过加强科举制度，使得大量有识之士登上政治舞台，严重打击了豪门世族；在农业上，她奖励农桑，兴修水利，减轻徭役并整顿均田制，使国家的经济发展迅猛，人民的生活水平不断提高；另外，她还加强国家的边防，改善与边境各个民族之间的关系。此时，社会经济继续发展，国力不断上升，稳固和发展了"贞观之治"时期鼎盛和繁荣的景象。

二说，武则天之所以立"无字碑"，是因为她自知罪孽深重，觉得还是不写碑文为好。理由有以下几点：第一，武则天由才人博取唐高宗的信任，后来又不惜杀死自己的女儿栽赃于王皇后，登上皇后宝座，最后又窃取帝位；第二，为了巩固自己的统治，消除异己，武则天大肆杀戮李唐皇室，培植党羽，建立宫廷奸党集团，任用酷吏，实行告密和滥刑的恐怖政策，使不少污吏横行一时，不少文臣武将含冤而亡；第三，在她执政期间，在收复"安西四镇"后又相继丧失，危害了国家统一；第四，武则天在晚年时，生活奢靡，浪费了大量的钱财；第五，如果按照封建正统论来评断的话，武则大改唐为周，是谋权篡位，不可饶恕的罪过。

三说，武则天此举是最聪明之举，她是想让后人去评判其功过是非。不容否认，武则天是位杰出的皇帝，就其才能和对社会发展的贡献来说，她是当之无愧的明君。在"贞观之治"和"开元盛世"之间起到了承上启下的作用。她的功绩，是无法抹杀的。但是她为了巩固自己的地位，任用酷吏，滥杀无辜，这些过错也无法掩盖。因此，武则天深知自己死后，后人会对自己的一生有种种的评价，碑文写"功"写"过"都非易事，因此她才立下"无字碑"，功过是非任由后人评说。

四说，武则天是在用"无字碑"回避问题。此说认为，武则天清楚自己以周代唐，死后又与唐高宗合葬，不知该如何在碑上称呼自己，称"皇帝"或是"皇后"都不恰当，因此只好用无字碑来回避这个问题。

五说，是武则天的继任者唐中宗李显不知该怎么称呼武则天，是称她为"先帝"还是称她为"太后"呢？最后，索性立个"无字碑"了事。

六说，武则天生前就曾为自己拟好了碑文，但是唐中宗李显故意没有为她铭刻碑文。武则天在统治大唐期间，曾大肆杀戮李氏子孙，晚年还谋划将皇位传给武氏子孙。李显虽然是武则天的亲生儿子，但长期在武则天的淫威之下生活，还曾被废又立，因此他对武则天心怀怨恨。但武则天毕竟是他的母亲，他又不能公开发泄对武则天的怨恨之情，但他也不愿为其歌功颂德，所以就故意立个无字的空碑。此说认为，武则天在位时就一再大兴土木，借机为自己歌功颂德，晚年时的她是不会放过借碑文来炫耀自己功德之机会的。还有，武则天比唐高宗晚死22年，她有足够的时间来构思碑文，怎么称呼自己这个难题并不能打消她铭刻碑文的念头。另外，文物专家在考察"无字碑"时，在碑的阳面发现从上到下刻有3000多个长4厘米，宽5厘米的方格，这些方格是当初立碑之时就已刻好的，而不是后人所刻。这说明当时应该已拟好了碑文，碑文的字数大约有3000多字。

七说，在武则天离世后，如何撰写碑文就成了朝中争论不休的话题，但是却一直没有定论。久而久之，碑就一直空着。此说认为，帝王一般不会在自己死前对如何撰写碑文有所建议和命令的，所以皇帝的碑文都是由继任者来编撰的。

八说，武则天离世后，国家动荡不安，时局很不稳定，没有人过于关注武皇帝碑文之事，而等到人们关注此事时，她的那段历史早已被传得各执一词了。所以，后人便无法为其撰写碑文了。

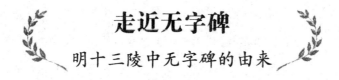

走近无字碑

明十三陵中无字碑的由来

一提起无字碑，人们首先想到的就是武则天的"无字碑"，它留给后世无尽的遐想。其实，除了武则天的"无字碑"，我国历史上还有很多无字碑，比如北京的明十三陵中，除了明成祖朱棣的石碑上有明仁宗为其歌功颂德的三千余字的碑文之外，其余十二陵都是有碑无碑文。为什么这十三陵中除第一陵有碑文，其余的十二陵都不刻碑文呢？这到底是怎么回事呢？

一种说法认为，皇帝功德无量，难以用语言来描述，故干脆不写。顾炎武在其所著的《昌平山水记》中就讲了这么一个故事，传说刚刚即位的皇帝在拜祭先祖的皇陵时，问随从大臣："皇考圣德碑为什么没有字？"大臣回答说："先皇功高德厚，用文字无法形容。"这当然是大臣的阿谀奉承，因为明朝除了明太祖朱元璋和明成祖朱棣外，就没有功绩卓著的帝王了。

另有一种说法将不写碑文的责任推到了嗣皇帝的身上。在《帝陵图说》里有记载，明太祖朱元璋曾说："皇陵碑记，都是大臣们的粉饰之文，不能教育后世子孙。"自他说过这一句话后，写碑文的任务便都落在嗣皇帝的身上，翰林院的学士们再也不用写皇帝的碑文了。所以明太祖朱元璋的孝陵的碑文是明成祖朱棣亲自撰写的，而明成祖朱棣的长陵的碑文，是明仁宗朱高炽亲自撰写的。

但是明仁宗死后，他的继任者明宣宗朱瞻基不知何故就没有为他撰写碑文，甚至都没有立碑。接下来的五任皇帝也没有为其父辈立碑、写碑文。也就是说，明仁宗的献陵、明宣宗的景陵、明英宗的裕陵、明宪宗的茂陵、明孝宗的泰陵和明武宗的康陵这六座皇陵当时都没有建碑写碑文。明仁宗朱高炽在位只有9个月就病死了，献陵是在他死后开始修建的，直到18年后的1443年才彻底完工，那时明宣宗朱瞻基已经死了七八年了。明英宗即位时只有9岁，后来土木堡之变中被掳，之后被软禁，到去世时才38岁。因此仁宗、宣宗或许还没来得及建碑，以后的继任者也就延续下来了。直至明世宗朱厚熜即位后，也就是嘉靖年间才为其祖辈建了石碑和碑亭。石碑建好后，礼部尚书严嵩曾请世宗撰写碑文，明世宗也知这是自己应做之事，但是他迷恋酒色，又一心想"成仙"，对此事根本不关注，自然也就没心思为祖宗碑上写那么多的碑文了，因此就空了下来。

明世宗之后的几位皇帝看到祖宗碑上无字时，便也不再为上一任皇帝写碑文了，因为如果要写的话，就要为上几位皇帝都写上碑文，他们便以精力有限为由，将此事搁置了下来。于是，一代一代的皇帝传下来，就出现了这么多的无字碑。

又有人认为，之所以会出现这些无字碑，是因为自明朝中期以后，皇帝一心只想着美色和玩耍，根本就懒得动笔。还有一个最主要的原因是，明朝中后期的这些皇帝朝政腐败，而又不能将"腐败"的一面写上石碑，所以要写碑文只有加以粉饰，而那么多的空碑要是一一加以粉饰，实在不是易事，因此到最后，这些皇帝干脆不写了。

除了这些观点之外，还有人将这些无字碑与武则天的无字碑联系了起来，认为这些皇帝是在效仿武则天。这些皇帝知道自己有可以肯定的地方，但同时也有许多否定之处，他们很清楚后人们会对自己的一生有各种各样的评价，碑文中写自己的好与坏都不妥，于是只好命后人不写碑文，学聪明的武则天立下"无字碑"，由后世来评说自己的功过是非。但他们的历史功绩实在无法与武则天相提并论。

当然，这些说辞只是我们的猜测，而当时的历代皇帝心里是怎么想的，恐怕只有他们自己最清楚了。

震惊世界的女尸

马王堆古尸千年不腐之谜

20世纪70年代初，在湖南省长沙市东郊发掘了一座古代汉墓，让世界的目光都聚焦在了这里。从此，"马王堆"便成为了一个响遍世界的名字，西方人还将其称之为东方的"庞贝城"。

马王堆汉墓的发掘是我国乃至世界上重大的考古发现，考古学者在这里出土了许多珍贵文物，如纺织品、服饰、帛书等。不过最令人震惊的是其中一个墓葬中的千年女尸，它的出土受到世界考古界的广泛关注。

在此之前，人们也曾发掘出保存千年的古尸，但这些古尸都是木乃伊，是事先处理过的干尸，而这具女尸不同于木乃伊，这是一具保存了两千多年但没有腐烂的"湿尸"，而且外形完整，肌肤还富有弹性，毛发也保存得很好，甚至有些关节还可以转动，堪称"世界尸体保存记录中的奇迹"。

这具女尸生前年龄约为50岁，身高1.54米，体重34.3千克。后来，专家们对这具女尸进行了解剖，发现其内脏器官虽有干缩，但还是相当完整的，并且结缔组织、肌肉组织和软骨等细微结构也保存完好，保存这么完好的尸体在世界考古史中是十分罕见的。经医学鉴定，死者生前患有冠心病、多发性胆石症，以及全身性动脉粥样硬化等病症。另外，在其直肠和肝脏内发现有血吸虫卵，这说明死者生前还患有血吸虫病等。这么多病症，到底她是因何而死的呢？经分析，死者的皮下脂肪丰富，皮肤上也无褥疮痕迹，这说明她是因急病发作而死。后来，解剖医生在其肠道内发现了130多粒甜瓜籽。医学专家据此判断，死者应该是死在夏天，她很可能是食用生冷的甜瓜后引起了胆绞痛，继而诱发冠心病而猝死。

之后，考古学家在对一起出土的帛书仔细解读后，确定此死者名叫辛追，是汉朝一个显赫贵族的贵妇人。为什么辛追的尸体经过了千年却没有腐烂呢？

在打开死者棺木的时候，发现死者被浸泡在棺内约20厘米深的无色液体中（此液体后来变成了棕黄色）。在对这种液体进行检测后发现，此药水中带有少量的硫化汞的防腐物质，所以有人便以为这种液体是一种化学防腐药水。不过这种推测受到了质疑。辛追只是一个贵族夫人，比她身份高贵的人多得是，为什么只有她享此殊荣呢？

后来对棺液的考证也证明了此说是不可靠的。棺液应该是通过土壤以及棺木周围的白膏泥和木炭而渗入墓室的水，后来经过长期的积聚和反应，便形成了具有抑菌作用的棺液。专家们还认为，棺液是保全尸体的一个原因，但绝非是根本原因。尸体不腐的最主要原因还要从其墓葬说起。

女尸在出土前，身上被20多层丝麻织物紧紧包裹着，棺木内满满的，空气很少。棺木的外面还有三层套棺和一个庞大的椁室，椁室上部又覆盖着两层盖板，密封条件非常好。另外，墓底和椁室周围还塞满了厚度将近半米的木炭，填塞的木炭总重量约有5000公斤。众所周知，木炭具有吸水、防潮的作用，可以防止地下水渗入棺木，保持墓穴内部干燥。在木炭的外围还堆积了厚1.3米左右的白膏泥，白膏泥有很好的黏性，渗透性低，对墓穴的密封起到了至关重要的作用。白膏泥上又堆积了一个约有16米高的土堆，这样，深埋在地下的棺木内氧气稀少，从而抑止了细菌的滋生和生长，女尸及随葬品才得以完好地保存了下来。

在马王堆墓地中，还发现有其他墓穴，但是这些墓穴的规模较小，而且墓穴内白膏泥堆积较薄，密封不严实，所以从这些墓穴中出土的文物都有或重或轻的腐烂。从这点上也可以说明，千年古尸不腐的根本原因就在于墓葬完好的密封性。

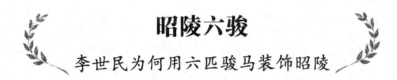

昭陵六骏

李世民为何用六匹骏马装饰昭陵

在陕西关中十八陵中，规模最大的一座皇陵就是唐朝第二位皇帝唐太宗和长孙皇后的昭陵。在昭陵北麓的祭坛之内，有史称"昭陵六骏"的骏马浮雕石刻。其艺术手法简洁浑厚，刻工精湛，具有非常高的文化和艺术价值，是唐代石刻中最杰出的艺术作品之一，鲁迅先生也曾赞扬它"前无古人"。虽然此雕刻极为珍贵，但是一个大唐皇帝为什么要用骏马浮雕，而不用龙浮雕来装饰他的皇陵呢？

在讨论这个问题之前，我们先来了解一下这"六骏"。"六骏"指的就是在李世民开辟大唐基业的重要战役中陪伴他立下赫赫战功的六匹骏马，即白蹄乌、特勒骠、飒露紫、青骓、什伐赤、拳毛騧。

"白蹄乌"是雕刻于西面的第三骏，它全身纯黑色，四蹄洁白，是李世民平定薛仁杲时所乘。武德元年 (618)，唐军初占关中，根基未稳，占据陇西的薛举、薛仁杲父子便率军大举进攻，誓与唐军争夺关中。在对峙了一段时间后，李世民瞅准战机，用少量兵力牵制敌军，自己亲率主力直捣敌军后方，使薛仁杲的军队受到重创，大败而逃。李世民又身先士卒，骑着白蹄乌趁机追击敌军，一昼夜飞奔了 200 多里地，最后迫使薛军全军投降。而白蹄乌也因劳累过度而死。唐太宗给它的赞诗是："倚天长剑，追风骏足。耸辔平陇，回鞍定蜀。"

雕刻于东面的第一骏就是"特勒骠"，它是一匹毛色黄里透白的战马。"特勒"是突厥族的官职名，此马也许是突厥族的某位特勒所赠。公元 619 年，自称是皇帝的刘武周率兵南下争夺地盘，李世民乘"特勒骠"率领 3 万精兵冲锋陷阵，一昼夜与敌军激战 10 次。最后，刘周武全军覆没，刘武周被迫投奔突厥。"特勒骠"在收复河东的战役中立下汗马功劳。唐太宗为它题的赞词是："应策腾空，承声半汉。天险摧敌，乘危济难。"

西面第一骏，也是六骏中唯一旁伴人像的骏马就是"飒露紫"，它是李世民东征洛阳，铲平王世充势力时的坐骑。武德三年 (620) 七月，李世民带领 30 多个骑兵去刺探王世充的军情，不承想，与大队敌军撞了个正着。在这生死存亡的时刻，"飒露紫"驮着李世民，冒着箭雨猛冲敌阵，杀出一条血路，最后却不幸中箭。后来，大将军丘行恭孤身救驾，将自己的马给李世民骑，自己牵着受伤的"飒露紫"回到了营地。丘行恭为"飒露紫"拔出胸前的箭之后，"飒露紫"就倒了下去。浮雕中表现的就是丘行恭为"飒露紫"拔箭

274

之情景。李世民对"飒露紫"的赞誉是："紫燕超跃，骨腾神骏。气詟三川，威凌八阵。"

战马"青骓"是列于祭坛东侧三骏中间的那匹马，它是一匹苍白色杂毛马，是公元621年李世民与窦建德军队在洛阳虎牢关交战时所乘的坐骑。大战时，李世民最先骑上"青骓"，"青骓"驮着李世民急速奔跑，如离弦之箭一般。最后，李世民俘获了窦建德，取得了胜利，但是在战役结束后，"青骓"身中五箭而死。李世民对"青骓"的题词是："足轻电影，神发天机。策兹飞练，定我戎衣。"

"什伐赤"是一匹来自波斯的纯赤色马，排列在祭坛东侧的末位，它是李世民在洛阳城外和虎牢关与王世充、窦建德部队交锋时所骑的另一匹战马。在激烈的战斗中，"什伐赤"身中五箭而亡，而且都在臀部。李世民称赞它："涅涧未静，斧钺申威。朱汗聘足，青旌凯归。"

列于祭坛西侧三骏石刻中间的那匹马名叫"拳毛騧"，它毛色发黄，马身长有旋毛，是李世民在公元622年与刘黑闼进行洺水大战时的坐骑。一般人认为，马身如果有旋毛就是低贱丑陋之马，但是李世民发现此马矫健善跑，所以不嫌它丑。在与刘黑闼大战时，李世民骑着"拳毛騧"日行千里，最后"拳毛騧"身中九箭，战死在两军阵前。唐太宗给它题的赞语是："月精按辔，天驷横空，弧矢载戢，氛埃廓清。"

在了解完这六匹骏马与李世民的故事后，我们再来看看人们对于"李世民用这六骏来装饰陵墓"的看法。

一些学者认为李世民此举表明他对这六骏具有深厚的感情。

李世民出身于将门世家，祖祖辈辈皆是武将，他从小就和骏马结下了不解之缘。所以，他很爱宝马良驹，对这六匹骏马自然喜爱有加。再加上它们还多次与李世民征战沙场，而且还多次救李世民于危难，更为唐朝的统一立下了不可磨灭的功劳。因此，李世民对它们的感情非同寻常。所以在长孙皇后去世后，李世民便请大画家阎立本为六骏画像，由雕刻名家阎立德依形镌刻于巨石之上，他还亲自为这六匹骏马撰写题词，并由大书法家欧阳询将这些赞语写下来，再由阎立德依形刻在原石的上角。

这种说法也不无道理，因为当马被人类驯化之日起，便成了人类忠实的朋友。而人也是有感情的动物，与一个小宠物待的时间长了还会产生感情呢，更别说是搭救自己性命的宝马良驹了。

不过，也有些学者提出了另一种观点，说这六骏记载了李世民戎马一生的光荣事迹，李世民的此举是为宣扬自己在统一全国的战争中的丰功伟绩，以摆脱玄武门事变（公元 626 年，李世民在玄武门发动的一次流血政变，李世民杀死自己的兄长、当时的皇太子李建成，后来自己成为新任皇太子，最后登上皇帝宝座。）对自己的负面影响，意在向人们表明自己是建立大唐江山的真正功臣。

无论唐太宗李世民当时将"昭陵六骏"雕刻于自己的昭陵是出于什么目的，或许二者都有吧，但现在看来都不太重要了，重要的是如此珍贵的文物，却在近代屡遭破坏。现在，本属于中国的"昭陵六骏"中的"飒露紫"和"拳毛騧"两块浮雕却藏于美国费城宾夕法尼亚大学博物馆，而其他四块浮雕（现陈列在西安碑林）也曾被人盗窃，所幸的是，在盗运途中被追回，但它们已不复当日的神采，这不能不说是一大憾事！

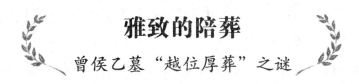

雅致的陪葬

曾侯乙墓"越位厚葬"之谜

 1977 年，在距随州市市区西北约 3000 米处的一个丘陵地带修建工程时，无意中发现了一处古代墓葬。第二年 5 月份，考古学家对此墓葬进行了发掘。经过清理填土、填土下的石板、青灰泥相间的夯层，再取出竹网、丝帛、篾席，木椁才终于展现在世人面前。随后，考古人员又清理出填充在木椁与坑壁之间的 31360 千克木炭之后，木椁才全部暴露出来。前后经过长达两个月的时间，发掘工作才算基本完成。

 这个墓坑东西长约 21 米，南北宽约 17 米，内置木椁，高约 3 米，分北、中、东、西四室，且均为长方形。其中中室面积最大，主要放置着编钟、编磬等乐器和大量的青铜礼器；西室与中室并列，放置有 13 具女性陪葬棺和极少一部分玩具与服饰；面积最小的北室置有大量的兵器、车马器、皮甲胄，还有 2 件高 1.3 米、重 300 千克的大铜缸（酒具），以及 240 多支竹简；东室是墓主的"寝宫"，放置有墓主的特大型双层套棺、8 具女性陪葬棺和 11 具葬宠物的狗棺。

这次发掘出土文物共有 1.5 件之多，其中乐器 1.2 万件，包括编钟 64 件；礼器、宴器 140 件，兵器共 4500 件，其中举世闻名的曾侯乙编钟就出土于此。如此众多，又如此珍贵的文物，真是令人叹为观止。

那么，什么人会拥有这么多的陪葬物呢？考古专家们通过对墓中文物和墓主人的鉴定，确定此墓的主人就是曾国国君——曾侯乙。

可是，曾国只是楚国的附属国，在历史上，曾国只是一个名不见经传的无名小国，为什么这么一个小国的国君墓葬会有此等规模，会有如此多、如此贵重的陪葬物呢？

在当时，礼器有着严格的使用权，也就是说，不同等级之人所使用的礼器是完全不同的，人人只能使用与自己的身份和地位相匹配的礼器。按说，曾侯的级别在当时应该算是很低的，这种级别的人所使用的礼器只能是"七鼎"。可是，从曾侯乙墓中所出土的礼器规格极高，甚至要达到天子所使用的规格了。

不光是礼器，曾侯乙墓出土的乐器规格也非常高。因此，有不少专家就推测曾侯乙生前可能是当时执掌礼乐的"大乐"。但是，这种观点引起一些人的反对，他们的理由是，如果曾侯乙真是周天子的"大乐"，那他的名字就应该会出现在史书典籍中，可现实情况却是，到目前为止，在史书典籍中还没有找到有关曾侯乙的记载，更别提他是"大乐"的记录了。另外，这些人还认为曾侯乙之所以能享有如此高的待遇，特别是礼器和乐器的规格极高，是因为春秋战国时期是"礼崩乐坏"的时代，周天子的地位日趋下降，因此，在当时，"越位"就是不足为奇的事情了。

对于曾侯乙墓，人们除了对"越位"之事有疑问之外，还对此墓为何会出现在随州颇有争议。现今的湖北随州市在当时应该属于随国，那为什么曾国国君会被葬在他国呢？

相关人士认为，曾国其实就是战国时代的随国。这种说法也得到不少学者的认同，因为在我国古代，这种一国两名的现象并不少见。比如，魏国又称作梁、晋又叫作唐、韩又称为郑等等。在石泉先生的《古代曾国——随国地望初探》一书中就对此观点进行了详细论述："随国和曾国都是姬姓国，都是西周分封于江汉的诸姬姓国之一。就两国的地望来看，也是一致的。从宋代出土的曾国青铜器，到曾侯乙墓，都分布在随枣走廊一带，而且都是从南阳盆地迁入随枣走廊的。"由此来看，此说法也不无道理。

不过有些学者却对此说法提出了相反的意见。他们的理由是：据历史文献记载，曾国与随国在西周时期就已经并存了，而曾侯乙时期属于东周时期，所以说，随国与曾国显然不是同一国。

直到现在为止，专家们对曾侯乙墓的这两个问题还存在着困惑和争论，究竟孰是孰非，还需要考古学家们的进一步探讨和研究。

绝壁古棺

破译僰人悬棺的千古之谜

在我国古代，人死后一般使用土葬、火葬或者因山建陵的方式安葬遗体，但是在我国四川省宜宾市珙县、兴文、筠连等县境内却有不少悬挂于悬崖峭壁上的棺木，其中尤以麻塘坝和苏麻湾两处的悬棺数量最多，两处共有260多具。经考古学家考证，这些悬棺是我国古代西南地区一个被称为"僰人"的少数民族的一种葬制，僰人悬棺也被称为巴蜀一绝。

这些僰人悬棺的选材，经科学鉴定为楠木，棺盖和棺身都是用质地坚硬的整木雕凿而成，形体较大，每个棺木重约1000斤，没有刷漆。在悬棺的崖壁上还绘有许多红色的彩绘岩画，内容丰富，线条粗犷，形象逼真。悬棺规格大小不一，一般的悬棺长1.92米，宽0.47米，高0.38米；较大的悬棺长2米，宽0.5米，高0.4米。这些悬棺距离地面的高度也各不相同，一般距离地面10~50米，最高可达100米。僰人悬棺置棺方式主要有四种。

一、木桩式。将木桩楔入岩壁里，棺木放置于木桩上，这是僰人悬棺中最主要的置棺方式；二、凿穴式。在岩壁上凿横穴或者竖穴，棺木放于穴内；

三、天然洞穴式。将崖壁上的天然洞穴稍加修整，用以放置棺木；四、崖礅式。将棺木放置于岩石突出部位之上。

据考证，这些悬棺已经在千仞绝壁上悬挂了数百年，但是虽经历了几百年风雨的侵蚀，它们至今仍牢固地悬挂于高空。当在山风中仰视着那些悬于高崖上令人望而生畏的一具具悬棺时，人们不禁会问：僰人为何将死者悬葬于悬崖峭壁之上呢？他们又是怎么把这么重的棺木放上去的？

对于僰人悬葬死者的原因，大多数专家认为，古僰人是想让死者吸收日月之精气。另外，由于西南地区的少数民族长期居住于大山之间，他们对大山有一种特殊的感情，所以死后也要葬在靠山临水的位置，以表亡灵对山水的依恋之情。而他们之所以将棺木高高挂起，是因为高处可以防潮保尸，也可以防止被盗和猛兽的破坏。

而最受人们关注的问题是所有放置悬棺的地方都在陡峭的石壁中间，四周都无路可走，在科技不发达的古代，古人是怎样将这么重的棺木放置到悬崖峭壁上去的呢？对于此问题，有人提出了"栈道论"和"吊装论"，除此之外，还有"洪水说""隧道说""天外来客说"等等说法。

"栈道论"认为，悬棺是通过修栈道运到悬崖上的洞穴中的，即由崖底或者崖顶向棺木所放置之地一层层搭建，当搭建到所需要的高度时，再将棺木一层层地递过来。之所以有人持此观点，是因为当沿着悬棺所在悬崖下的河水而游时，可以在两岸的岩壁缝隙处看到一些残存的木料，持此论者认为，这些木料就是在放置好悬棺后将栈道拆除后的遗留物。

但是有人对此观点提出质疑，存放悬棺的悬崖多是悬崖峭壁，而且崖壁极为坚硬，在工程技术极其落后的古代，在崖壁上搭建几米的架子也许还能做到，但是搭建到上百米难度就太大了。

赞同"吊装论"的人认为，古僰人是用悬索将棺木置于悬崖之上的。用足够结实的绳索绑住人或者制作成软梯，将绳索或软梯拴牢在崖顶的固定物上，然后人顺着绳索或软梯找到安葬洞口（或者在崖壁上楔入木桩），再在洞口前架设足够长的栈道，接着崖顶上面的人再用结实的绳索将已经封好的棺木卸至洞口（或木桩处），再由站在栈道上的人推进洞中（或木桩上）。

但是，一具棺木有上千斤重，古僰人是用什么机械将悬棺卸下山崖的呢？仅用绳索是不可能做到的。

后来有人提出，古僰人当时已掌握了简单的滑轮技术，比如绞拉辘轳之类的简单机械。而棺木太重，应该不是在崖顶就封好的，极有可能是先将空棺木卸下山崖，再将尸体卸下，最后再卸下盖板，由山崖下的人合上棺木。最后，再将崖下的人拉上崖顶。

但是不管是用什么方法，在陡峭险峻的崖壁上楔入木桩、放置上千斤重的木棺对于技术不发达的古僰人而言，都不是一件容易的事情。关于古僰人的疑云，关于悬棺的疑云仍萦绕在人们心头，使它们充满了神秘的色彩。

神秘的墓主

满城汉墓的主人是谁

在河北省保定市满城县的陵山上，有一座我国目前保存最完整、规模最大的山洞宫殿——满城汉墓。"陵山"名字的由来也源于山上的汉墓，因为在满城汉墓未被发掘之前，当地就传说，这座山是一位古代帝王的陵墓，但人们不知道这位帝王究竟是何人，所以就为此山起名为"陵山"。

那么，这个谜底解开了吗？满城汉墓的主人究竟是谁呢？要回答这个问题，我们先得从发掘满城汉墓开始说起。

在发掘满城汉墓之前，考古学家们并不知道满城汉墓其实有两座墓，他们打开了1号墓。1号墓全长51.7米，最宽的地方为37.5米，最高之处为6.8米，容积近2700立方米。打开此墓的一刹那，在场的人都惊呆了，因为映入他们眼帘的正是传说中的"金缕玉衣"，另外还有大量的稀世珍宝。

但是随之而来的还有一个大大的疑问，墓中怎么没有发现人的尸骨呢？对于此问题，当时中科院的负责人郭沫若先生即刻推测道：也许这座墓只是一座专门埋葬殉葬品的仓库，里面根本就没有人的尸体。如果这种假设成立，郭沫若先生又推断说，这座墓周围应该还有一座或几座大墓，墓主人应该就埋在里面。后来，他经过认真思考，认定在 1 号墓北面的山坡上还有一座墓！根据郭沫若先生的指示，考古工作者开始了第二次发掘，结果还真发掘出了一座墓葬，这就是满城汉墓的 2 号墓。2 号墓全长 49.7 米，最宽的地方为 65 米，最高之处为 7.9 米，容积约为 3000 立方米。

打开 2 号墓的一瞬间，考古队员们又是眼前一亮，因为这座墓里竟然也有一件价值连城的"金缕玉衣"！只是，这件金缕玉衣要比 1 号墓中的金缕玉衣瘦小许多，好像是女性所穿。另外，在此墓中还发现了两件铜器，铜器上刻有"长信尚浴……今内者卧"的字样。除此之外，还发现了刻有"窦绾"和"窦君须"的铜印和写着"中山祠祀"的封泥。由此可以断定，2 号墓的墓主是一位女性。根据所掌握的资料可以推断出，她很可能就是中山王的妻子，名字可能就叫"窦绾"，字"君须"。

虽然又意外发现了一个墓葬，但是这次考古工作的主要问题还是没有解决，满城汉墓的墓主人到底是谁？考古学者们又把目光转向了 1 号墓。

考古队员们从 1 号墓中出土了许多刻有"中山府"、"中山宦者"、"御"等字样的铜器和漆器；还出土了一个刻有"中山御丞"的封泥；另外，还有许多西汉时期的五铢钱。这时，考古专家们就根据出土的这些文物推测，满城在汉代为北平县地，属于中山国，而文物上的字样也表明此墓的主人是中山国的人；墓主有玉衣，这是当时只有皇帝、诸侯王和高级贵族才配穿的殓服，还有一个"御"字。这说明 1 号墓主是西汉中山王的可能性比较大。

但是，西汉中山国曾经有过 10 位国王，这墓中的中山王到底是哪一位呢？

细心的考古专家通过观察 1 号墓的出土文物，发现在铜器和漆器上刻有许多纪年。有"卅二年"、'卅四年"、"卅六年"、"卅七年十月"、"卅九年"、"卅九年九月"，等等，全部都在 30 年以上。考古学家们断定，1 号墓的墓主一定就是汉朝诸侯国中山国的第一位国王——靖王刘胜！刘胜是汉景帝刘启之子，汉武帝刘彻同父异母的哥哥。三国时的刘备，就自称为中山靖王刘胜之后。推断这是刘胜墓的原因就是，在这10个中山王中，只有靖王刘胜在位42年，其他的9位中山王在位时间都没有超过30年。

到现在为止，满城汉墓的主人身份终于算是大白于天下了，只是，刘胜的尸体怎么不见了呢？

后来，专家们在清理修整金缕玉衣时，发现里面有些灰褐色的骨灰与牙齿的珐琅质外壳碎片。这下，考古专家们才彻底松了一口气。原来，刘胜的尸体在历经千年之后，早已腐朽了，而他身上的金缕玉衣又全部锈蚀在了一起，所以当时没有引起大家的注意。

谈及于此，也说明了一个问题：死后即使身穿“金缕玉衣”，尸体照样会腐朽，这是汉代的那些帝王将相做梦也没有想到的。虽然他们费尽心思、重金打造金缕玉衣，终究没能保住尸骨。

而说起金缕玉衣，有一些专家不禁发出了疑问：据文献记载，玉衣分为金、银、铜三个等级，按照汉代的规定，不同等级的王公贵族在死后要穿不同等级的玉衣。只有皇帝才有资格葬以金缕玉衣，诸侯王、列侯、贵人、公主等人只能穿“银缕玉衣”入葬，而大贵人、长公主死后只能穿“铜缕玉衣”。可是，靖王刘胜只是一个诸侯王，按规矩只能穿银缕玉衣，可为什么他们夫妻竟敢冒犯大汉律例，穿金缕玉衣入葬呢？

有人说，刘胜这么做可能是为了显示自己的尊贵，但多数人认为他是想使尸体不朽。汉代时期，人们都认为“玉能寒尸”。所以，汉代的王公贵族们才不惜花费大量人力、物力来为自己做玉衣葬服。据说，制作玉衣所用的玉料要经过开料、锯片、磨光及钻孔等多道工序，每一枚玉片的大小和形状都必须经过精心设计和加工，制作过程非常复杂。相关人士用现在的科学手段对玉衣进行了测定，发现玉片上有些锯缝只有 0.3 毫米，钻孔直径仅 1 毫米。在汉代那种技术手段还很落后的情况下能做出如此繁杂精细的玉衣，实在是令人惊叹！当然，制作一件玉衣所花费的人力和物力极其昂贵，据推算，在汉代，制作一件玉衣需要花费一名玉工至少十年的时间。

不过，虽然汉代的王侯将相们并没有从金缕玉衣上实现自己的愿望，但他们却给后人留下了一笔难以用金钱来衡量的珍贵文物。

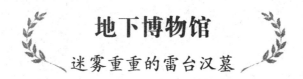

地下博物馆
迷雾重重的雷台汉墓

在甘肃省武威市的雷台公园里有一个雷台，是古代祭祀雷神的地方。1969 年，当地农民在雷台老槐树下挖战备地道时，意外发现了一座东汉晚期的大型砖室墓，故称此墓为雷台汉墓。考古界人士对雷台汉墓进行发掘后，发现此墓虽遭多次盗掘，但遗存的文物还非常多，从墓内出土了金、银、铜、铁、玉、陶器共 200 余件，堪称是一座"丰富的地下博物馆"。

而这座丰富的博物馆除了带给人一场视觉盛宴和一种心灵上的震撼之外，随之而来的还有诸多的疑云和谜团。

在众多的文物中，最值得一提，也最引人注目的是铜奔马。铜奔马高34.5厘米，长45厘米，重7.15公斤，呈绿古铜色。铜奔马昂首嘶鸣，三足腾空，右后蹄立于一只飞鸟之上，给人一种轻盈矫健、腾云凌雾、一跃千里之感。铜奔马的铸造技艺之精湛，堪称青铜艺术之最，它也因此被国家旅游局指定为中国旅游标志。

不过，现在人们提起铜奔马时，一般都称其为"马踏飞燕"、"飞燕骝"、"马踏龙雀"等，因为有很多人认为"铜奔马"这个称谓虽然直观明了，但这具铜马的最精妙之处是马蹄下的"飞鸟"，仅以"马"为名，不足以表现其浪漫的意境。有人认为马蹄下踏的是燕子，因为飞燕的速度同样惊人，而且历朝多有以飞燕来喻良马的诗文，所以就有了"马踏飞燕"和"飞燕骝"之名。而另一些人认为，马蹄下鸟儿的造型不像是燕子，而是龙雀，故而有了"马踏龙雀"之说。

然而，究竟奔马右蹄所踏是"飞燕"还是"龙雀"，抑或是其他鸟类，因为文物中并没有标明，从其他历史资料上也尚未找到有关记载，所以我们暂且无法定论。

关于铜奔马，又有人提出了一个问题：这匹腾空而起的飞马到底想要表达什么文化内涵呢？

有专家认为，马蹄下的飞鸟眼神精锐有力，尾部还有一个未透的小孔，这是猎鹰尾部系铃的象征，所以这匹马的造型应该是狩猎时用的宝马良驹，反映的应该是狩猎的场面。

另有人认为它是相马的马式。《齐民要术》中相马序语记载的相马身体特征与铜奔马的身体部分特征相差无二，湖南马王堆出土帛书《相马经》记载的飞燕与奔马蹄下所踏飞鸟的形象完全一致。因此，专家们认为铜奔马是一件相马用的铜马式。

除此之外，也有人认为这是一匹"天马"，"天马"与"飞鸟"都是飞在天上的。此说认为这个铜奔马表达的是道家羽化成仙的思想。

　　各种说法各不相同，对于铜奔马的文化内涵的说法也莫衷一是，铜奔马究竟代表着什么意义，相关研究界还没有对外给出统一的说法。

　　除了铜奔马之疑云之外，墓主的身份之谜同样困扰着人们。因为在雷台汉墓出土的三件马俑胸前有"守张掖长张君"的字样，所以有关专家将墓主的身份定为"守张掖长张君"。

　　不过，此说法并不能令所有人信服，有些人认为，马俑有其具体的功用，仅凭马俑上面的铭文就断定墓主人的身份有失妥当。另外，从墓葬的规模和陪葬品来看，此墓应是一座王墓，而不应是偏远地区的守官"守张掖长张君"。再者，铜奔马，以及与其一起出土的"成组车马俑"、手执利器的武士和"将军"银印都表明，此墓墓主应该拥有自己的军队和武器装备。由此可得知，墓主生前应该是一个武装割据政权的核心人物。那么，这位大人物到底是何人呢？

　　有人提出，墓主人应该是个道人，因为从雷台汉墓中出土的兵俑平冠素衣，与东汉末年道人的穿着记载相符；还有出土的女俑的装束，与现在女道士的装束也很相像。此外，有8件出土的铜马上刻有"冀张君"，"守张掖长张君"的字样。"冀"应该指现在的河北省，"冀张君"就是指河北张。张掖位于甘肃河西，那么，"守张掖长张君"指的应该是河西张。这表明刻有"冀张君"的铜马是河北张陪葬之物，而刻有"守张掖长张君"的铜马是河西张陪葬之物，为什么河北张和河西张都要为墓主人送陪葬品呢？这说明，墓主应是河西张和河北张的共同祖先。而河西张和河北张都出于四川，所以可推想而知，墓主应该也是四川人，姓"张"。综合这几点，自然就会想到道教的祖师张道陵。

另外，雷台汉墓出土的卤薄仪仗由 99 件器物组成，而道教中认为 "99" 是个至大至尊之数，这也说明墓主人是以道教的最高礼仪下葬的，应该是道教地位最高的人，这一点和张道陵也是相符的。还有，从雷台汉墓中还出土了一种 "五朱" 钱币，这和东汉政府所用的五铢钱在形制上大不相同。东汉末年，张道陵、张衡、张鲁所领导的势力割据一方，私自铸钱。据史书记载，"五朱" 钱币和 "五金" 钱币应出于张道陵。

因此，雷台汉墓的主人极有可能是张道陵。而铜奔马、"成组车马俑" 和墓主人是按照天马、天师、天神的次序排列，描述的是张道陵死后羽化飞升，就任天帝之位的场景。

不过，虽然推断墓主是张道陵的分析论据充分，有条有理，但真相是否如此，我们还要等待专家们的最后定论。

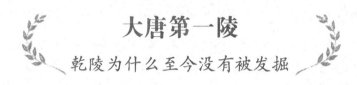

大唐第一陵

乾陵为什么至今没有被发掘

乾陵是唐朝规模最大的皇陵，它作为一座二帝合葬墓，在中国甚至世界都可以说是空前绝后的。因为营建乾陵时正值盛唐，国力十分雄厚，另外，乾陵的修建时间长达23年，由此可以想象得到，乾陵内的陪葬物肯定是极为丰厚的。

自古以来，凡是帝王将相的陵寝多半都会遭到盗墓贼的觊觎，比如，关中70多座帝王陵墓和数百座陪葬墓，绝大部分都被盗墓贼光顾过，但出乎世人意料的是，乾陵至今都完整无损。为什么陪葬物极为丰厚的乾陵会逃过盗墓者的贼手呢？乾陵里究竟有多少宝物呢？

其实，盗墓贼的目光并没有放过乾陵，想要盗掘乾陵的人可谓是数不胜数，仅历史上有名有姓的盗掘乾陵者就有17个。但是，从公元705年至今，在这长达1300多年之间，却无一人盗掘乾陵取得成功。比较大的盗墓活动有以下三次。

唐朝末年，黄巢在占领长安后，就曾派40万军队前去乾陵盗墓。他们在梁山西侧连续挖了很久，最后竟然挖走了半座大山。但是因为他们不懂乾陵坐北朝南的结构特点，挖错了方向，最后以无果告终。

五代时期，耀州刺史温韬也对乾陵觊觎已久，他曾带人在光天化日之下公然挖掘乾陵。但说来也奇怪，他曾三次上山前往乾陵，但是出发之前还是晴空万里，艳阳高照，一到梁山就会风雨大作，而只要人马一撤，天气又会立即转晴。温韬在多次挖掘未果后，只好断了此念头。

据说，民国初年，国民党孙连仲的部队曾用炸药炸开墓道3层竖立石条，正当盗墓者窃喜之时，一股浓烟突然从墓中冒出，盘旋直上，变成了龙卷风。一瞬间，石子尘沙四处乱飞，7个士兵当即吐血身亡，其他人见状急忙逃窜。

无疑，这些失败的盗墓事例使乾陵更加神秘了。但是不管上述事例是真是假，对于乾陵没有被盗的原因，有人指出主要是乾陵修建得过于坚固。

据说，在命星相学家袁天纲和掌管天文历法的太史令李淳风为唐高宗选好将来的墓地后，唐高宗随即在山上为自己建造陵寝。在他死后，便将灵柩和礼仪祭器葬于此地，然后用巨型石板封闭玄宫洞口，又在石缝间灌注铁水加固。武则天死后，又重新将地宫洞口打开，将武则天葬入之后，又用巨型石加固，重又在石缝间灌注铁水。另外，乾陵是按照"因山为陵"的葬制，将梁山主峰作为墓冢，在山腰凿洞修建了地宫。由于乾陵墓道完整，而舍墓道，从石山腹部另凿新洞进入地宫则有很大的难度。

因为乾陵没有被发掘，历史史料中对于乾陵陪葬物也没有过多的记载，所以，对于乾陵下埋葬的宝物我们也就只能猜测了。

另外，唐高宗李治在生病时就留有遗诏，命人在他死后要把他生前喜爱的画全部随葬入墓。而武则天也才华横溢，但是我们现在所看到的《全唐诗》中只有她很少一部分诗作。所以有人猜测，武则天其他的失传佳作很有可能就跟随她一起被葬在了乾陵里。更有一位在乾陵进行长期采访的作家提出大胆猜想，乾陵中大约存有 500 吨的文物。

不过，猜想终归是猜想，乾陵里面的秘密只有等乾陵打开的那一天才能被揭晓了，相信届时会有许多历史悬案被解开。

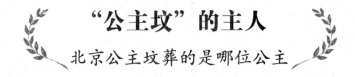

"公主坟"的主人

北京公主坟葬的是哪位公主

自从电视剧《还珠格格》热播后，人们对于北京西郊复兴门外，复兴路和西三环路交界处的"公主坟"就产生了极大的兴趣和好奇，这个公主坟内埋葬的究竟是哪位公主呢？对于这一问题，民间历来就有许多传说。

第一种说法，此公主是降清明将孔有德之女孔四贞。这种说法流传最广。

传说，明将孔有德在降清后屡立战功，他攻下南京、占领贵州，因此，顺治帝于顺治六年（1649）封其为"定南王"。顺治九年（1652），孔有德在桂林遭到明将李定国的围困，受伤后自知无法突围出去，便自杀身亡。顺治帝的母亲孝庄皇太后就将孔有德之女孔四贞收为义女，封为和硕公主，她也是清朝唯一的一位汉族公主。相传，她死后就被葬在了北京西郊。

第二种说法，此公主是元帅金泰的妻子。

相传，汉人金泰从小被满族人所收养，因立下战功被封为元帅。一次，他在游园时偶遇公主，两人一见钟情。然而，一些忌妒他的朝中老臣却故意诬陷他，向皇帝数落他的种种不是。最后，皇帝将金泰流放在外，生活的艰辛加上对公主的日夜思念，使得金泰贫病交加。后来，他上书公主，说见信时我已不在人世了。公主收到书信后，伤心欲绝，就服下毒酒，追随金泰而去。皇帝无奈之下，便将金泰草草葬在了香山，而将公主远远地埋在了今天的"公主坟"。

第三种说法，此公主是乾隆收养的义女。

相传，有一年，乾隆与刘墉、和坤到民间微服出巡。行走中，不知不觉日头已落山，乾隆感到又累又饿，于是他们三人便走进一个村庄，向一位农户借宿。农户家只有一个老汉和一个小姑娘，老汉忠厚善良，让他们免费吃住。乾隆见这小姑娘很是俊俏，非常喜欢她，便对这位老汉说："老人家，你要乐意，就让您的女儿给我做干闺女吧！"老人一听，很是高兴，便让女儿过来拜见了干爹。乾隆给了老汉一锭银子，让他拿去给孩子做几身衣裳，随后，又掏出一块黄手帕递给小姑娘，说道："孩儿如遇急难，可拿它到京城找我，只要一打听皇……"，这时，刘墉故意咳嗽了一声，接过话说："打听皇家大院！"乾隆也急忙附和道："对！对！皇家大院。"

谁知，几年后，这个村庄连年闹灾荒。父女俩实在过不下去了，只好到京城来找姑娘的干爹。可是，父女俩找遍北京城，也没找到这个黄家大院。不久，老汉就得了重病，姑娘没钱给父亲治病，情急之下来到护城河边想投河自尽。而就在这时，刘墉正好从此地经过，于是，他便将姑娘和老汉带进宫中。乾隆自然是早忘了此事，但是有刘墉作证，皇上想赖也赖不掉。于是便将姑娘和老汉留在宫中。可是老汉没过多久便去世了，他在死前嘱咐女儿，一定要将他的厂骨葬于家乡。

父亲死后，姑娘郁郁寡欢。再加上姑娘长得漂亮，皇妃和其他公主都忌妒她、欺负她。姑娘整日以泪洗面，天长日久，就憋出了病，最后病死在了宫中。乾隆准备将其草草埋葬，但刘墉却说："这位公主虽说不是皇上亲生，可却是您自己认的干女儿啊！并且有信物为证，就这么草草葬了，皇上脸上可不光彩呀！"乾隆无奈，只好传旨，按公主的礼仪把姑娘葬在了"公主坟"。

不过，这些终归是传说，其实对于公主坟内的公主是谁，早在1965年北京市政府修建地铁一号线时，文物部门就对公主坟进行了考古发掘，又经过对历史资料进行考证后，证实了公主坟埋葬的是嘉庆皇帝的两位公主。

这两位公主分别葬于东西两边，东边葬的是庄敬和硕公主，她是嘉庆的三女儿，为和裕皇贵妃所生，庄敬和硕公主生于乾隆四十六年（1781）十二月，于嘉庆六年（1801）十一月下嫁给蒙古亲王索特纳木多布济，死于嘉庆十六年（1811）三月，年仅三十一岁；西边葬的是庄静固伦公主，是嘉庆的四女儿，为孝淑睿皇后所生，庄静固伦公主生于乾隆四十九年（1784），于嘉庆七年（1802）下嫁给蒙古族土默特部的玛尼巴达喇郡王，死于嘉庆十六年（1811）五月，年仅二十八岁。

根据清朝的祖制，下嫁的公主死后不能葬入皇陵，也不能葬入婆家的墓地，必须另建坟茔。所以，和硕公主和固伦公主死后只能另建墓地。由于她俩死于同一年，仅仅相差两个月，所以便埋葬在了同一地方。这两个墓葬都是夫妻合葬墓，陪葬有许多珍贵物品。墓地原来有围墙、仪门、享殿等地面建筑，周围种植有许多古松、古柏和国槐、银杏等树木。陵墓地宫均为砖石结构，十分坚固。

第六章　文化名人

圣贤的传说

老子李耳是否真的存在

老子是我国古代伟大的哲学家和思想家，道家学派的创始人。他在唐朝时期被尊封为太上老君，著有《道德经》（又称《老子》）一书流传于世。其作品的精华是朴素的辩证法，主张无为而治，老子的学说对中国哲学的发展具有深刻影响。

然而，就是这样一位历史名人，关于他的生平、著述和思想的记载却非常少。战国时期名人文士的著作中都没有提及老子和他的生平事迹。流传后世仅有的一些记录又相互矛盾，没有一个确切的说法，所以后世学者对于历史上到底有没有老子这个人众说纷纭。

根据《史记·老子韩非列传》中的记载，老子姓李，字聃，又称老聃、李耳，春秋时期楚国苦县厉乡曲仁里人。这些认识都是世人普遍认可的。《史记·老子韩非列传》也是目前所能了解到的最早记载老子生平的文字。司马迁在书中详细记载了老子的姓名、籍贯和身份等内容。

尽管如此，学术界对于历史上是否真正存在老子其人一直争议猜测不断。而且《史记·老子韩非列传》中对老子的记载也有很多地方让人疑惑，因为书中除了记载老子本人，还分别出现了两位叫老莱子和太史儋的人，让人不明所以。历史上最早提出质疑老子是否存在的学者是北魏时期的崔浩，但是他的论述已经失去记载。

根据中国现代古典文学专家孙次舟先生在《古史辨》中的记载，他是完全否认了老子这个人的存在。认为老子不过是庄子塑造的一个虚构人物，《老子》一书也是由庄子的学生们所编撰而成的。主要依据有以下几方面。

第一，历史上的正史名著《论语》、《墨子》和《孟子》中都没有任何关于老子的记载，直到《庄子》一书中才开始提及老子这个人物的存在。

第二，《庄子》所记载的老子的故事，都是后世演绎的结果。而且，《庄子》内篇中所述的老聃不过是为了诋毁孔子而捏造出的人物。之后出现的《老子》一书也不过是庄子的学生们为了证明老子的存在而编撰出来的一本书籍。至于《史记·老子韩非列传》中所记载的内容就更是不可信。

但是很多学者对于孙次舟的观点进行了否定。根据这些学者所讨论举证的各种史料来看，否认老子这个人物的存在是没有确切可靠的证据的。专家们通过对《庄子》一书的详细考证，认为书中所记载的内容还是建立在事实基础上的。并且，除了《庄子》所记载的内容以外，《论语》和《墨子》等书都提到过老子这个人物。

根据司马迁《史记·老子韩非列传》中的记载，孔子曾向老子请教礼的学问。老子说："善于经商的人都把货物隐藏起来，好像什么东西也没有，君子是具有高尚品德的人，他的容貌谦虚得像愚钝的人。抛弃您的傲气和过多的欲望，抛弃您做作的情态神色和过大的志向，这些对于您自身都是没有好处的。"孔子拜谢离去之后，对自己的弟子们说："鸟，我知道它能飞；鱼，我知道它能游；兽，我知道它能跑。会跑的可以织网捕获它，会游的可制成丝线去钓它，会飞的可以用箭去射它。至于龙，我就不知道该怎么办了，它是驾着风而飞腾升天的。我今天见到的老子，大概就是这种龙吧!"

司马迁通过这个故事的详细描述，明确表达了老子学说和儒家学说的关系——"世之学老子者则绌儒学，儒学亦绌老子"，意思就是信奉老子学说的人就会排斥儒家学说，反之，信奉儒家学说的人就会排斥老子的学说。不仅如此，司马迁还在《史记·老子韩非列传》中详细记载了老子的生平和著述《老子》一书的情况。

然而，令后世很多学者质疑的是司马迁在《史记·老子韩非列传》中所提及到的另外两个人物——老莱子和太史儋。司马迁在写老莱子的时候，用了"亦楚人也"这样的句子，说明司马迁认为老子和老莱子不是同一个人。但是根据《庄子》一书中的记载，孔子曾经向老莱子请教过问题，老莱子的回答和老子给孔子的建议非常相似，这就不得不令人心生疑惑了。而书中提到太史儋，问题就更为复杂了。司马迁在书中记载了这样一件事，在孔子死后的一百二十九年，太史儋晋见秦献公的时候曾说："当初秦国隶属于周朝，可是在五百年以后又分开了，分开七十年以后，就会出现一个称霸为王的人。"后世有人说太史儋就是老子，也有的人说不是，一直以来都无法确定哪一种说法才是正确的。根据司马迁所阐述的这件事看来，他也不很确定这个说法的真假性。如果说太史儋就是老子的话，那老子生活的年代应该在孔子之后，也就是战国时代。如果真是这样的话，就会出现一个更头疼的问题，那就是孔子和老子所生活的年代谁更早一点呢?

不管孔子和老子生活的年代谁先谁后，在没有确切史料作为论据的情况下，我们基本可以断定老子这个伟大人物是真实存在于历史的。只是老子过的是半隐居的生活，所以不为当时的人所熟悉，也是理所当然的。同时，老子作为我国古代一位伟大的哲学家和思想家的地位也是不容置疑的，是被后世所尊崇的历史人物。

挺拔俊朗美男子

孔子的相貌究竟是什么样的

孔子是我国儒家学说的创始人，也是伟大的思想家和教育家。从汉武帝开始，孔子所创立的儒家学说就登上了"独尊"的地位，并同封建制度融为一体，被历代的王朝所尊崇。在后来不断的丰富、完善和发展下，儒家学说成为了涵括伦理学和哲学等诸多学科的综合性学说，对民族性格和心理形成起到了重要的作用。儒家学说也渗透到了当时社会的各个领域和层次，不仅影响了我国两千多年的社会和文化，还影响了包括日本、韩国等诸多国家。

在孔子去世后的三百年里他的身份一直是位学者，直到公元前 195 年，汉高祖刘邦到山东祭祀孔子，并封孔子的第九代孙子孔腾为"奉祀君"。后来，汉武帝刘彻推崇"罢黜百家，独尊儒术"，才使得孔子的地位越来越高。之后的历代君王都对孔子的后人加以封号，孔子的各种画像也开始纷纷出现。对于这样一位影响深远的伟人，后世学者千百年来除了对他所创立的儒家学说进行多番研究以外，还关心另外一个问题，那就是孔子到底是什么样子呢？我们如今所看到的孔子形象，都是后人们想象出来的。孔子的真实长相究竟是怎样的呢？后世的人们对此进行了无休止的猜测和争议。

后世的很多学者也都认为孔子天赋异相。但是光凭"天赋异相"这四个字是无法断定孔子的具体长相的。孔子是美是丑，是高是矮，是胖是瘦都无法确认。后人因为不清楚孔子那个时代人的长相，所以只好说他长得不同于一般人。司马迁就曾说过孔子圩顶，圩就是周围高中间低，从这点我们可以想象出孔子的两个额角应该非常高，中间有明显的凹陷。而在明代所塑造的孔子像就很明显地有着这样的特征，除此之外，塑像的孔子还有着小暴牙和大耳朵。

在孔子的老家就有一份档案详细地描述了孔子的形象，在这份档案里面还说到了孔子的腰围："先圣身长九尺六寸，腰大十围。"这里面所谓的"围"，《辞海》里面的解释就是："计量圆周的约略单位，即两手的拇指和食指合拢的长度。亦指两臂合抱的长度。"按照这种解释的标准，那么"十围"就是三米了。这显然是不可能的。可见这种记述并不准确。

根据司马迁在《史记·孔子世家》中的一段记载：孔子来到郑国的时候，同弟子们走散了，独自一人站立在东边的城门外。而这个时候弟子们则在着急地寻找孔子，附近的人们看到这个情形便走过来，对孔子的弟子子贡说："我刚刚在东门外看见一位身高大约是九尺六寸（这是古代计量身高的单位）的人，长得浓眉大眼，额头宽宽大大的。他的头看起来有点像尧，脖子像皋繇，肩膀倒有点像子产，可是腰部以下却像大禹，只是似乎比较矮了一点。他的样子看起来似乎很狼狈，像条丧家之犬呢！"虽然这段话没有详细描述孔子的长相，但是根据郑国人对孔子的描述，我们还是可以想象孔子的相貌不凡。因为郑国人所举出与孔子相对比的尧、禹和皋繇都是古代的圣王、贤臣。描述孔子长得像他们，可以看出孔子应该是很有圣人的仪态的。

其实，孔子形象的变化也体现在画像中，最早出现孔子画像的是武梁祠汉画像石的《孔子见老子图》。汉画像石中所描绘的孔子形象，大部分都是学者模样。而自古至今，流传最为广泛的孔子形象，则是唐代吴道子所绘《孔子行教像》。在这幅画像中，孔子是一位不着官服，拱手站立，面目慈祥的老人。

虽然后世不断有学者在探讨孔子的相貌，但却一直没有一个统一的版本。历史上的孔子到底长得什么模样，已经是无法考证了。后世所争论的各种各样的孔子相貌也都是建立在历史文献和个人想象的基础上演绎出来的。孔子到底长什么模样？恐怕会成为一个永远也无法解开的谜团了。既然如此，任何机构或者个人，都可以从自己所理解的角度出发，去描绘自己心目中的孔子形象。

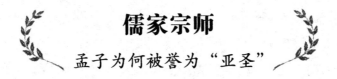

儒家宗师

孟子为何被誉为"亚圣"

孟子（前372~前289），名轲，字子舆，邹国（今山东省邹县东南）人。我国古代著名的思想家、教育家，战国时期儒家的代表人物。著有《孟子》一书。孟子是孔子之孙孔伋的再传弟子，继承并发扬了孔子的儒家思想，成为孔子之后的一代儒家宗师，因此被后世称之为"亚圣"，同孔子合称为"孔孟"。然而，后世的人们为什么会给予孟子如此高的赞誉呢？

孟子是孔子之孙孔伋的再传弟子，孟子继承了孔子的守旧思想，推崇复古，反对变法，主张维护阶级等级秩序。不仅如此，孟子还提倡仁政，提出"民贵君轻"和"性善论"的民本思想观点，在中国几千年的封建历史中占据着重要的地位。最初，孟子到达了齐国，在齐威王的面前宣扬他的观点，但是齐威王并没有接受他的主张。然后，孟子又来到了梁国，在梁惠王的面前游说，梁惠王认为孟子的观点见解不符合当时的实际情况，也没有任用他。那么，为什么齐国和梁国的君王都不肯任用孟子呢？这就要从当时整个社会环境说起。

孟子所处的时期是战国中期，正是各国之间争相任用法家人才富国强兵，四处征战吞并的争霸时代。各国都把增强国家军事实力提高到重要地位。秦国通过"商鞅变法"，使得国家民富国强；楚国和魏国任用吴起，战胜了敌兵；齐国任用了孙武和田忌让国势变得越加强盛。而此时，孟子所主张推崇远古舜尧时代和夏商周三代的仁政德治来管理国家，是不符合当时的社会背景的，当然不会被各国君主所采用。孟子在各国之间宣扬自己的政治主张，前后历时二十多年，但依然没有得到实行的机会。万般无奈之下，孟子在晚年的时候回到故乡邹国，开始教授学生，并著有《孟子》一书。

根据孟子在《孟子》一书中的记载，他详细阐述了自己的主张，继承孔子的思想，反对变法，维护阶级等级秩序。他还提出为了缓和阶级矛盾的"仁政"学说，主张"民贵君轻"。甚至为了推行自己的"仁政"主张，他还建议君王把君位让给贤能之人。孟子还呼吁不误农时，减轻赋税和免去刑法。他还在哲学方面提出了"性善论"，认为每个人生来都是性善的，教育的目的是为了启发每个人的良知。孟子是继孔子"仁爱、礼治"之后，发展和完善儒家思想的一代儒家宗师，他和孔子的主张被尊称为"孔孟之道"，孟子也被后世尊称为亚圣。那么，孟子又是在什么时候被人们尊称为"亚圣"的呢？

后世很多人都认为，汉武帝"罢黜百家，独尊儒术"的"儒术"便是孔孟之道，所以从那个时候开始，人们就开始尊崇孟子。然而，事实却并非如此。孔子在汉朝时期还没有被人们尊称为"圣"，那个时候周公才是儒学的领军人物，孔子只是周礼的传播者而已。唐朝初期，周公仍然被人们称为"先圣"，孔子只是被称为"先师"。在唐朝建立太学举行祭祀先儒的仪式的时候，孔子仍然是侧座的位置，至于孟子，在这个时候是连陪座祭祀的资格都没有的，更别说尊号了。

唐太宗李世民登上皇位以后，就下令将周公庙迁出太学府，并把孔子升为"先圣"，孔子大弟子颜回荣升为"先师"。唐玄宗继位的时候，把颜回尊称为"亚圣"，到"安史之乱"之后，礼部侍郎杨绾曾上书唐代宗要求把《孟子》、《论语》、《孝经》共同列为当时科举考试的书籍。数十年之后，根据韩愈著《原道》中的记载，中国"道统"自尧舜开始，经过夏商周三代，孔子传授给孟子，孟子死后就没有继续传授下去。由于韩愈当时的社会地位和名人效应，人们才开始对《孟子》加以重视。晚唐时期，孟子的社会地位不断提升，直到宋朝的时候，人们尊崇孟子的思潮也是愈演愈烈。

明世宗时期的张璁就提出了让孟子代替颜回的位置，承袭"亚圣"的尊号。清朝建立以后，开始大力弘扬孔孟之道。乾隆九年，孟子被封为"亚圣"，颜回封"复圣"，曾参为"宗圣"，子思为"述圣"，至此，孟子的社会地位被确定，孔孟思想与孔孟排名也相互统一。

但是，也有后世学者对孟子被尊称为"亚圣"的时间提出了异议，认为孟子"亚圣"的称号，最早可以追溯到东汉时期。东汉学者赵岐就曾称孟子为"命世亚圣之大才者也"。元文宗时期，曾下旨用蒙、汉文字给孟子立碑，并在碑上刻着："孟子百世师也，可加封邹国亚圣公。"《明史》一文也有相同记载，嘉靖帝曾命礼部与翰林共同研讨，尊称孟子为"亚圣"。那么，孟子取代颜回的地位，被后世尊称为"亚圣"的主要原因又是什么呢？

众所周知，颜回是孔子的亲传大弟子，德才兼备，非常受孔子的赏识。只可惜，颜回英年早逝，去世时年仅 32 岁，留给后世的也仅仅是他同孔子之间对话的记录，并没有流传下完整的思想体系和书籍语录等。后世之所以尊崇颜回，主要是因为他是孔子的大弟子。而孟子当时虽然是处在儒家思想的一个衰微期，但是却一直坚持倡导儒家学说，并大力宣扬周公孔子之道，并著述传世，为继承和发展孔子的儒家学说，作出了巨大的社会贡献。

《孟子》一书，五代时期就已经被列为经书典籍，宋元时期之后就更是被列为了科举的必考书籍。孟子著写的《孟子》和孔子著写的《论语》并列齐名，所以孟子被后世尊称为"亚圣"也是实至名归的。

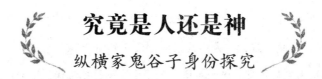

究竟是人还是神

纵横家鬼谷子身份探究

鬼谷子，又名王禅，楚国人。常入云梦山采药修道，曾经在鬼谷一带隐居，因而自称鬼谷子，世人也称之为鬼谷子。春秋战国时期著名的思想家、谋略家、兵家、教育家，是战国时代纵横家的鼻祖，是我国历史上一位极具神秘色彩的人物，被誉为千古奇人。根据《战国策》和《孙庞演义》中的记载，他的弟子有兵家：孙膑、庞涓；纵横家：苏秦、张仪。

然而，这样一位神秘莫测的传奇名人，后人却对他是否真实存在而猜测争议不休。经过总结大致可以归纳为以下几种说法。

第一种说法认为，历史上并不存在鬼谷子这一人物。根据乐一在注《史记·苏秦列传》中的记载："苏秦欲神秘其道，故假名鬼谷子。"他认为鬼谷子就是苏秦。根据清朝人翁元圻在注《国学纪闻》中的记载更为明确："秦仪，即鬼谷子。"也有人认为鬼谷子其实就是对隐士的一种统称。根据唐朝人李善注《文选》中的记载："鬼谷之名，隐者也，通号也。"既然认为鬼谷子只是对隐者的一种统称，那么实际上也就是在否认鬼谷子其人的存在。现如今在学术界也有学者认为鬼谷子并不是历史人物。1984年，湖北人民出版社出版的《湖北历史人物辞典》一书中就罗列了很有名的慎子、鹖冠子等历史人物，但其中却没有鬼谷子这个人物，在《古今伪书考补证》中就有关于鬼谷子的记载："史记所记，得之传闻，本不足据。"说明鬼谷子其实就是一个传闻，根本不可信。同时，书中还说道："其人无考，况其书乎？"而在《宗教辞典》中也同样认为鬼谷子只是中国古代的一个传说人物而已。

第二种说法认为，鬼谷子是神仙。根据《仙传拾遗》中的记载，鬼谷子"疑神守一，朴而不露，在人间数百岁，后不知所之"。杜光庭在《录异记》中也同样认为鬼谷子是古代的一位神仙，出生于轩辕时代，历经商周，最后随太上老君来到中国。

第三种说法认为，鬼谷子有无其人尚有待考证。根据四部备要本《鬼谷子》中的记载，清朝人秦恩复就认为"或云周时豪士，隐于鬼谷者，近是"。所谓"近是"的意思就是接近正确，但并没有完全肯定鬼谷子其人的存在。近代也有学者认为"欲证鬼谷子真有其人，终不可得其确"，认为不可确定鬼谷子其人的真实存在，根据《古籍整理论文集·鬼谷子研究》中的记载，又认为"鬼谷这个人物的存在也不都是虚构出来的"。新版的《辞海》、《辞源》在介绍鬼谷子的时候，前面都会加上"相传"二字来表示对于此人的不确定。

第四种说法认为，鬼谷子是战国时期的楚国人。现在记载鬼谷子的文字不完整也不够系统，同时也没有可靠的史料依据，但是根据大量的古籍中的资料记载，可以肯定历史上确有鬼谷子这样一个人物。

《史记》是最早记录有鬼谷子这个人物的，司马迁和鬼谷子所生活的年代比较相近，根据苏秦、张仪谢世的年纪来进行推算，最多也就相隔一两百年，所以司马迁所记载的关于鬼谷子的内容应该是比较可信的，虽然在《史记》中并没有关于鬼谷子的传记，但是在《苏秦列传》有记载："苏秦者，东周雒阳人也，东事师于齐，而习之于鬼谷先生。"在《张仪列传》中也同样说到张仪是鬼谷子的学生。

湖北当阳鬼谷洞附近也有许多鬼谷子存在的遗迹。根据《舆地纪胜》中的记载，鬼谷洞就是鬼谷子隐居的地方，在鬼谷洞外的石壁上还嵌有三块石碑，都是清朝光绪五年重新修建大仙洞时候的碑记，其中就有一段写道："清溪寺山后五里许，有大仙洞，系战国时鬼谷大仙披门仙师修真之所……"在距离鬼谷洞东南大约两千米的地方有一座棋盘山，又名云梦山，根据《当阳县志》中的记载，这座棋盘山就是当年鬼谷子下棋对弈的地方。

几千年来，后人对于历史上究竟有没有鬼谷子其人，一直猜测争议不断。每一个说法似乎都有可以成立的依据，因此很难推断哪一个才是真相，结论也就因此成为了一个谜，要想揭开谜底，还需要大量充足的史料证据和深入的研究方可得知真相。

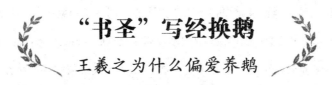

"书圣"写经换鹅

王羲之为什么偏爱养鹅

　　王羲之（303~361 或 321~379），字逸少，会稽山阴（今浙江绍兴）人，是我国东晋时期的大书法家，曾经做过右军将军（中央直属武官）等官职，因此又有人称他为王右军。王羲之从小就爱习书法，曾经拜书法名家卫夫人为师，精通各种书法字体，草、隶、正、行，博采众家之长，形成自己独特的书法体裁。他的行书《黄庭经》、《兰亭序》蜚声中外书坛，草书以《初月帖》等最为有名，后世称王羲之为"书圣"。

　　人们在提到王羲之的时候，往往会联想到他"写经换鹅"的故事。根据《晋书·王羲之传》中的记载：有一天，王羲之乘着一只小船，游览绍兴水乡的美丽景色，这时两岸绿树成荫的河面上，有一群白鹅在戏水，互相追逐着，简直就是一幅美丽的画卷。王羲之目不转睛地观赏着白鹅的种种姿态和戏水的情景，久久不舍得离去。于是他便向艄公打听，养鹅的主人是谁。艄公说："这群白鹅的主人是一位道士叫陆静修，你要是喜欢白鹅的话，为什么不把它们买下来呢。"王羲之听了艄公的话，一路寻找，来到那位道士的家中。道士知道王羲之是著名的大书法家，在探明了王羲之的来意之后，心中暗自高兴，却不露声色地说："我这鹅是不卖的，倘若右军大人一定想要，请抄写一部《黄庭经》来换吧。"于是王羲之欣然同意，为了得到这群鹅，王羲之用了不到半天的时间就把一部《黄庭经》抄录完毕。最后，大家各遂所愿。道士得到了王羲之的真迹，王羲之得到了那群鹅。临走的时候，王羲之又在溪边的沙滩上用手杖书写了一个草体的"鹅"字，道士看到这个"鹅"字写的龙飞凤舞，犹如神来之笔，赶忙让人取来一张大薄纸，亲自在上面勾描。接着道士又请来了石匠，把这个"鹅"字刻在石碑上。从此，这通"鹅"字碑就竖立在浙江绍兴兰亭风景区，碑后的池塘也被后人称为"鹅池"。南朝的《论书表》对这个故事也有相同记载。

通过南朝的《论书表》和唐朝初期《晋书·王羲之传》对这个故事的记载，很多人不禁问道，一代书圣王羲之真的如此喜爱鹅吗？他为什么如此喜爱鹅呢？"写经换鹅"的原因又是什么呢？

后世很多学者都认为，王羲之是大书法家，他如此喜爱鹅，应该从他酷爱书法的角度去找寻原因所在。鹅的形态和动作在执笔和运笔方面对王羲之都有着很大的启发。清代的书法家包世臣曾经这样说过："其要在执笔，食指须高钩，大指加食指、中指之间，使食指如鹅头昂曲者，加指内钩，小指贴无名指外距，如鹅之两掌拨水者，故右军爱鹅，玩其两掌行水之势也。"不仅如此，就连我国著名的"草圣"张旭也是看公孙大娘舞剑，在刀光剑影中受到启发，才使得自己的书法日益精湛的，由此可见，王羲之喜爱鹅，通过鹅的形态启发自己的书法造诣也不是没有道理的。

王羲之究竟为什么那么喜爱鹅，后世的学者对此已经争论多年。结论也因此成了一个谜。

靖节先生
 陶渊明为什么辞官归隐

陶渊明（约365~427），字元亮，后改为潜，因家门前栽有五棵柳树，被人称为"五柳先生"，浔阳柴桑（今江西省九江市）人。东晋末期南朝宋初期诗人、文学家、辞赋家、散文家。他是中国第一位田园诗人。后世称靖节先生，田园诗派的创始人。然而，就是这样一位历史名人，为什么要选择归隐的生活呢？这一切就要从陶渊明的生平说起。

陶渊明早年的时候并没有入朝为官，直到29岁的时候，因为家道中落，他才不得已充任祭酒一职。由于他无法忍受当时官场腐败黑暗的现象，没几天就辞职了。之后，州里又让他做主簿，他也拒绝了，并且还在柴桑过起了自给自足的隐居生活。七年之后，陶渊明又任职桓玄镇军的参军。母亲去世以后，他再次辞官奔丧，并守孝两年。

陶渊明曾对身边的亲戚朋友说过，他想要过一种自给自足的归隐生活，先出去做官一段时间，积攒一些隐居生活所需的开支。这番话被当权的人听说以后，立马就派陶渊明去做了彭泽县的县令。县里给了他几亩田地，他就全部拿来种植酿酒所用的谷物，还说只要每天能够喝到酒就满足了，但是他的妻子否定了他这个决定，最终，陶渊明用这几亩田地分别种了稻米和酿酒所用的谷物。

在陶渊明任职彭泽县县令没多久，浔阳郡的太守派了一个代表自己督察的督邮到县里视察，县吏告诉他，让他穿好官服去拜见，但是陶渊明听后却拒绝了，说道："我岂能为了五斗米折腰?"于是，当天便辞了彭泽县令这个职务，回归到故里。至此，陶渊明只当了为期85天的彭泽县令，从此再也没有做官，并开始了长达20多年的隐居生活。

陶渊明四次辞官，最终选择归隐的生活，除了因为他爱好自然的天性所使，还有一个原因就是当时的社会环境也使得他不得不作出这样的选择。

陶渊明自幼就热爱大自然，向往美好的田园生活。他有"少无适俗韵，性本爱丘山""弱龄寄事外，委怀在琴书""静念园林好，人间良可辞"等诗句，由此可见，陶渊明在正式辞官归隐之前，就已经有了归隐田园的强烈愿望。当然，热爱自然是陶渊明选择归隐生活最重要的原因，但是当时动乱腐败的社会环境也坚定了陶渊明归隐生活的决心。那么，陶渊明当时所生活的社会环境究竟是什么样子的呢?

根据陶渊明在《感士不遇赋》中的记载，当时的社会腐败黑暗，朝堂之上奸臣当道，正直的官员是没有出路的。再加上长期的政治动乱，迫害无辜，很多文人名士都遭到了不同程度的迫害，要想在这个动乱的社会，保持自己高洁的品性，就只能选择归隐这条路了。社会的动荡不安、朝堂的黑暗腐败再加上原本就热爱自然的天性，这一切就使得陶渊明最终选择了归隐生活这条道路。

选择归隐之后的陶渊明每天的生活又是怎样的呢?他每天都做些什么呢?根据陶渊明归隐之后所作的诗文，我们从中可以看出，此时的他忙于耕种、饮酒、出游这种自给自足的悠然生活。根据陶渊明《归园田居·其一》中的记载，在归隐最初的时候，他忙于"开荒南野际，守拙归田园"。然后他又利用起"方宅十余亩"，盖起了"草屋八九间"，最后还在房后种植了各种各样的树木。从此之后，他就过上了一种向往已久的田园生活。

面对着自己所生活的黑暗的社会环境，陶渊明心中向往着自己的理想社会。他的理想社会就同他在《桃花源记》中所记述描绘的一样：桃花源是一个与世隔绝的地方，桃花源外是一片桃树林，美不胜收，人们彼此之间相亲相爱，男耕女织，井然有序，一片繁荣祥和、生机勃勃的景象，桃花源里面没有压迫、没有剥削、人人平等、彼此共同劳作，这就是陶渊明心目中的理想社会!

然而，陶渊明所勾画出来的"桃花源"式的理想社会，在当时的社会是根本不可能实现的。陶渊明也非常明白这一点，明白在那样一个充满着斗争、战争、黑暗、剥削、腐败的社会里，他所期盼的"世外桃源"只能是一种想象。所以，他只能选择归隐的生活，希望如此能得到一种心灵上的宁静与平和。

初唐四杰

骆宾王最终流落何方

　　骆宾王（约627~约684），字观光，婺州义乌（今浙江义乌）人，是初唐诗坛的杰出人物。骆宾王与王勃、杨炯、卢照邻合称"初唐四杰"，但是在四杰中，骆宾王年岁最长、阅历最多，人生也最富有传奇色彩，他的下落至今仍旧是一个谜，引起了后世对他无休止的猜测和争议。

　　骆宾王的一生怀才不遇，潦倒不堪。唐高宗仪凤四年的时候，他被任命为侍御史（监察性质的官职），后来又因为多次向武则天上书言事而被人诬陷锒铛入狱。在狱中，骆宾王写下了"露重飞难进，风高响易沉"的千古名句来抒发心中的悲愤。武则天称帝以后，大肆斥逐李唐王室的旧臣，并大量任用武氏家族的成员。光宅元年（684），对武则天统治极为不满，并且自身仕途失意、郁郁不得志的骆宾王参加了徐敬业发动的扬州兵变。在兵变期间，骆宾王起草了著名的《讨武曌檄》。该檄文历数了武则天的阴谋祸心和斑斑劣迹，还详细阐明了这次起兵的目的，申明大义。结尾处的一句"试看今日之域中，竟是谁家之天下"更是极富鼓动力。据说武则天在看了这篇檄文后赫然变色，连忙询问这篇檄文是何人撰写，当得知是骆宾王之后，不禁感到十分惋惜，说道："骆宾王才华过人，却流落到这个地步，这是宰相的过错啊。"惜才之心溢于言表。但是由于徐敬业谋略不足，所以这次扬州兵变在三个月后就以失败告终。

根据唐人郗云卿在《骆宾王文集序》中的记载，"文明（唐睿宗年号，684 年）中，与敬业于广陵共谋起义，兵事既不捷，因致逃遁。"后来的《新唐书·骆宾王传》也沿用了这个说法，同样用"宾王亡命，不知所之"来描述兵败之后骆宾王的下落。至此，骆宾王兵败之后的去向也成了后世争相猜测、议论的谜团，经过总结，流传较为广泛的说法有以下几种。

第一种说法是骆宾王兵败之后被杀。在《旧唐书·骆宾王传》、《资治通鉴》、《新唐书·李勣传》等书中都有此记载。根据《资治通鉴》中的详细记载，"徐敬业在兵败之后，徐、骆等人准备入海逃往高句丽，他们到达海陵的时候，遇到风浪，然后被困于遗山江中，骆宾王被徐敬业的部将王那相杀害，并被割下首级传到东都。"另外，骆宾王的世交宋之问曾经写过一篇《祭杜审言学士文》，在这篇文章中，宋之问也说到骆宾王"不能保族而全躯"，由此可以看出，兵败之后的骆宾王不仅自身不保，还让家人甚至整个族人受到牵连而被杀害。

第二种说法认为骆宾王在兵败之后逃脱隐居，但也有人说他是削发为僧。根据郗云卿在《骆宾王文集序》中的记载"兵事既不捷，因致逃遁"就可以证明骆宾王并未遭到杀害。根据这种说法，骆宾王兵变失败以后，官军并没有追捕徐敬业和骆宾王，他们害怕武则天会治他们的罪，因此以假乱真，杀了两个面貌酷似徐敬业和骆宾王的人，并把他们的首级报送到洛阳。事实上骆宾王和徐敬业二人都成功逃脱并最终落发为僧。骆宾王出家为僧这一说法最早出于唐朝的孟棨，根据孟棨《本事诗》中的记载，宋之问有一次在杭州的灵隐寺游玩的时候，曾吟诵出两句："鹫岭郁岧峣，龙宫锁寂寥。"可是却苦于无法续接下句，就在这个时候，一位老僧在听到宋之问的诗句以后，立刻就说道："何不云，楼观沧海日，门对浙江潮?"并接着连吟十句诗完成诗篇，句句精妙非凡，令宋之问惊叹不已。这位老僧在续接完诗句之后就一去不复见。宋之问多次想要拜见这位老僧却无法找到他的踪迹，后来宋之问向人打听这位老僧，才得知此人就是骆宾王。

还有认为骆宾王是逃匿到今天的江苏南通一带。根据明代人朱国祯《涌幢小品》中的记载，明朝正德年间在南通城东发现了骆宾王的墓，墓主衣冠如新。这座墓后来被迁到了狼山上，至今遗址犹存。根据清人陈熙晋《骆临海集笺注·附录》中的记载，雍正年间有一位自称是李勣十七世孙的李于涛，他说他们家的家谱中记载说，扬州兵变失败之后，骆宾王和徐敬业的儿子一起藏匿在邗之白水荡，后来骆宾王在崇川去世。据说骆宾王的陵墓就是徐敬业的儿子所修建的。

第三种说法认为骆宾王是投江而死。根据唐人张鷟在《朝野佥篇》中的记载，"骆宾王与徐敬业兴兵扬州，大败，投江水而死。"这也就是说，骆宾王最终是死于江水之中。不过这种说法都是野史记载，没有资料加以佐证，所以不足为信。

所以后世对于骆宾王兵败之后的下落争议集中在前两种说法上，认为骆宾王在兵败之后不是被人杀死就是逃脱隐匿起来。主张骆宾王被杀之说的人认为，除了在《新唐书·骆宾王传》中记载骆宾王不知去向以外，其他所有的正史都记载说骆宾王在兵败之后被杀。而宋之问说骆宾王"不能保族而全躯"的那句话，就是最有力的证据，因为宋之问是骆宾王的世交好友，所以宋之问的话是比较可信的。至于孟棨在《本事诗》中记载的宋之问和骆宾王在灵隐寺对诗一事，则被认为是无稽之谈。因为宋之问和骆宾王是世交好友，怎么会在相逢的时候认不出对方呢?

但是主张骆宾王逃脱隐匿之说的人认为,《本事诗》中的记载虽然有所欠缺,但是也不能排除官军为了邀功而用假首级报送朝廷邀功的可能性。同时代人郗云卿是奉诏去搜缉骆宾王的遗文,他说骆宾王"因致逃遁",肯定是有所根据的,不可能随口胡说。

不管怎样,骆宾王的下落之谜,就目前来看,已经有了被杀、逃脱隐匿和投江而死这三种不同的说法,后世的学者对此已经争论多年,每一个说法似乎都有着可以成立的依据,因此我们很难断定哪一种说法才是正确的,骆宾王的下落也就因此成了一桩悬案。关于骆宾王下落之谜的争论,恐怕得等到新的、确凿无误的史料记载出现以后才能真正解开。

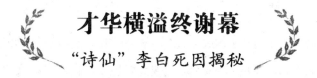

才华横溢终谢幕
"诗仙"李白死因揭秘

李白是我国历史上最有名的诗人之一,有着"诗仙"之称。李白的人生经历也颇具传奇色彩,他人生很大部分都是在旅途中度过,并给后人留下了很多名垂千古的诗篇,一生成就非凡。作为一位才华横溢的诗人,李白的一生并不得志，直到晚年还漂泊在东南一带。但是，如此富有传奇色彩的人物，却在死后引起众多争议。很多人都认为李白是因病而死，也有人认为李白的死是因为酒醉之后捞月溺水而死，还有人认为李白最终羽化成仙而去，那么李白之死的真相到底如何呢？

对于李白的死因，一直以来学界都没有一个统一的答案。后世对于李白的死因也有着各种各样的猜测和争议，但是大致可以归纳为三种说法。

第一种说法，因病而死。后世的一些学者认为李白是因为过度饮酒，引起脓胸穿孔症而病死的。在唐代宗宝应元年的时候，62岁的李白在贫病交加的情况下来到了安徽当涂，投奔当地的县令李阳冰，可不承想病情加重于同年十一月病逝。最早提出李白是因病而死一说的是唐代的李阳冰。后来范传正也在《唐左拾遗翰林学士李公新墓碑》中提出相同的观点。现代著名的学者郭沫若也曾就此说法做过考证。晚唐时期的诗人皮日休在《七爱诗·李翰林》中也曾提到："竟遭腐胁疾，醉魄归八极。"确认李白病死一说。除此之外，在我国很多的史料中都有记载李白"以疾终"这样的说法，所以很多人凭借这些史料认为李白最终是因病而死的。

第二种说法，饮酒过度而死。李白一生除了在诗文方面享有盛誉之外，还因好酒而被众人称道。"李白斗酒诗百篇"，终年常伴李白左右的唯有酒，在李白郁郁不得志的一生当中认为只有酒才可以抚慰他孤寂的心灵。从李白写下的"古来圣贤皆寂寞，唯有饮者留其名"这两句诗中就可以看出酒对于他的重要性。根据《旧唐书》和《新唐书》中的记载，李白是因为饮酒过度而醉死在宣城。所以后人认为李白最终死于饮酒过度一说也是有迹可循。

第三种说法，捞月溺水而死。五代王定保《唐摭言》中记载："李白着宫锦袍，游采石江中，傲然自得，旁若无人，因醉入水中捉月而死。"宋代洪迈的《容斋五笔》中，也有过类似的说法。李白捞月溺水而死的说法，在李白去世不久之后就广为流传。

虽然李白捞月而死的说法大都来自稗官野史中的记载，但是并不能说这种说法一定是无稽之谈。因为李白放荡不羁的性格，他的一生都在浪迹江湖，并且嗜酒如命。李白创作的诗篇中有很多都与酒有关。美酒已经成了李白生命中不可缺少的一个组成部分了。再加上李白恃才傲物，晚年不得志，在残酷的现实生活中，李白的精神层面受到了很大的打击，在这种情况下，出现醉酒捞月溺水而死，似乎也可以说得通。

还有一些后世的学者认为李白是羽化成仙。根据宋代梅尧臣《采石月下赠功甫》中的记载，认为李白是骑鲸背上青天，羽化成仙。在李纲《读四家诗选》中也有类似说法。李白最终羽化成仙的说法，其实是寄托了后人对于李白之死的一种惋惜之情，寄托了后人美好的愿望所在。相对于李白之死的各种猜测和争议，人们似乎更愿意相信这位著名的诗人最终成仙的结局。

其实上述各种说法都没有确凿的证据来证明，但是每种说法似乎都有着一定的依据。不管怎样，千百年来，对于李白死因的猜测和争议不断。李白之死的真相到底如何？恐怕很有可能会成为一桩无解的千古之谜了。

一代 "诗圣"

杜甫究竟是怎么死的

    杜甫（712~770），字子美，自号少陵野老，唐朝河南巩县（今河南巩义）人。是我国唐代伟大的现实主义诗人、世界文化名人。他在我国古典诗歌史上的影响非常深远，被后世尊称为"诗圣"。他经历了唐代由盛到衰的历史过程。因此，与诗仙李白相比，杜甫更多的是对国家的忧虑及对老百姓困苦生活的同情，所以他的诗被后世称为"诗史"。

    然而，就是这样一位历史名人，生前却是郁郁不得志，生活穷困潦倒，晚年的时候更是在颠沛流离中度过，最后在贫病交加中死去，死时 59 岁。但是，后世的人们对他的死因众说纷纭，猜测不断。有人认为杜甫是死于牛肉白酒，也有人认为杜甫是病死在舟中，还有人认为杜甫是在郴水溺死，众说纷纭，那么杜甫之死的真相到底如何呢？

    根据《旧唐书》中的记载，杜甫是因为吃牛肉喝白酒，一夕之间就死去的，在唐人郑处诲《明皇杂录》中就有详细记载：杜甫到耒阳做客，浏览岳祠，当地的县令乘舟欢迎杜甫，并邀请杜甫品尝牛肉喝白酒，之后到达衡州耒阳县，"甫投诗于宰，宰遂致牛炙白酒以遗甫，甫饮过多，一夕而卒。"由此可见，杜甫是因为吃得太多，导致消化不良，肚胀而死的。可是，后世学者认为杜甫"胀饫"之说不准确，而是死于中毒。这样说的依据是，杜甫到达耒阳的时候，正是夏天，天气酷热食物非常容易腐坏。县令送来的牛肉一次难以吃完，过了一天牛肉就变质有毒了，当时的杜甫已经是年老多病，再加上吃了过多的腐坏的牛肉，又饮用了大量的白酒，从而加速了毒素在体内的循环，最终导致心脏衰竭而死。如此看来，这个说法是有一定科学依据的。

唐代学者李观在《杜诗补遗》一文中，对杜甫的死因提出了新的看法。他认为杜甫是饮酒过度，酒醉之后被江水淹没而死，死后尸首也不知漂流到何处。李观的这种说法并没有引起任何人的赞同，并被很多学者认为是无稽之谈。但也有人就李观的这一说法展开了想象：如果说杜甫是落水而死，李白是因为捞月而死，屈原是因为投江而死，由此可见，刚好是"三贤同归一水"了，看来是想要把大诗人的结局想象得更为浪漫一些。

除了上述两种说法，后世很多学者都认为杜甫是病死于湘江舟中的。根据大量的史籍记载和民间传说，经过细致考证，得出了杜甫病逝的整个过程。

大历五年四月，潭州兵荒马乱。一天深夜，官军措手不及，潭州刺史被乱军所杀，城中百姓四散出逃，城中乱作一团。见此情形，正在潭州养病的杜甫慌忙带着家眷出逃，准备出城投奔在郴州做官的舅氏崔伟。杜甫带着全家乘船沿着郴水而上，到了耒阳县境内的方田驿的时候，突然江水大涨，风大浪急，只好在当地泊船。杜甫本来就贫病交加，再加上在当地又没有亲友救济，所以一连好几天都没有食物可以充饥。后来，耒阳县的县令听说此事，派人给杜甫送来了酒肉，还邀请他去县衙做客。杜甫非常感激，并作诗答谢。遗憾的是，当时水势忽涨，答诗还没有送到县令手里，眼看着又要挨饿，只好掉转船头，下衡州去了。大水退了以后，县令派人再去邀请杜甫，可惜没了踪迹，因此断定杜甫一家被洪水淹没，感到非常遗憾，还建了一座衣冠墓纪念杜甫。

事实是，杜甫早已回到衡州，在短暂停留了几天以后，仍然以船为家沿着江水而下。这个时候，杜甫还曾在船上作过一首诗《过洞庭湖》："破浪南风正，回樯畏日斜。湖光与天远，直欲泛仙槎。"沿江两岸又没有落脚之地，于是杜甫就在船里度过了一个秋冬。在这样的环境下，杜甫的风痹病日益加重，最后竟卧床不起了。偏偏此时祸不单行，杜甫的小女儿又夭亡了。在这样的巨大打击下，杜甫病死于船舱中，时年59岁。杜甫死后，家人因无力安葬他，只好将他的灵柩暂寄于岳阳。43年之后，他的孙子杜嗣业才把他的灵柩运到河南偃师，正式安葬在首阳山下。

当时，杜嗣业曾请求诗人元稹为杜甫作墓志铭。根据元稹在《唐故检校工部员外郎杜君墓志铭》中的记载："扁舟下荆楚间，竟以寓卒，旅殡岳阳，享年五十有九"，由此可以证明杜甫的确是病死在船上。

一千多年来，学者们对于杜甫死因的猜测和争议都各执一词。但是杜甫死因的真相究竟如何？就目前来看，杜甫病死在船上是最合理、最可靠的一种说法。

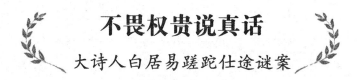

不畏权贵说真话

大诗人白居易蹉跎仕途谜案

　　白居易是唐代著名的诗人，满腹才华，他曾经多次入朝为官，可惜仕途之路走得一点都不顺利。这样一个有才之士，为什么不能在官场上施展抱负呢？对于这件事，我们还要从当时的社会背景和白居易的生平说起。

　　白居易自小就非常聪明，刚生下来六七个月的时候，就能辨认"之"、"无"两字，五六岁便学写诗歌。十五六岁的时候，白居易随着在徐州做官的父亲前往长安结交当时的名人。长安有一位比较有名气的文学家，名叫顾况。但是顾况是一个脾性高傲的人，对于后生晚辈，常常喜欢倚老卖老。白居易在得知顾况的名气之后，便决定带着自己的诗稿前去拜会。在得知白居易是官家子弟之后，顾况只好接待了他。对于白居易的拜会，顾况还就白居易名字的"居易"二字打趣说："近来长安米价昂贵，只怕居住很不容易啊！"之所以这样说，是因为当时正逢朱泚叛乱之后，连年的战争使得到处闹饥荒，长安也是米价飞涨，百姓的日子苦不堪言。

　　对于顾况如此的奚落，白居易丝毫没有在意，依然恭敬地在旁边请求指教。顾况只好拿起白居易带来的诗卷随意翻看，看到"离离原上草，一岁一枯荣。野火烧不尽，春风吹又生"这四句的时候，脸上显露出非常兴奋的神色，当场就毫不掩饰地对白居易表示了赞赏之情。

自此之后，顾况便十分欣赏白居易的诗才，逢人便称赞。白居易也因此在长安出了名。几年之后，白居易考取了进士。唐宪宗得知白居易的名气以后，立即提拔他为翰林学士，随后又担任了负责向皇帝建言献策的左拾遗一职。至此，白居易开始踏上了他的仕途之路。

刚开始，白居易的仕途之路是非常顺利的，但是由于白居易不善于阿谀奉承，又不喜欢争名夺利。只是一味地创作新诗歌，揭露当时社会存在的一些不良现象，还多次在唐宪宗面前冒死直谏，反对宦官掌握兵权，最终惹怒了唐宪宗。据说，唐宪宗即位以后，大刀阔斧地对当时的国家政治进行了一系列的改革，包括对一些人才的选用。他任用正直的李绛担任当朝宰相一职，但是对宦官却依然宠信。为了讨伐藩镇，他居然任用宦官头领为统帅。对于这样的任命，当时朝中很多的大臣表示反对，其中反对最为激烈的人就是白居易。唐宪宗认为白居易是由他一手提拔上来的，如今居然如此大不敬地谏阻，实在是让他忍无可忍。

身为宰相的李绛却劝唐宪宗说，白居易之所以敢如此冒死冒犯皇上，实在是因为他对国家的一片忠心。如果因为这件事就要治他的罪，恐怕会造成以后没有人敢说真话的情形了。对于李绛的这番劝解，唐宪宗只好暂时压下怒火，没有立即对白居易做出处罚。但是，不久之后，白居易还是被撤去了左拾遗一职，改派了别的职位。

白居易一生写了很多的诗，大都是反映社会现实的，例如中学课本中的《卖炭翁》。白居易所创作的这些诗篇，有的是揭露当时宦官仗势欺压百姓的罪行，有的是为了讽刺官僚奢侈的生活现象，也有的是为了反映当时劳动人民的疾苦。由于白居易每写完一首诗，都是先念给不识字的老婆婆听，如果老婆婆听不懂他就会不停地进行修改，直到老婆婆听懂为止，受到了当时众多民众的欢迎和传诵。尽管白居易的诗歌受到了广大民众的喜爱，但是由于他的诗歌抨击了当时的社会现象，揭露了一些宦官的罪恶行径，触犯了当权的宦官和官僚们的利益。所以招来了这些人的嫉恨，但是这些人却苦于找不到陷害白居易的借口。

几年之后，白居易就任太子东宫的大夫（太子的老师）的时候，宰相武元衡被刺客暗杀，由于复杂的政治背景，只有白居易首先向唐宪宗上呈了奏章，请求缉拿凶手。正是因为这件事，让一直嫉恨白居易的宦官和官僚们终于找到了机会，他们指斥白居易不是一个谏官，居然越位对朝廷大事乱做主张。同时，另外一批官员也趁机污蔑白居易是一个大不孝之人，白居易的母亲在赏花时掉到井里淹死，他还曾写过《赏花》和《新井》这样的诗。白居易对于众人的污蔑可谓是百口莫辩，也无法很好地为自己进行辩护，最终，降职担任司马（掌管军事）一职了。

这次的无辜降职对白居易的打击很大，在前往江洲就任以后，白居易的情绪非常低落、抑郁。也就是在此时，白居易写下了著名的叙事长诗《琵琶行》，"同是天涯沦落人，相逢何必曾相识"一直流传至今，被后人广为传诵。

此次遭贬之后，白居易也曾几次返回到京城，就任过几任的朝廷大官。在唐穆宗继位之后，就因爱惜他的才华，把白居易召回京城先后担任过司门员外郎、主客郎中知制诰、中书舍人（国君、太子亲近属官）等。但是当时朝中非常混乱，大臣之间争权夺利，明争暗斗；而唐穆宗政治荒怠，听不进任何劝谏。在这种情况下，白居易请求外放，先后出任了杭州刺史、苏州刺史等职。并在晚年的时候以太子宾客分司东都。

相对早年，晚年的白居易为官消极多了。在当时朝政十分混乱的背景下，白居易的正直性格使得他不可能有所作为。最终，白居易把毕生的精力都投入到创作诗歌当中。白居易一生共创作了两千八百多首诗，是我国文学宝库里一份非常珍贵的文化遗产。除了白居易留下的这笔丰富的文化遗产之外，他身上的那种不畏强权，敢于揭露丑恶现象的正直性格，也为后人所敬仰和称颂。

武当派的鼻祖
探究张三丰的真实身份

张三丰，元定宗贵由二年（1247）到明英宗天顺二年（1458），本名通，号玄玄子，字君实或君宝，辽东懿州（今辽宁阜新）人，是跨越宋、元、明三朝的道士。自称张天师后裔，太极拳的创始人，武当派的开山祖师。

根据李师融《古今太极拳谱及源流阐秘》研究考证，张三丰生于1247年，卒于1458年。也就是说，张三丰的寿命长达212年之久，这在人类的历史上非常罕见。除此之外，还有诸多资料也同样记载了张三丰的寿命长达212年。

按照史籍中的描述，1258年，中国历史上爆发了一次规模最大的佛教和道家之间的"争论"。在这次的辩论中，道教遭到了惨败，并从此一蹶不振。

一百年之后，张三丰在武当山另立了一个新的道家门派——武当三丰派。这也成了中国道教发展史上的又一次高潮。

相传张三丰是武当派的鼻祖。根据《武当拳术秘诀》中的记载："本武当三丰之要诀，为武之正宗。"随着近年诸种考证和研究的结果，武当派由张三丰创建也得到了专家们的逐步认同。根据考证得知，张三丰主张"守内、崇实、修性、健身"，并且由此形成了一种"顺其自然、以静制动、技进于道"的武功派别，其中就包括了"阴阳说"、"五行说"和"太极说"等武当拳法的运用。

张三丰一生的理论著述非常丰富，根据后人整理然后汇编进《张三丰先生全集》一书中。里面包括了《玄机直讲》、《大道论》和《玄要篇》等名篇。由于之前道教义理艰难晦涩，令世人难懂，张三丰因此开始采用相对通俗的文字和歌词的体裁来撰写理论书籍。他的《无根树》诗24首就是为后人称道的融玄奥的修真理论于形象的比喻中，是脍炙人口的曲词之中的精品。如：

无根树，花正幽，贪恋荣华谁肯休。

浮生事，苦海舟，荡来漂去不自由。

无岸无边难泊系，常在鱼龙险处游。

肯回首，是岸头，莫待风波坏了舟。

张三丰究竟是不是武当派的创始人，是的话他又是如何创建武当派的呢？概括来说有以下四种说法。

第一种说法认为，张三丰的武功由神明所赐，根据《王征南墓志铭》和《宁波府志》中的记载，张三丰在前往汴京途中的一个夜晚，在睡梦中梦见真武神君降临，向他传授了一套拳法。第二天早晨，继续赶路的张三丰被一群拦路抢劫的强盗给围住，情急之下，便运用了昨晚梦中真武神君所传授的拳法把这群强盗给打败了。从此，张三丰的拳法便世人皆知了。

第二种说法认为，张三丰从动物之间的争斗得到启示，从而自创了一派功夫，这就是传说中的"鸟蛇斗"；据说张三丰是在"邋遢崖"看见一只鸟与一条蛇争斗，每当鸟上下飞击长蛇时，蛇就蜿蜒轻身，摇着闪避，不曾被击中。相持时间久了，鸟已精疲力竭，无可奈何地飞走了，长蛇也自由自在地钻进了草丛。张三丰由鸟蛇斗得到了一定的启发，以柔可以克刚，以静可以制动。于是，他模仿长蛇的动作创造出了著名的内家拳。

第三种说法认为，张三丰是道教内丹修炼的集大成者，在修炼过程中，人如果静坐时间久了，就需要起身活动，促进周身的血液循环，这就是动功和静功。而内家拳正是发源于与内家修炼息息相关的导引、吐纳之术。

第四种说法认为，张三丰根本就不是武当派的创始人，并且武当派的拳术也是源自少林派的功夫。

其实，上述总结的四种武当起源的说法，每一个说法似乎都有理可循，长久以来，中国武术界有着"北尊少林，南崇武当"的说法，他们都是集中华武术之魂的名门大派。不管张三丰是否真的创立了武当派，武当派的功夫都已经享誉全国，名播四海，成为了中华文明之精华所在。

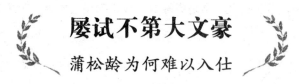

屡试不第大文豪

蒲松龄为何难以入仕

  蒲松龄自幼聪明好学，才华横溢，"经史皆过目了然"，学过文章能"倒背如流"。然而，这样一位聪明好学的才子为什么会每每落榜、屡试不第呢？

  蒲松龄出生于一个没落的地主家庭，受当时社会风气和家庭的影响，他自幼就热衷科举，并且在19岁的时候接连考取了县、府、道三试第一，成了秀才。但是此后，蒲松龄连续四次参加举人考试，却全都落榜，直到71岁高龄的时候，才破例成为了贡生。为何才华横溢的蒲松龄屡试不第，这其中的原因后世的学者也是众说纷纭，经过总结大致分为以下几种说法。

  第一种说法认为，蒲松龄屡屡落榜是和对对子有关。清朝顺治年间，朝廷采用了"以汉制汉"的策略，终于剿灭了明朝残余势力，正式成为了中原的霸主。顺治帝随后采纳了汉臣的意见，举行科举考试选拔人才。为了笼络人心，维持政权稳定，顺治帝特别授意摄政王多尔衮和汉臣范文程一起，在京郊开了一家文昌客栈，大张揭帖。声称凡来此地住宿的人，只要能够对出店主的上联，就可以免收饭钱和住宿费，并且在临走时还有十两纹银相赠。

顺治帝希望通过这个方法来网罗人才，为己所用。

顺治十六年，时年 20 岁的蒲松龄上京赶考入住了文昌客栈，蒲松龄自恃才高，要求对对子。于是范文程就出了一句："千里为重，重水重山重庆府。"蒲松龄自幼熟读诗书，对许多对联故事都娴熟于心。他清楚地记得这是明朝开国皇帝、有对联天子之称的朱元璋给四川重庆府一个落魄秀才的出句。当年重庆秀才的对句是："一人成大，大邦大国大明君。"这一对句得到朱元璋的赞赏。于是蒲松龄不假思索，脱口而出道："一人成大，大邦大国大明君。"可是，令蒲松龄没有想到的是，范文程却在顺治帝面前添油加醋。说他"恃才疏狂，不说圣朝"，理由就是蒲松龄随口答出的那句对子。顺治帝本想将蒲松龄逮捕入狱，苦于没有证据，于是便做出对蒲松龄"永不录用"的口谕。康熙继位以后，自然遵照顺治帝的意思。可怜蒲松龄不明所以，还接二连三地参加科举考试，却屡屡落榜。后来他在《聊斋志异自序》一文中有记载道："花了这么多年的时间，编写了这本书。"满腹才华，却落得如此境遇，必定会孤愤不已。当然这个说法只是民间的一个传说而已，没有可靠的史料依据。

第二种说法认为，蒲松龄屡屡落榜的原因与他写《聊斋志异》有关。根据史料记载，蒲松龄的好友张笃庆发现蒲松龄因为写《聊斋志异》影响到科举考试，于是就写诗"聊斋且莫竟谈空"，以此暗示他要专心备考科举。但是蒲松龄听不进任何的劝告，每逢听到奇闻逸事，就会详细了解考证，然后写到自己的书里去。

根据《三借庐笔谈》中的记载，蒲松龄为了收集更多的民间传说写到《聊斋志异》里面，就在家乡柳泉旁边摆了一个茶摊，请路人喝茶讲故事，听完后回家撰写修改，从而著成了《聊斋志异》一书。鲁迅对于这个说法曾经做过详细分析，认为此事不可能存在。根据史料中的记载，蒲松龄做了 45 年的私塾老师，家境贫困潦倒，根本就没有时间和金钱去摆茶摊。但是不可否认的一点是，蒲松龄听到任何奇闻怪事的时候，都会收集起来写进小说。

第三种说法认为，蒲松龄考场失意和县、府、道三试主考施闰章有关。蒲松龄一生不得志，他这个不得志恰恰是从少年得志开始。蒲松龄19岁的时候，参加秀才考试，他在淄川县、济南府、山东省，三试第一，成了秀才。当时的主考官施闰章也是有名的大诗人。清初诗坛有"南施北宋"之说，"北宋"是山东人宋琬，"南施"指的就是这个施闰章。

施闰章给参加道试的山东秀才们所出的第一道考题叫《蚤起》，这个题目是从《孟子》"齐人有一妻一妾"而来的。当时的科举考试是考八股文，既然题目叫《蚤起》，顾名思义，就要阐述孟子在《蚤起》里面所讲的那种修身齐家治国平天下的大道理。可是蒲松龄却用虚构的方式写了一篇类似于小说的文言文，而这样的写法是不符合当时八股文的要求的，但是蒲松龄遇到的主考官却是爱才如命的大文学家施闰章，他非常欣赏蒲松龄的这篇文章并给予了极高的评价。随后，施闰章大笔一挥，蒲松龄就成为了山东的头名秀才。县、府、道三试第一以后，蒲松龄踌躇满志，准备考取更大的功名。可是施闰章对蒲松龄的评价也误导了他，导致蒲松龄认为参加科举考试的应试文章就应该如此写。在之后近四十年的科举考试中，他再也没有遇到像施闰章那样的"伯乐"，主考官们根据八股文的要求来选拔人才，所以蒲松龄屡屡落榜，终身不得志。

可是，蒲松龄为什么在屡屡落榜的情况还非要走科举这个独木桥呢？因为这是他唯一的选择。科举考试是当时像蒲松龄这样的众多穷知识分子改变自身命运的唯一出路。遗憾的是，蒲松龄穷其一生都未能如愿以偿。这也许就和上述的三个说法有关，但导致他怀才不遇、终身不得志的根本原因还是腐朽的科举制度以及黑暗的封建仕途。

落魄的百年望族

曹雪芹家族败落之谜

曹雪芹（1715~1763），名霑，字梦阮，号雪芹，又号芹溪、芹圃。满洲正白旗包衣，清代小说家，著名文学家，中国长篇名著《红楼梦》的作者。然而，就是这样一位文坛巨匠、历史名人，人生却经历了巨大的起伏。早年过着锦衣玉食的生活，之后却惨遭抄家之祸，穷困潦倒。那么，究竟是什么原因导致曹家遭此巨变呢?

曹雪芹出身于一个"百年望族"的大官僚地主家庭，曹氏家族在康熙年间盛极一时，却在雍正即位以后惨遭抄家。如此由盛转衰，后世学者猜测诸多，众说纷纭。

曹雪芹少年时代享受着富贵尊荣的生活，曹家一门曾是贵族。曹雪芹的高祖父曹振彦跟随顺治帝入关，为清朝的建立立下了汗马功劳，他的曾祖父曹玺、祖父曹寅、伯父曹颙、父亲曹頫三代四人连续出任江宁织造长达 60 年之久，祖父曹寅还连续做过四任盐政，为官期间聚敛了大量财富；不仅如此，曹雪芹的曾祖母孙氏还是康熙皇帝玄烨的乳母，祖父曹寅又是玄烨的侍读，故而康熙对曹寅极为信任，委以江宁织造的重要官职。

根据史料记载，康熙皇帝六次南巡，其中有四次都是住在曹寅府中。曹寅为了彰显荣华，不惜在四次接驾中，倾尽全家财力物力，甚至还挪用了库银数十万两，造成了经济上的巨额亏空，也因此给曹家埋下了衰败的祸根。

之后，曹寅、李煦还为康熙南巡建造了奢华的宝塔湾行宫。当朝中有大臣上奏曹寅等人挪用库银时，康熙曾说过："曹寅、李煦用银之处甚多，朕知其中情由。"他把库银亏空归结为三条，南巡接驾、修造行宫和馈送。因此，康熙并没有对曹寅等人做出任何处罚，只是私下对曹寅等人进行告诫，让他们尽快把亏空的库银填补上。康熙四十九年，康熙还因此事在曹寅的奏折上一连批写了四个"小心"。曹寅面对着巨大的库银亏空，心急如焚却又无力弥补，最终在康熙五十一年（1712）七月一病不起，死在扬州。李煦奏折上说：曹寅弥留之际，核算出亏空库银二十三万两，可是已经没有财产可以填补上。

曹寅死后，康熙为保全曹家的江南家产免遭搬迁损毁，特命曹寅的儿子曹颙继续任职江宁织造；两年后曹颙病故，康熙又亲自主持把曹寅的侄子曹頫过继过来，接任了江宁织造的职务。同时康熙又命曹寅的大舅子苏州织造李煦代管两淮盐政一年，用所得的银子补齐曹寅生前的亏空。康熙五十四年（1715），再次查出曹寅生前亏空织造库银高达三十七万三千两。无奈之下，康熙只好再做安排，让两淮盐政李陈常和李煦代为补还所欠库银。

雍正即位以后，接连颁布谕旨，开始在全国上下大张旗鼓地清查钱粮，追补亏空。并一再声明，凡亏空钱粮的官员，一经查出，立刻革职查办。仅雍正元年，被革职抄家的各级官吏就达数十人，与曹家既是亲戚，又患难与共的苏州织造李煦也未能幸免。

一开始，雍正看在康熙的面上，并没有治曹家的罪，而是准许曹家将亏空的银子在三年的时间里补上。如果此时，曹頫能够恪尽职守，不招惹是非，即便没有能够按照雍正所规定的期限填补所有亏空，也不至于被治罪。

雍正四年（1726），曹頫负责操办的缎匹衣料质量"粗糙轻薄"，受到了补偿缎匹并罚掉一年俸禄的处分。之后，雍正穿的石青缎褂褪色，经查又是江宁织造的产品，结果又罚掉曹頫一年的俸禄。曹頫一次又一次工作失职，这让雍正对他的不满和失望越来越大。

雍正五年正月（1727），两淮盐政噶尔泰向雍正密报扬州、江宁两地官员的情况，讲到曹頫时说："访得江宁织造曹頫年少无才，人畏缩，织造事务都交给管家丁汉臣料理。奴才在京见过几次，人也很平常。"雍正看完之后非常气愤，挥笔写了"岂止平常"的批语。

事已至此，雍正仍然没有将曹頫问罪，而是决定将他召回北京当面考查和训诫，于是传旨，命苏州织造高斌不必回京，他所督运的缎匹由曹頫送来。不料途经山东长清县等处，曹頫"于勘合外，多索夫马、程仪、骡价等项银两"，骚扰驿站，终于招致雍正龙颜大怒，即刻下令将曹頫交给了内务府和吏部严加审问。

在曹頫被撤职受审的时候，雍正又得知曹頫企图隐藏、转移财物，于是怒火中烧，传旨查封曹頫家产。雍正在谕旨中口气非常严厉：朕屡次对曹頫施恩宽限，他如果感激朕的成全之恩，理应尽心效力，然而他不但不感恩图报，反而将家中财物暗移他处，愧对朕对他的恩惠，甚属可恶！他命令江南总督范时绎，将曹頫家中财物封存看守，并将重要家人立即捉拿。

范时绎接到谕旨，立即将曹頫的管家数人拿下，关押审讯，所有房产财物一并查清、造册封存。雍正六年（1728）二月，新上任的江宁织造隋赫德将曹頫在江南家产人口查明接收，并上报皇帝，曹頫在京城的家产人口，也由内务府全部查封。

至此，享尽了近百年荣华富贵的世家大族瞬间倾塌，这个时候，曹雪芹才十三岁左右。之后曹雪芹的生活潦倒不堪，虽然有很多人想要帮助他，但是曹雪芹文人傲骨，不肯收受嗟来之食，导致他和他的儿子被活活饿死。

但是，最近又有学者考证提出，曹家之所以被抄家是因为当时的政治斗争，是雍正继位以后打击父党的牺牲品。康熙驾崩以后，他生前的宠臣也接连受审，所以，曹家受到牵连也是理所当然的。

其实，曹家的衰败是一个复杂的社会现象，是一个长期的演化过程，无法片面单一地归咎于哪一个具体的原因，因为里面包含了当时复杂的社会因素。

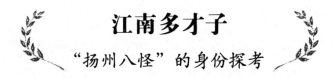

江南多才子
"扬州八怪"的身份探考

"扬州八怪"的说法，在书画界一直流传至今。"扬州八怪"是清代中期活动于扬州地区一批风格相近的书画家的总称，或称扬州画派。然而，"扬州八怪"究竟是指哪些书画家，一直以来后世学者都众说纷纭，莫衷一是。

自从隋朝开掘了大运河之后，扬州就逐渐成为了一个繁荣昌盛的商业都市。在清代康熙、雍正、乾隆年间，扬州的商业和手工业更是发展到了一个鼎盛的时期，仅关税方面就收入惊人。当时社会上还广为流传着"腰缠十万贯，骑鹤下扬州""千家养女先教曲，十里栽花算种田"。由此可见，当时的扬州不仅经济发达，更是王公贵族、文人名士聚集的重要都市。自清朝初期到乾隆末年，扬州城内活跃的著名书画家就有数百人之多，书画作品也就自然而然地成为了当时扬州的重要商品之一。所以，在我国画史上，郑板桥的"润格"（即稿费）就被传为了趣谈。

当时，扬州开放的经济文化状况和纷至沓来的社会各界人士，成分非常复杂，文化艺术各个方面的交流频繁而广泛。再加上扬州远离京城，政治环境也相对自由，就形成了思想活跃，缺乏正统意识的文化氛围。所以，这些人敢于充分发挥自己的艺术想象力，按照自己的思维理解方式创作自己的文化艺术作品。

被称为"扬州八怪"的这一群书画家，就是在这样的环境背景下闻名的。扬州八怪大部分都是布衣文人，其中高凤翰、李鳝、郑燮、李方膺曾做过地方小官，后被罢官，从此就不再踏入仕途，以卖书画为生。这些人依靠出售书画作品来维持生计，又不愿被人左右，他们的个性气质和对艺术方面的感悟，又要求他们表现自己，所以他们在进行艺术创作的时候就在两者之间寻求一个契合点，将自我的艺术追求和市民阶层的审美趣味相结合从而融为一体。

"扬州八怪"诸人有一个共同的特点，就是都擅长诗、书、画，这点在他们的画作上得到了完美的统一，其中金农、郑燮、高凤翰、汪士慎、高翔等人还兼工篆刻，其画作更是"四合一"自我风格的绝妙体现。就他们的书法成就方面来说，"扬州八怪"大多擅长楷、隶、行、草诸体，篆书方面作品很少见，但他们的隶书作品中就饱含浓厚的篆法，而草书与行书也经常流露出篆书的影子。

在"扬州八怪"里面书法成就造诣最高的就要推金农、郑燮，其次就是高凤翰。就绘画方面的成就来说，"扬州八怪"突破了当时的形式主义的画风束缚，以一种清新而又生机勃勃的姿态为当时的中国画坛带来了生机。这在我国的书画史上占据了极其重要的地位，对后世也产生了非常大的影响。然而，就是这么一群对后世产生了重大影响的书画家们，后世对于他们究竟是指哪些人却争议猜测不断。

根据李玉棻《瓯钵罗室书画过目考》中的记载，"扬州八怪"指的是罗聘、李方膺、李鱓、金农、黄慎、郑燮、高翔和汪士慎。但是，在其他书中列名"八怪"的，还有高凤翰、华嵒、闵贞、边寿民等人，所以对于八人的名字说法很不统一。后世之所以取"八"这个数，也是根据李玉棻的文书记载。

对于"扬州八怪"究竟是指当时的哪些书画家，说法也是不尽相同。有人认为是八个，也有人认为不止八个；有人说是指这八个人，也有人认为是另外八个人。根据各种历史著述的记载，统计为"扬州八怪"人数之说的有十几人之多。因为清朝末年李玉棻撰写的《瓯钵罗室书画过目考》是记载"扬州八怪"最早、最全的书籍，所以后世很多学者都是根据李玉棻所提出的八人为准，即汪士慎、郑燮、高翔、金农、李鱓、黄慎、李方膺、罗聘。

至于有学者提到的其他画家，如阮元、华嵒、闵贞、高凤翰、李勉、陈撰、边寿民、杨法等人，因为彼此画风接近，也可以归为"扬州八怪"一说里面。所以"八"这个字可以看作数词，也可以看成约数，只是一个泛指而已，实际上是当时的一个书画家群。

沉湖的国学大师

王国维为什么要自沉昆明湖

王国维（1877~1927），字伯隅、静安，号观堂、永观，浙江海宁盐官镇人。清朝末年的秀才，是我国近代享有盛誉的著名学者，同时在文学、美学、史学、哲学、古文字学、考古学等各方面都成就卓著的学术巨子，国学大师。

然而，就是这样一位才华横溢的名人，却在自己学术生涯处于巅峰之际，于颐和园昆明湖沉湖而死。王国维的死引发了学术界的轩然大波，人们不禁纷纷揣测：王国维为什么要在人生的鼎盛之际选择自沉？究竟是什么原因导致他作出这样的选择呢？经过总结大致可以分为以下几种观点。

第一种观点，"殉清"说。王国维是清朝末年的秀才，是清朝遗老，为了向末代皇帝溥仪报答知遇之恩——王国维以秀才的身份，被溥仪破大清"南书房行走必须是翰林院甲科出身"的规定，可以直入"南书房"。有这样一份"恩情"和遗老心态，再做出自杀殉节的举动似乎也是情理之中的事。所以梁启超将王国维的行为比喻成伯夷、叔齐不肯吃周的粮食。当时的清华大学校长曹云祥和罗振玉、吴宓等都支持这一说法。

根据鲁迅在《谈所谓"大内档案"》一文中的记载，称王国维是"在水里将遗老生活结束"，可以看出鲁迅也是支持"殉清"一说。但也有学者对这一说法持反对意见，他们认为，王国维和罗振玉、郑孝胥、陈宝琛等人是有所区别的。罗振玉、郑孝胥、陈宝琛等人不惜委身于日本侵略者，为伪满政权效力，等待着将来的清朝复辟，而王国维却在清华任职，一心钻研学术。他虽然忠心清朝，却并不为他们卖命，又怎么会做出"殉清"的举动呢？甚至还有人对王国维的遗嘱进行考证，认为他不可能"殉清"。

第二种观点，"逼债"说。根据溥仪《我的前半生》中的记载：内务府大臣绍英委托王国维帮忙代售宫中的字画，但这事被罗振玉知道了，罗振玉以代卖为名把字画都取走，并把出售字画所得到的钱财用作偿还王国维欠他的债务，导致王国维没办法向绍英交代，所以愧疚之下寻死。当时报纸上还登载了王国维和罗振玉合伙做生意亏本，欠下了罗振玉一笔巨大的债务。罗振玉在女婿（王国维长子）死后，同王国维的关系就已经出现问题，罗振玉要求女儿住在家中为亡夫守节，逼王国维每年为自己女儿支付2000元大洋的生活费。王国维只是一介书生，哪里有这么多的钱财，因此导致债务缠身，万般无奈之下便自寻短见。这一说法经过郭沫若撰写传播，几乎成为了定论。但是根据王国维遗书中对自己后事的安排和其他的一些证据来看，王国维生前并没有巨大的债务逼得他唯有一死。

第三种观点，"惊惧"说。1927年春，北伐军一路进逼北京之时，人人自危。有学者认为，王国维之所以自杀是怕自己这个清朝遗老落入北伐军的手中，蒙受耻辱。还有王国维把自己脑后的辫子看得比生命还重要，当时传言北伐军入城后将会杀光所有脑后留辫子的人。王国维不愿将来受辱，所以选择自沉而死。但是这一说法被很多人质疑，认为这不符合王国维为人处世的方式。

第四种观点，"谏阻"说。有学者认为王国维投湖自沉而死和屈原投江而死相类似，都是希望以死劝谏。王国维希望通过一死来劝阻溥仪听从罗振玉等人的主意，东渡日本避难。王国维自沉后，罗振玉愧疚万分地说："静安以一死报知己，我负静安，静安不负我。"

第五种观点，"文化殉节"说。王国维的好友，同为清华导师的陈寅恪认为王国维选择"殉清"，是作为一个清朝遗老对清朝灭亡的绝望，是作为一个文化学者对文化变革的恐惧。当王国维想着"自沉者能于一刹那间重温其一生之阅历"的箴言时，便不顾一切地纵身跳入昆明湖中。也许，这就是王国维选择自沉而死的原因。

有学者从心理层面上诠释王国维的死因，认为王国维之死是为寻求精神的解脱。根据刘雨在《王国维死因考辨》一文中的记载，王国维一生都致力于学问研究，晚年的时候却遭到清朝覆亡的巨变，使他的精神失去寄托，无法继续生活下去。再加上家境贫寒，身染重病，儿子去世，因此极度悲观绝望地选择了沉湖自尽。

"五十之年，只欠一死。经此世变，义无再辱。"这是王国维在死前留给家人的遗书中的一句话。它像是在向人们昭示着谜底，却又让人捉摸不透。尽管后世学者对王国维的死因猜测争议不断，但王国维选择自杀的根本原因还在于，作为一个传统的知识分子，他在社会大变革的时代找不到自己的出路和价值，难以解脱，最终才会走上沉湖而死的不归路。但是，导致王国维之死的直接原因又是什么呢？目前还是一个谜，答案恐怕没有人能够说清楚了。